EDWARD LYTTON-BULWER
DIE LETZTEN TAGE VON POMPEJI

EDWARD LYTTON-BULWER

DIE LETZTEN TAGE VON POMPEJI

VERLEGT BEI
KAISER

Titel des Originals: »The last Days of Pompeji«
Aus dem Englischen übersetzt und zeitgemäß bearbeitet von
Hertha Lorenz

Schutzumschlag: Volkmar Reiter
Reproduktion: Schlick KG, Graz
Fotosatz: Garamont, 10 Punkt, Druck: M. Theiss, Wolfsberg
Bindearbeit: Kaiser, Klagenfurt

ERSTES BUCH

1

„He, Diomed, gut, daß ich dich treffe! Wirst du heute abend bei Glaucus speisen?“ fragte ein junger Mann von kleiner Statur. Er trug eine Tunika mit jenem losen und weibischen Faltenwurf, der den Lebemann und Gecken in ihm erkennen ließ.

„Leider nicht, lieber Clodius, er hat mich nicht eingeladen“, antwortete Diomed, ein Mann von stattlichem Körperbau in mittleren Jahren. „Beim Pollux, welch eine Gemeinheit. Man kennt seine Gastmähler als die besten in Pompeji.“

„Nun ja — obwohl für meinesgleichen niemals genug Wein vorhanden ist. Das echte, alte Griechenblut ist es nicht, was in seinen Adern fließt. Er meint, der Wein mache ihm am nächsten Morgen einen dummen Schädel.“

„Es mag wohl auch einen anderen Grund haben, das Knausern“, erwiderte Diomed mit hochgezogenen Brauen. „Bei all seinem Eigendünkel und seiner Extravaganz ist er nicht ganz so wohlhabend, wie er scheinen will, glaube ich.“

„Ein Grund mehr, bei ihm zu speisen, solange sein Geld reicht.“

„Er liebt außerdem die Würfel, höre ich.“

„Er liebt jedes Vergnügen, und weil er das Vergnügen liebt, Gastmähler zu geben, lieben wir ihn.“

„Du sagst es treffend, Clodius! Hast du, nebenbei gesagt, jemals meine Weinkellereien besichtigt?“

„Nicht daß ich wüßte, bester Diomed.“

„Schön, dann mußt du nächstens am Abend bei mir speisen. Ich habe fabelhafte Muränen in meinem Fischbehälter und will Pansa, den Ädilen, zusammen mit dir einladen.“

„Nur keine Umstände meinetwegen! Ich bin leicht zufriedenzustellen. Aber ich merke, es wird Abend. Ich will noch in die Bäder — und du . . .?“

„Zum Quästor — Staatsgeschäfte, nachher in den Tempel der Isis. Leb wohl!“

„Aufgeblasener, wichtigtuerischer Kerl, ungebildeter“, murmelte Clodius vor sich hin und schlenderte langsam weiter. „Er glaubt mit seinen Festgelagen und Weinkellereien vergessen machen zu können, daß er der Sohn eines Freigelassenen ist. Sei es, wir tun ihm die Ehre an, ihm sein Geld abzuknöpfen."

Unter solchen Selbstgesprächen erreichte Clodius die Via Domitiana, in der sich Fußgänger und Wagen drängten; ein überströmendes Leben und Treiben, wie wir es heutzutage in den Straßen Neapels antreffen. Clodius lächelte und nickte grüßend guten Bekannten zu. In der Tat, kaum einer der Nichtstuer war bekannter in Pompeji.

„Sieh da, Clodius! Wie hast du geschlafen auf dein unerhörtes Glück von gestern?" rief mit angenehmer, wohltönender Stimme ein Jüngling aus einem Wagen von prächtiger Bauart. Auf der bronzenen Außenseite hatte die immer noch ausgesuchte Kunstfertigkeit griechischer Handwerksmeister Reliefs von den Olympischen Spielen angebracht. Die beiden Pferde, die den Wagen zogen, waren von seltenstem parthischem Schlag. Ihre schlanken Beine schienen den Boden mit ihren Hufen kaum zu berühren und eher zu schweben. Trotzdem hielten sie auf den leichtesten Zug des Lenkers, der hinter dem jungen Besitzer des Wagens stand, so bewegungslos, als wären sie plötzlich zu Stein geworden, aber doch lebensvoll wie eines der atmenden Wunder des Praxiteles. Der Eigentümer selbst war von dem schlanken und schönen Ebenmaß, von dem die athenischen Bildhauer ihr Vorbild nahmen. Seine griechische Herkunft verrieten die sanften Locken und die vollendete Harmonie seiner Gesichtszüge. Er trug eine Tunika, die in den reichsten Farben glühte, und die Fibeln, durch die sie befestigt war, schimmerten von Smaragden. Die Ärmel waren weit und mit goldenen Fransen besetzt. Ein Gürtel, mit Arabesken verziert, nahm Taschentuch, Geldbeutel, Griffel und Schreibtafel auf und diente so statt einer Tasche. Um den Hals hatte er eine goldene Kette, die sich in der Mitte der Brust in die Form eines Schlangenkopfes verflocht, aus dessen Rachen ein großer Siegelring von feinster Handwerkskunst herabhing.

„Mein lieber Glaucus", erwiderte Clodius auf die freundliche Begrüßung, „ich freue mich, zu sehen, daß dein Verlust beim Spiel dein Gemüt nicht erschüttert hat. Siehst du doch aus, als ob Apollo dich begeisterte, und dein Gesicht erstrahlt vor Glück wie eine Sonne."

„Weshalb sollte auch der Gewinn oder Verlust einiger elender Stücke Metall unser Inneres erschüttern, bester Clodius? Bei Venus, solange wir jung sind, soll frohe Gesellschaft unseren Sinn erheitern, solange wir unsere Locken bekränzen können, solange unser hungriges Gemüt nach Musik verlangt, solange uns das Lächeln eines betörenden Mädchens entzückt und unser Blut schneller fließen macht, solange werden wir auch Lust am sonnigen Leben haben. Du denkst doch an meine Einladung für heute abend?"

„Wer vergißt schon eine Einladung des Glaucus!"

„Und wohin gehst du jetzt?"

„Ich wollte in die Bäder gehen, doch es ist noch Zeit bis dahin."

„Dann will ich absteigen und dich begleiten. So, mein Phylias", rief er, indem er das Handpferd streichelte, das durch leises Wiehern und mit zurückgelegten Ohren spielend die Liebkosung erwiderte, „du hast Feierabend. Ist er nicht stattlich, Clodius?"

„Würdig des Phöbus", antwortete der adelige Schmarotzer, „oder des Glaucus."

2

Die beiden jungen Herren unterhielten sich über tausenderlei Dinge, doch bot ihnen die belebte Straße selbst die beste Unterhaltung. Sie blickten in die reich ausgestatteten Kaufläden, betrachteten die Springbrunnen an den Straßenecken, den Hauptspielplatz halbnackter Kinder, begegneten vielen Müßiggängern, sahen den Sklaven zu, die die manchmal kunstvoll aus Bronze hergestellten Wasserkrüge auf dem Kopf trugen, und blieben wohl auch bei Frauen und Mädchen vom Land stehen, die Früchte aus Campanien feilboten, auch Blumen, die die Pompejaner zu schätzen wußten und deren Geruch sie liebten. Alles das bot einen so bunten und anregenden Anblick, daß Glaucus freudig ausbrach:

„Sprich mir nicht von Rom! Dort ist das Vergnügen selten. Alles geht so feierlich, so gemessen zu, und ob du im Goldenen Haus Neros oder in den Palästen des Titus bist, du bist überall von einer düsteren Pracht umgeben, die keinen Frohsinn aufkommen läßt. Und wenn man vollends diesen wahnsinnigen, grenzenlosen Luxus sieht, den die Mächtigen der Welt dort treiben, da kommt man sich so klein, so armselig, so bedrückt vor. Hier aber können wir uns dem Vergnügen überlassen, wir genießen den Glanz der Lustbarkeiten, ohne im Pomp zu ersticken."

„Und das war der Grund, weshalb du hier deinen Sommeraufenthalt genommen hast?"

„So war es, und ich ziehe Pompeji auch Baiae vor, wobei ich die Reize des hübschen Baiae gern zugebe. Aber ich mag diese pedantischen Leute nicht leiden, die da drüben ihren Sammelplatz zu haben scheinen und die ihre Freuden peinlich nach jeder Drachme bemessen."

Clodius fühlte sich insgeheim durch diese Ausfälligkeit gegen seine Landsleute etwas verletzt, gab sich aber, als habe er die gleichen Empfindungen, teils weil er von Natur ein Schmarotzer, teils weil es überhaupt unter den ausgelassenen jungen Römern Sitte war, Verachtung gegen das eigene Vaterland und die eigenen Landsleute zur Schau zu tragen. Es war Mode, die Griechen nachzuahmen und gleichzeitig aber diese Nachahmung zu verspotten.

Während die beiden sich so unterhielten, wurden sie durch eine Menschenmenge aufgehalten, die sich um einen offenen Raum an der Kreuzung dreier Straßen angesammelt hatte. Dort, wo die Säulenhalle eines zierlichen Tempels ihre Schatten hinwarf, stand ein junges Mädchen, in der Rechten einen Blumenkorb, in der Linken ein kleines dreisaitiges Instrument, zu dessen leisen, sanften Tönen sie ein halb barbarisches Lied sang. Bei jeder Pause in der Musik bot sie das Körbchen anmutig umher und lud die Zuschauer zum Kauf ein, und mancher Sesterz fiel in den Korb, entweder als Erwiderung auf das Lied oder aus Mitleid mit der Sängerin — denn sie war blind.

„Das ist meine Thessalierin", sagte Glaucus und blieb stehen. „Ich habe sie seit meiner Rückkehr nach Pompeji nicht gesehen." Und indem er sich durch die Menge drängte und eine Handvoll Münzen in das Körbchen warf, rief er ihr zu: „Ich muß diesen Veilchenstrauß haben, süße Nydia, du singst heute bezaubernder denn je."

Die Blinde fuhr, als sie die Stimme des Atheners vernahm, hastig auf ihn zu, hielt aber gleich darauf ebenso schnell inne, und das Blut schoß ihr jäh in Wangen und Schläfen.

„So bist du zurück?" fragte sie mit leiser Stimme und wiederholte dann, halb zu sich selbst redend, „Glaucus ist zurück."

„Ja, Kind, erst seit einigen Tagen bin ich wieder in Pompeji. Mein Garten bedarf deiner Sorge wie früher — hoffentlich besuchst du ihn morgen. Und vergiß nicht, in meinem Haus sollen von keinen anderen Händen Kränze geflochten werden als von denen der niedlichen Nydia."

Nydia lächelte froh, sagte aber nichts. Glaucus steckte ihr die gekauften Veilchen an die Brust und wandte sich heiter und unbekümmert zum Gehen.

„Das Mädchen ist sozusagen dein Schützling?“ fragte Clodius.

„Natürlich — und singt sie nicht auch entzückend, die Kleine? Sie erregt meine Anteilnahme, die arme Kleine. Zudem ist sie eine Thessalierin, am Fuße des Olymps, des Götterberges, geboren.“

„Thessalien — ein Hexenland!“

„Allerdings, aber ich für meinen Teil finde in jedem Mädchen eine Hexe, und besonders in Pompeji scheint die Luft selbst einen Liebestrank geschlürft zu haben, so hübsch erscheint meinen Augen jedes bartlose Gesicht.“

„Und siehe da, eines der hübschesten in Pompeji, die Tochter des alten Diomed, die reiche Julia!“ bemerkte Clodius, als eine junge Dame, das Gesicht mit dem Schleier bedeckt und von zwei Sklavinnen begleitet, auf ihrem Weg nach den Bädern auf sie zukam.

„Schöne Julia, wir grüßen dich!“ sagte Clodius.

Julia lüftete den Schleier soweit als nötig, um mit ein wenig Koketterie ein kühnes römisches Profil, tiefdunkle, strahlende Augen und Wangen sehen zu lassen, über deren natürliche Olivenfarbe die Kunst einen schöneren und sanfteren Rosenton ausgegossen hatte.

„Und Glaucus ist auch zurückgekehrt?“ fragte sie mit einem bedeutsamen Blick auf den Athener. „Hat er“, setzte sie halb flüsternd hinzu, „seine Freunde vom vorigen Jahr vergessen?“

„Entzückende Julia! Lethe selbst, wenn er an einem Teil der Erde verschwindet, erscheint wieder an einem andern. Jupiter gestattet uns nicht, länger als einen Augenblick zu vergessen, Venus aber, noch strenger, gibt selbst die Vergessenheit eines Augenblicks nicht zu.“

„Um schöne Worte ist Glaucus nie verlegen.“

„Wer wäre es, wo ihr Gegenstand so schön ist?“

„Wir werden euch beide bald bei uns sehen“, sprach Julia, zu Clodius gewandt.

„Wir werden den Tag, an dem wir euch besuchen, mit einem weißen Stein bezeichnen“, erwiderte der Spieler.

Julia ließ den Schleier wieder fallen, aber so langsam, daß ihr letzter Blick auf dem Athener weilte. Aus ihrem Blick sprachen Zärtlichkeit und leichter Vorwurf.

„Julia ist wirklich schön", bemerkte Glaucus.

„Immerhin, voriges Jahr hättest du dieses Geständnis in wärmerem Ton abgelegt."

„Gewiß, ich war beim ersten Blick geblendet und hielt für ein Juwel, was nur eine kunstvolle Imitation ist."

„Aber", entgegnete Clodius, „alle Weiber sind einander im Herzen gleich. Glücklich, wer ein hübsches Gesicht und eine reiche Mitgift heiratet. Was mehr kann er wünschen?"

Glaucus seufzte.

Sie befanden sich jetzt in einer weniger bevölkerten Straße, von der aus sie das Meer erblickten.

„Es ist noch immer zu früh fürs Bad", sagte der Grieche, der das Geschöpf jedes poetischen Impulses war, „wandern wir fort aus dem Gedränge der Stadt und betrachten wir die See, solange die Sonne auf ihren Wellen glänzt."

„Von Herzen gern; zudem ist die Bucht stets der belebteste Teil der Stadt."

Pompeji lieferte ein Miniaturbild der Zivilisation jener Zeit. Im engen Umkreis seiner Mauern stellten sich Proben jeder Gabe dar, welche der Luxus dem Reichtum darbot. In seinen schimmernden Buden, seinen kleinen Palästen, seinen Bädern, seinem Forum, seinem Theater, seinem Zirkus, in der Energie, aber Verderbnis, der Verfeinerung, aber Lasterhaftigkeit seines Volkes sah man ein Muster des ganzen Reiches. Es war ein Spielzeug, eine Zauberlaterne, worin die Götter zu ihrer Belustigung ein Abbild der großen Monarchie der Erde aufzustellen schienen.

In der kristallenen Bucht drängten sich Kauffahrer neben vergoldeten Lustbarken der reichen Einwohner. Fischerboote glitten hin und her, und in weiterer Ferne erblickte man die hohen Masten der Flotte unter dem Befehl des Plinius.

Den Gefährten aus der Menge wegziehend, lenkte der Grieche seine Schritte nach einem einsamen Teil des Gestades. Die Freunde setzten sich auf ein kleines Felsstück, das mitten aus den glatten Kieseln emporstieg. Clodius schirmte die Augen gegen die brennende Sonne durch die vorgehaltene Hand, der Grieche stützte sich auf den Arm, ohne Scheu vor den sengenden Strahlen, deren Lichtstrom von Poesie, Freude und Liebe sein Herz erfüllte und schaute hinaus auf die spiegelnde Fläche.

„Sag mir, Clodius", sprach er endlich, „hast du je geliebt?"

„Ja, oft genug."

„Wer oft geliebt hat, hat nie geliebt. Es gibt bloß einen einzigen Eros, wenngleich viele Abbilder von ihm.“

„Im ganzen sind die Abbilder auch keine schlechten Götter.“

„Darin bin ich mit dir einverstanden; ich verehre selbst den Schatten der Liebe, aber noch höher verehre ich sie selbst.“

„Bist du denn in einer ernstlichen Liebe begriffen? Hast du das Gefühl, das uns die Dichter malen — ein Gefühl, worüber wir die Gastmähler versäumen, dem Theater abschwören und Elegien schreiben?“

„So weit ist es mit mir noch nicht gekommen“, erwiderte Glaucus lächelnd, „in der Tat bin ich nicht verliebt; aber ich könnte es sein, wenn ich nur Gelegenheit hätte, den Gegenstand meiner Liebe zu sehen. Eros möchte seine Fackel anzünden, aber die Priester haben ihm kein Öl gegeben.“

„Soll ich den Gegenstand erraten? — ist es nicht Diomeds Tochter? Sie betet dich an und läßt sich's nicht sonderlich angelegen sein, es zu verbergen. Und beim Herkules! Ich komme wieder darauf zurück: sie ist so reich wie schön.“

„Nein, ich habe nicht Lust, mich zu verkaufen. Diomeds Tochter ist schön, ich gebe es zu, und einmal hätte ich vielleicht ..., doch nein, sie trägt alle Schönheit im Gesicht; ihr Benehmen ist nicht mädchenhaft und ihr Geist kennt keine Verfeinerung als die des Vergnügens.“

„Du bist undankbar. Aber sag mir endlich, wer ist das beglückte Wesen?“

„Hör zu, Clodius! Vor mehreren Monaten hielt ich mich in Neapolis auf, einer Stadt ganz nach meinem Herzen, denn sie behält noch immer Wesen und Gepräge ihres griechischen Ursprungs bei. Eines Tages trat ich in den Tempel der Minerva. Das Haus war menschenleer und öde. Erinnerungen an Athen drängten sich mir auf und versetzten mich in eine weiche Stimmung. Noch immer glaubte ich allein zu sein und versank in den Ernst meiner Andacht. Da wurde ich von einem Seufzen aufgeschreckt. Schnell wandte ich mich um — hinter mir kniete ein Mädchen. Sie hatte den Schleier zurückgeschlagen, und als sich unsere Augen begegneten, war mir's, als träfe aus diesem dunklen Glänzen plötzlich ein heller Strahl in mein Herz. Nie, Clodius, sah ich ein herrlicher geformtes Menschengesicht. Eine gewisse Schwermut erhob noch seinen Ausdruck; jenes mit Worten nicht auszudrückende Etwas, jenes Erlebnis der Seele, das unsere Bildhauer in das Antlitz der Psyche legten, gab ihrer Schönheit einen wunderbaren

Zug von Göttlichkeit und Adel. Augenblicklich erkannte ich, daß auch sie athenischer Abkunft war. Mit unsicherer Stimme redete ich sie an. ‚Bist du nicht eine Athenerin?' fragte ich. Sie errötete bei dem Ton und zog den Schleier halb über das Gesicht. ‚Die Asche meiner Väter', sprach sie, ‚ruht an den Wassern des Ilissus; mein Geburtsort ist Neapolis, aber mein Herz wie meine Abkunft sind athenisch.' — ‚So laß uns', erwiderte ich, ‚unsere Opfer miteinander darbringen.' Und als der Priester erschien, standen wir Seite an Seite und sprachen ihm nach; zusammen berührten wir die Knie der Göttin — zusammen legten wir hernach unsere Kränze auf den Altar.

Ein seltsames Gefühl ehrfürchtiger Zärtlichkeit erfaßte mich bei diesem gemeinsamen Tun. Fremde aus einem fernen Land, standen wir in diesem Tempel unserer heimischen Gottheit beisammen; war's nicht natürlich, daß sich ihr mein Herz hinneigte? Es war mir, als kenne ich sie schon seit Jahren. Der einfache Gottesdienst schien wie durch ein Wunder die Sympathie und Bande der Zeit ersetzt zu haben. Schweigend verließen wir den Tempel, und eben wollte ich fragen, wo sie wohne und ob ich sie besuchen dürfe, als ein auf den Stufen des Heiligtums stehender Jüngling, dessen Züge einige Ähnlichkeit mit den ihrigen hatten, sie bei der Hand nahm. Sie wandte sich um und bot mir Lebewohl. Die Menge trennte uns, ich sah sie nicht wieder. In meiner Wohnung angelangt, fand ich Briefe vor, die mich zur Abreise nach Athen nötigten. Nachdem meine Angelegenheiten dort glücklich erledigt waren, kehrte ich nach Neapolis zurück. Ich forschte in der ganzen Stadt nach ihr, vermochte aber keine Spur meiner verlorenen Freundin zu entdecken, und in der Hoffnung, in einem fröhlichen Leben jedes Andenken an die schöne Erscheinung zu verlieren, eilte ich, mich in die Schwelgereien Pompejis zu stürzen. Dies meine ganze Geschichte. Ich liebe nicht. Aber ich trage die Erinnerung und die Sehnsucht in mir."

Clodius wollte eben antworten, als sich ihnen ein langsamer, feierlicher Schritt nahte. Bei diesem Geräusch wandten sich beide um und erkannten den Ankömmling.

Es war ein Mann, der kaum das vierzigste Jahr erreicht haben mochte, von hohem Wuchs und magerem, aber nervigem, kraftvollem Körperbau. Seine dunkle, bronzefarbene Haut deutete östliche Abkunft an. Seine Augen, groß und schwarz wie die dunkelste Nacht, leuchteten in wechsellosem Glanz. Eine tiefe, gedankenvolle, halb schwermütige Ruhe schien unwandelbar an dem majestätisch herrschenden Blick zu haften. Während sie den Ankömmling begrüßten, machten beide jungen Männer mechanisch ein verstohlenes Zeichen mit den Fingern, das sie zu verbergen suchten, denn Arbaces, der Ägypter, stand im Ruf, die gefährliche Gabe des bösen Blicks zu besitzen.

„Der Schauplatz muß wirklich schön sein“, sagte Arbaces mit kaltem, doch höflichem Lächeln, „der den lebensfrohen Clodius und den allbewunderten Glaucus den wimmelnden Straßen der Stadt entreißt.“

„Ist die Natur in der Regel so wenig anziehend?“ fragte der Grieche.

„Für die Zerstreuten — ja.“

„Eine strenge Antwort, aber kaum eine richtige. Das Vergnügen liebt die Gegensätze, in den Zerstreuungen den Genuß der Einsamkeit, und in der Einsamkeit die Zerstreuungen.“

„So denken die jungen Modephilosophen. Sie nehmen Überdruß für Meditation, und weil sie der anderen Menschen satt sind, bilden sie sich ein, die Wonnen der Einsamkeit zu kennen.“

„Erschöpft?“ rief Glaucus, „die Jugend ist nie erschöpft; mir wenigstens ist noch kein Augenblick der Übersättigung fühlbar geworden.“

Abermals lächelte der Ägypter, aber sein Lächeln war kalt und unheimlich, und selbst der phantasielose Clodius fröstelte unter dieser Freundlichkeit. Indessen antwortete Arbaces auf den bewegten Ausruf des Glaucus nicht, sondern bemerkte nach einer Pause mit sanfter, schwermütiger Stimme:

„Schließlich habt ihr recht, die Stunde zu genießen, solange sie noch für euch lächelt. Die Rose welkt bald, der Duft verhaucht schnell — und uns, Glaucus, Fremden in diesem Land, was bleibt uns als Sinnengenuß oder Sehnsucht?“

Mit diesen Worten hüllte er sich fester in seinen Mantel und entfernte sich gemessenen Schrittes.

„Ich atme freier“, sagte Clodius. „Wirklich, die Gegenwart eines Ägypters, wie jener schleichende Schatten, wäre gespensterhaft genug, um die üppigste Falerner Traube sauer zu machen.“

3

Der Himmel hatte all seine Segnungen auf Glaucus ausgeschüttet, nur eine einzige nicht. Er hatte ihm Schönheit, Gesundheit, Vermögen, Genie, glänzende Abkunft, ein feuriges Herz und ein dichterisches Gemüt verliehen, aber er versagte ihm die Gabe der Freiheit. Er ließ ihn in Athen, der Untertanin Roms, geboren werden. Schon früh in den Genuß eines bedeutenden Erbes gelangt, hatte sich der junge Mann dem bei Leuten seines Alters so natürlichen Hang zum Reisen hingegeben und bei den gefährlichsten Schwelgereien des Kaiserhofes tief aus dem Becher der Lust getrunken.

Er war ein Alkibiades ohne Ehrgeiz. Er war, was ein phantasiereicher, junger, im Überfluß lebender, talentvoller Mann leicht wird, wenn man ihn der Begeisterung für den Ruhm beraubt. Sein Haus in Rom war das Thema der Lebemänner, aber auch der Verehrer der Kunst, und die griechischen Bildhauer nahmen mit Freuden die Gelegenheit wahr, ihre Talente bei der Ausschmükkung des Hauses eines Atheners zu zeigen. Seine Sommerwohnung in Pompeji — welches Staunen riefen ihre zierlichen, farbenglühenden Dekorationen, ihre Gemälde, ihre Mosaiken hervor!

Man betrat das Haus durch einen langen, engen Gang. Auf jeder Seite dieses Ganges war ein kleineres Zimmer, denn da das Gebäude nicht Raum genug für die zwei großen Abteilungen in Privat- und in allgemeine Gemächer hatte, blieben jene beiden Zimmer für die Aufnahme solcher Besuche ausgeschieden, denen weder vermöge ihres Ranges noch etwaiger näherer Bekanntschaft der Zutritt in das Innere der Wohnung offenstand.

Hatte man die Vorhalle hinter sich, so gelangte man in einen offenen Hauptraum, das Atrium, das in einer Fülle von Malereien prangte. Auf einer Seite des Atriums führte eine kleine Treppe zu den Sklavenstuben im zweiten Stockwerk. Auch befanden sich dort zwei oder drei kleine Schlafzimmer, auf deren Wänden der Raub der Europa, die Schlacht der Amazonen und andere mythologische Szenen dargestellt waren.

Vom Atrium trat man in das Tablinum, den Hauptraum, an dessen Ein- und Ausgang reiche, halb zurückgeschlagene Draperien von tyrischem Purpur herabhingen. Auf den Wänden war ein Dichter abgebildet, der seinen Freunden seine Verse vorliest, und der Fußboden enthielt eine kleine, höchst kunstvolle Mosaikarbeit.

Von diesem Saal gelangte man in den Innenhof, mit dem das Haus endigte. Von jeder der sieben Säulen, die diesen Hof schmückten, hingen Blütengewinde herab. Der mittlere Raum, der die Stelle des Gartens vertrat, prangte mit den seltensten Blumen in weißmarmornen, auf Fußgestellen ruhenden Vasen. Links an der hinteren Wand dieses kleinen Gartens stand ein den Penaten geweihtes Tempelchen. Davor stand ein Dreifuß von Bronze. Links von der Säulenreihe lagen zwei kleine Schlafzimmer, rechts das Speisezimmer, worin jetzt eben die Gäste versammelt waren.

Das prächtige Gemach öffnete sich auf den duftenden Garten. Um den spiegelglatten, aufs feinste mit Silberarabesken eingelegten Tisch von Zitrusholz standen die drei Sofas, die in Pompeji noch immer gebräuchlicher waren als die neuerlich in Rom Mode gewordenen halbkreisförmigen Lagerstätten. Auf diesen bronzenen Sofas lagen dicke, mit kunstfertiger Stickerei überdeckte Polster.

„Ja, ja, ich muß gestehen", sagte der Ädil Pansa, „daß dein Haus in seiner Art ein Juwel ist. Wie schön gemalt dieser Abschied des Achilles und der Briseis; welch ein Stil! — welche Köpfe!"

„Ein Lob des Pansa über dergleichen ist schätzenswert", bemerkte Clodius mit großem Ernst. „Denk einer an die Malereien auf seinen Wänden! In der Tat, dort sieht man die Hand eines Zeuxis!"

„Du schmeichelst mir, Clodius", entgegnete der Ädil, der in Pompeji dafür berüchtigt war, die schlechtesten Malereien in seinem Haus zu haben, denn er war ein Lokalpatriot und beauftragte bloß pompejanische Künstler. „Du bist allzu schmeichelhaft; doch ist allerdings etwas Hübsches in den Farben, nichts zu sagen von der Zeichnung; und was die Küche betrifft, meine Freunde, das war alles mein eigener Gedanke."

„Worin besteht dort die Malerei?" fragte Glaucus. „Ich habe deine Küche noch nicht gesehen, so oft auch die Trefflichkeit ihrer Erzeugnisse von mir erprobt wurde."

„In einem Koch — einem Koch, der die Trophäen seiner Kunst dem Altar der Vesta weiht. Im Hintergrund eine schöne, nach dem Leben gezeichnete Muräne am Bratspieß — das heiße ich eine Erfindung.“

In diesem Augenblick trugen die Sklaven auf Speisebrettern die ersten Einleitungen der Mahlzeit herein. Zwischen köstlichen Feigen, frischen, mit Schnee bestreuten Kräutern, Sardellen und Eiern, standen kleine Becher verdünnten, spärlich mit Honig gemischten Weines. Junge Sklaven überreichten jedem der fünf Gäste die silbernen Becken mit parfümiertem Wasser und mit Purpurfransen besetzte Handtücher.

„Sei uns gewogen, Bacchus!“ rief Glaucus und neigte sich ehrfurchtsvoll vor dem schönen Bild des Gottes, das mitten auf dem Tisch stand, während die Laren nebst dem Salzfäßchen in den Winkel gerückt waren. Die Gäste sprachen das Gebet nach und vollzogen sofort das gewöhnliche Trankopfer, indem sie von dem Wein über die Tafel aussprengten.

„Nie soll wieder ein Becher über meine Lippen kommen“, rief der junge Sallust, als der Tisch, nach Wegräumen der ersten appetitanregenden Mittel, mit dem gehaltvolleren Teil des Mahles beschwert wurde und der bedienende Sklave ihm einen gefüllten Becher überreichte, „nie soll wieder ein Tropfen über meine Lippen kommen, wenn dies nicht der beste Wein ist, den ich in Pompeji getrunken.“

„Bring die Amphore her“, befahl Glaucus, „und lies Jahreszahl und Herkunftsland!“

Der Sklave beeilte sich, der Gesellschaft anzuzeigen, daß der an dem Kork befestigte Zettel Chios als Heimat des Weines und sein Alter mit vollen fünfzig Jahren angebe.

„Wie herrlich ihn der Schnee gekühlt hat!“ bemerkte Pansa. „Gerade recht!“

„Er gleicht“, rief Sallust, „der Erfahrung eines Mannes, der seine Vergnügungen hinlänglich abkühlt, um ihnen dadurch einen doppelten Reiz zu geben.“

„Er gleicht dem Nein eines Mädchens“, sagte Glaucus hinzu; „er kühlt, um heftiger zu entflammen.“

„Wann haben wir unsere nächste Tierhetze?“ fragte Clodius den Pansa.

„Sie ist auf die Iden des August festgesetzt“, erwiderte der Ädil, „wir haben einen prächtigen jungen Löwen dafür.“

„Wen werden wir ihm zum Futter vorwerfen?“

„Es ist leider ein großer Mangel an Verbrechern.“

„Du mußt eben einen Unschuldigen zu den Löwen verdammen, Pansa."

„In der Tat, ich habe erst neulich sehr angestrengt darüber nachgedacht", entgegnete der Ädil ernst.

„Ein schändliches Gesetz, das uns verbietet, die eigenen Sklaven den wilden Tieren vorzuwerfen. Uns mit unserem Eigentum nicht wie uns beliebt schalten zu lassen, das nenne ich einen Eingriff in den Besitz selbst."

„So was kam in den guten alten Tagen der Republik nicht vor", seufzte Sallust.

„Und dann täuscht dieses vorgebliche Mitleid mit den Sklaven das gute Volk so in seinen Erwartungen. Wie gern sehen die Leute einen recht zähen Kampf zwischen einem Menschen und einem Löwen. Um all dieses unschuldige Vergnügen kommen sie jetzt wegen des verfluchten Gesetzes, falls uns die Götter nicht bald einen tüchtigen Verbrecher senden."

Hier wurde das Gespräch durch einen Flötenton unterbrochen, und zwei Sklaven traten mit einer Schüssel ein.

„Ach, was für einen Leckerbissen hältst du für uns in Bereitschaft, Glaucus?" rief der junge Sallust.

„Ich hatte gehofft", sagte Glaucus bedauernd, „euch einige Austern aus Britannien verschaffen zu können, aber die Stürme, die schon Cäsar so mitspielten, haben uns dieses Gericht verwehrt."

„Sind sie wirklich so köstlich?" fragte Lepidus und lüftete die aufgegürtete Tunika.

„Ich glaube, es ist nur die weite Entfernung, die ihnen diesen Ruf einträgt; sie sind nicht so saftig wie die Austern Brundisiums. In Rom ist jedoch ohne sie keine Schmauserei vollständig."

„Die armen Briten! Etwas Gutes haben sie zuletzt doch in sich", bemerkte Sallust, „sie senden uns die Austern."

„Ich wollte, sie möchten uns einen Gladiator senden", entgegnete der Ädil, dessen fürsorgliches Gemüt noch immer über den Bedürfnissen des Amphitheaters brütete.

„Bei Pallas", rief Glaucus, indem ihm sein Lieblingssklave die Locken mit einem frischen Kranz krönte, „ich habe diese wilden Schauspiele gern, wenn Tiere mit Tieren kämpfen, aber wenn ein Mensch von Fleisch und Blut wie wir unbedenklich in die Arena gesetzt und Glied um Glied zerrissen wird, so ist die Teilnahme zu furchtbar. Mir wird übel, ich schnappe nach Luft, ich möchte fortstürzen und ihn verteidigen. Das gellende Geschrei des Volkes ist mir grauenhafter als die Stimme der Furien hinter Orestes her. Mich freut's, daß so geringe Wahrscheinlichkeit für dieses blutige Schauspiel bei unserem nächsten Fest da ist."

Der Ädil zuckte die Achseln. Der junge Sallust, der für den gutmütigsten Menschen von Pompeji galt, stierte den Sprechenden in schweigender Verwunderung an. Der graziöse Lepidus, der aus Besorgnis, seine Züge aus dem schönen Ebenmaß zu bringen, selten sprach, rief: „Was, zum Herkules!" Der Parasit Clodius murmelte: „Edepo!", und der fünfte Gast, der der Schatten des Clodius war und seinem reichen Freund nachzusprechen pflegte, wenn er ihn nicht loben konnte — der Parasit eines Parasiten —, murmelte ebenfalls: „Edepo!"

Die im Vorbau aufgestellten Musiker stimmten jetzt die Melodien in eine sanftere, mehr zum Geist sprechende Weise und sangen ein Lied von Horaz.

„Ach, guter alter Horaz", bemerkte Sallust mitleidig, „er sang hübsch von Wein und Mädchen, aber nicht so wie unsere neueren Dichter."

„Der unsterbliche Fulvius zum Beispiel", sagte Clodius.

„Ja, Fulvius, der Unsterbliche", sagte der Schatten.

„Und Spuräna und Cajus Mutius, die beide ihr Epos in einem Jahr schrieben. Vermochten Horaz oder Virgil so etwas?" rief Lepidus.

„Übrigens", fragte Sallust, „habt ihr die neue Ode Spuränas zur Verherrlichung unserer ägyptischen Isis gesehen? Sie ist prachtvoll."

„Isis scheint eine Lieblingsgottheit in Pompeji?" sagte Glaucus.

„Ja", erwiderte Pansa, „gerade in diesem Augenblick hat sie einen besonderen Ruf. Ihre Bildsäule hat die merkwürdigsten Orakel ausgesprochen. Ich bin nicht abergläubisch, aber ich muß gestehen, daß sie mich in meinem Amt durch ihre Ratschläge mehr als einmal aufs wesentlichste unterstützte. Dabei sind ihre Priester so fromm! Keine lüsternen, stolzen Diener des Jupiter und der Fortuna! Sie gehen barfuß, essen kein Fleisch und bringen den größten Teil der Nacht in einsamem Gebet zu."

„In der Tat ein Beispiel für unsere sonstigen Priesterschaften! Jupiters Tempel bedarf gar sehr einer Reform!" entgegnete Lepidus, der bei allen Menschen, nur bei sich selbst nicht, gewaltig nach Reformen drang.

„Man sagt, Arbaces, der Ägypter, habe den Isispriestern einige höchst bedeutende Mysterien mitgeteilt", bemerkte Sallust. „Er rühmt sich der Abkunft von Ramses und behauptet, Geheimnisse aus den fernsten Zeiten hätten sich in seiner Familie vererbt."

„Auf jeden Fall besitzt er die Gabe des bösen Blicks", erwiderte Clodius; „stoße ich je auf diese Medusenstirn, ohne vorher das abwehrende Zeichen gemacht zu haben, so kann ich sicher sein, daß ich ein Lieblingspferd verliere oder den Hundewurf neunmal hintereinander werfe."

„Wäre Arbaces nicht so reich", versicherte Pansa mit gewichtiger Miene, „so wollte ich meine Autorität ein wenig in Anspruch nehmen und untersuchen, ob ihn das Gerücht mit Recht einen Sternendeuter und Zauberer nennt. Was haltet ihr von der neuen Sekte, die, wie ich höre, selbst in Pompeji einige Anhänger haben soll — den Verehrern des hebräischen Gottes: Christus?"

„Ach, bloß Träumer", erwiderte Clodius. „Sie zählen keinen einzigen Mann von Stand zu den Ihrigen. Ihre Bekehrten sind immer armes, unbedeutendes, unwissendes Volk."

„Die gleichwohl für ihre Ruchlosigkeit ans Kreuz geschlagen werden sollten", rief Pansa mit Heftigkeit. „Sie leugnen Venus und Jupiter! Nazarener ist nur ein anderer Name für Gottesleugner."

Der erste Gang war vorüber. Die Schmausenden sanken auf ihre Polster zurück. Es entstand eine Pause, während der man auf die sanften südlichen Stimmen und die Töne des arkadischen Rohres hörte. Glaucus war am meisten hingerissen und am wenigsten geneigt, das Stillschweigen zu brechen. Dem Clodius aber wollte es bereits scheinen, als verlöre man Zeit.

„Gesundheit! Glaucus", rief er und leerte auf jeden Buchstaben im Namen des Griechen einen Becher. „Hast du nicht Lust, gegen dein Mißgeschick von gestern einen Versuch zu machen? Siehe, die Würfel winken uns."

„Noch nicht, warten wir bis nach Tisch", entgegnete Glaucus.

Clodius fügte sich mit Widerstreben und versteckte seinen Mißmut durch ein Gähnen nur schlecht.

„Er gähnt nach Geld", flüsterte Lepidus dem Sallust zu.

„Wie gut kenne ich diese Polypen, die alles festhalten, was sie anfassen", antwortete Sallust in gleichem Ton.

Der zweite Gang, bestehend aus Früchten, Pistazien, Süßigkeiten, Torten und Backwerk, in vielerlei phantastische, lustige Gestalten gezwängt, wurde jetzt auf den Tisch gestellt, wohin die Sklaven nunmehr auch den Wein, den sie bisher den Gästen zugereicht hatten, in großen gläsernen Flaschen setzten, deren jede einen Zettel mit Angabe von Alter und Sorte des Inhaltes trug.

„Versuch einmal diesen, Pansa", sagte Sallust, „er ist ausgezeichnet."

„Er ist nicht besonders alt", antwortete Glaucus; „er wurde aber, wie wir selbst, durch Feuer früh gereift — der Wein durch die Flammen des Vulkans, wir durch die Flammen der Venus, zu deren Ehren ich diesen Becher trinke."

„Wir haben keinen König des Festes ernannt", rief Sallust.

„Laßt ihn uns durch die Würfel entscheiden!" rief Clodius und schüttelte den Würfelbecher.

„Nein", entgegnete Glaucus, „keinen kalten, abgenutzten Obermeister für uns, keinen Diktator des Banketts. He, Musikanten, das Lied, das ich vorige Nacht gedichtet habe! Es geht nach dem Muster der ‚Bacchischen Hymne der Stunden'."

Die Musiker stimmten ihre Instrumente zu einer wilden, jonischen Weise, während die jüngsten Stimmen unter der Bande das Lied in griechischer Sprache und in griechischer Versart absangen.

Die Gäste klatschten lauten Beifall. Ist der Poet der Wirt, so darf er damit rechnen, daß seine Verse bezaubernd sind.

„Durch und durch griechisch", rief Lepidus, „es ist unmöglich, die Wildheit, Kraft und Energie dieser Sprache in der römischen Dichtkunst nachzuahmen."

„Wirklich ein großer Gegensatz", bemerkte Clodius, „zu der altmodischen, zahmen Einfachheit der vorhin gehörten Ode des Horaz. Die Weise ist schön jonisch. Dabei fällt mir ein Trinkspruch ein: Freunde, auf die schöne Jone!"

„Jone — der Name ist griechisch", sagte Glaucus mit sanfter Stimme. „Mit Freuden trinke ich auf die Gesundheit. Aber wer ist Jone?"

„Ach, wärst du nicht eben erst nach Pompeji gekommen, so verdientest du für solche Unwissenheit Verbannung", erwiderte Lepidus. „Jone nicht kennen, heißt, den Hauptreiz unserer Stadt nicht kennen!"

„Sie ist von höchst seltener Schönheit", warf Pansa ein. „Und die Stimme!"

„Sie muß sich notwendig nur von Nachtigallenzungen nähren", sagte Clodius.

„Belehrt mich näher!" rief Glaucus.

„Du mußt wissen —" hob Lepidus an.

„Laß mich sprechen", rief Clodius, „dehnst du doch deine Worte, als sprächest du Schildkröten! Du mußt wissen, Glaucus, daß Jone eine Fremde ist, die erst vor kurzem nach Pompeji kam. Sie singt wie Sappho, und ihre Gesänge sind ihr eigenes Werk. Und was Tibia, Kithara und Lyra betrifft, so weiß ich nicht, auf welchem von diesen Instrumenten sie die Musen am weitesten hinter sich läßt. Ihre Schönheit ist einfach blendend, ihr Haus das vollendetste, das man sehen kann. Solcher Geschmack — solche Juwelen — solche Bronzen! Sie ist reich und ebenso freigebig wie reich."

„So sorgen also ihre Liebhaber dafür, daß sie ein gutes Einkommen bezieht", sagte Glaucus, „und leichtgewonnenes Geld wird immer wieder verschwenderisch ausgegeben!"

„Ihre Liebhaber? Da steckt eben das Rätsel! Jone hat nur einen Fehler: sie ist keusch. Ganz Pompeji liegt ihr zu Füßen, und sie hat keinen Geliebten."

„Keinen Geliebten?" wiederholte Glaucus.

„Nein, sie hat die Seele der Vesta, beim Gürtel der Venus."

„Was für gewählte Ausdrücke!" bemerkte der Schatten.

„Ein Wunder!" rief Glaucus. „Können wir sie nicht zu Gesicht bekommen?"

„Ich will dich heute abend zu ihr mitnehmen", erwiderte Clodius. „Einstweilen —" fügte er hinzu und schüttelte noch einmal die Würfel.

Lepidus und Sallust spielten Gerade und Ungerade, und der Schatten sah ihnen zu, während Glaucus und Clodius sich in das Würfelspiel vertieften.

„Beim Jupiter!" rief Glaucus, „da habe ich schon zweimal den Hundewurf getan!"

„Jetzt steh mir bei, Venus!" sagte Clodius, den Becher mehrere Augenblicke rüttelnd. „Es ist Venus selbst!" rief er, als er den höchsten, nach dieser Göttin benannten Wurf getan.

„Venus ist undankbar gegen mich", bemerkte Glaucus heiter, „ich habe ihrem Altar stets geopfert."

Die Unterhaltung wurde jetzt allgemein belebt. Der Wein kreiste freier, und noch einmal wurde Jone Gegenstand von Lobeshymnen.

„Statt die Sterne zu überwachen, laßt uns lieber eine Schönheit besuchen, vor der die Sterne erbleichen", bemerkte Lepidus.

Clodius, der keine Möglichkeit sah, die Würfel abermals vorzunehmen, unterstützte den Vorschlag. Glaucus drang aus Höflichkeit in seine Gäste, das Bankett fortzusetzen, konnte aber nicht umhin, merken zu lassen, seine Neugier sei durch die Lobsprüche auf Jone geweckt worden. So beschlossen sie denn insgesamt mit Ausnahme Pansas und des Schattens, nach der Wohnung der schönen Griechin aufzubrechen. Man trank daher noch auf die Gesundheit des Glaucus und des Kaisers, vollzog das letzte Trankopfer, durchschritt das erleuchtete Atrium und stand im Licht des eben aufgegangenen Mondes in den lebhaften, noch vollgedrängten Straßen Pompejis.

Sie zogen durch das Viertel der Juweliere, dessen Lichtergefunkel die Edelsteine in den Buden auffingen und zurückwarfen, und gelangten endlich vor Jones Tor. Der Eingang schimmerte von Lampenreihen. Vorhänge von gesticktem Purpur hingen an beiden Öffnungen des getäfelten Hauptraums herab, während die Wände und der Mosaikboden in reichsten Farben prangten. Unter der Säulenhalle, die den duftenden, künstlichen Garten umgab, fanden sie Jone, bereits umringt von verehrenden, hofierenden Gästen.

„Sagtet ihr nicht, sie sei eine Athenerin“, flüsterte Glaucus, ehe er in das Peristyl trat.

„Nein, sie ist von Neapolis.“

„Neapolis?“ wiederholte Glaucus, und im selben Augenblick brachte die zu beiden Seiten auseinanderweichende Gruppe die strahlende, nymphengleiche Schönheit vor sein Auge, die seit Monaten über die Flut seiner Erinnerungen hingeleuchtet hatte.

4

Arbaces schritt nach der Trennung von Glaucus und dessen Freund an der Küste des schimmernden Meeres dahin. Als er dem lebhaft bevölkerten Teil der Bucht nahe kam, hielt er an und betrachtete das belebte Schauspiel vor sich mit verschlungenen Armen und einem bitteren Lächeln auf dem dunklen Antlitz.

„Tröpfe, Toren, Narren, die ihr seid!“ dachte er. „Sei Arbeit oder Vergnügen, Gewerbe oder Religion das Ziel, das euch vorschwebt, stets werdet ihr von den Leidenschaften, die ihr beherrschen solltet, in gleichem Maß betrogen! Wie ihr mich anekeln würdet, wenn ich euch nicht haßte, ja, haßte! Griechen oder Römer, von uns, von der dunklen Weisheit Ägyptens, habt ihr das Feuer geraubt, das euch Seele gibt. Euer Wissen, eure Poesie, eure

Gesetze, eure Künste, eure barbarische Fertigkeit im Krieg, habt ihr uns gestohlen, wie ein Sklave die Überbleibsel des Mahles stiehlt! Und nun seid ihr, ihr Affen von Affen, die Römer, eine Horde von Räubern — ihr seid unsere Gebieter! Die Pyramiden blicken nicht mehr auf das Geschlecht des Ramses herab, der Adler sitzt auf der Schlange des Nils. Unsere Gebieter — aber nicht die meinigen! Meine Seele beherrscht und fesselt euch durch die Macht eines überlegenen Geistes, sind auch ihre Ketten unsichtbar. Mein Zepter erstreckt sich so weit wie der Menschenglaube. Ich schreite über die Seelen hin, die der Purpur verhüllt. Theben mag fallen, Ägypten zum hohlen Namen werden; die Welt selbst liefert den Arbaces Untertanen."

Mit diesen Gedanken ging der Ägypter langsam weiter, er erreichte die Stadt und die hohe, über das Gewühl auf dem Forum weit emporragende Gestalt schritt dem kleinen Tempel der Isis zu.

Zu beiden Seiten der Stufen hatten sich weißgewandete Opferpriester aufgestellt, während ganz oben zwei Unterpriester standen, der eine mit einem Palmzweig, der andere mit einem kleinen Ährenbüschel. In dem engen Zugang drängten sich die Zuschauer.

Eine Hand zum Zeichen des Stillschweigens erhebend, sprengte der Oberpriester sein Brandopfer auf den Altar, und nach einem kurzen Schlußgebet war die Zeremonie vorüber und die Versammelten wurden entlassen. Indessen weilte der Ägypter an dem Geländer, und als der Raum etwas leerer geworden, näherte sich einer der Priester und grüßte ihn mit allen Anzeichen enger Vertraulichkeit.

Das Gesicht des Nahenden hatte etwas auffallend Widerliches. Sein kahler Schädel lief nach vorn spitz zu, die dunklen, kleinen Augen rollten in trüben, gelben Höhlen. Die kurze, dicke Nase stülpte sich an den Nüstern wie bei einem Satyr auf. Die wulstigen, bleichen Lippen, die scheckigen Farben auf der pergamentartigen Haut vervollständigten ein Antlitz, das niemand ohne Widerwillen und wenige ohne Schrecken sehen konnten.

„Kalenus", sagte der Ägypter, „du hast durch Beachtung meines Winkes die Stimme der Statue bedeutend verbessert und deine Verse sind trefflich. Du prophezeist stets Glück, falls die Erfüllung nicht geradezu unmöglich ist. Ich wollte, Apäcides ginge bei deiner Weisheit in die Schule. Doch ich muß mit dir über ihn und andere Dinge sprechen. Kannst du mich in eines eurer weniger heiligen Gemächer führen?"

„Sogleich", erwiderte der Priester und ging nach einem der kleinen Zimmer voran, die das offene Tor umgaben. Hier nahmen sie vor einem Tischchen Platz, das mit Tellern von Obst, Eiern und verschiedenen kalten Gerichten wie auch mit Gefäßen voll herrlichen Weins gedeckt war. Während die beiden Freunde davon genossen, verbarg sie ein Vorhang, der an dem nach dem Hof führenden Eingang herabhing.

„Du weißt", hob Arbaces mit weicher, schwingender Stimme an, „daß es stets mein Grundsatz war, mich an die Jugend zu halten. Aus ihren biegsamen, ungeformten Gemütern schneide ich mir die geeignetsten Werkzeuge. Ich webe und bilde sie nach meinem Willen. Aus den Jünglingen mache ich Anhänger oder Diener, aus den Mädchen —"

„Liebchen", sagte Kalenus und ein hämisches Grinsen verzerrte seine Züge.

„Ja, ich leugne es nicht, das Weib ist das Hauptziel, der große Durst meiner Seele. Wie du das Opfer für die Schlachtbank mästest, so ziehe ich gern die Andächtigen für meine Lust heran. Ich richte sie zu, bringe ihre Gemüter zur Reife, entwickle die Blüte ihrer versteckten Leidenschaften, um die Frucht für meinen Geschmack vorzubereiten. Die bereitwilligen, vollreifen Lustdirnen ekeln mich an. Im sanften, unbewußten Fortschritt von der Unschuld zum Verlangen finde ich den wahren Reiz der Liebe. Auf diese Art biete ich der Übersättigung Trotz und erhalte mir die Frische der eigenen Empfindungen. Doch genug davon! Du weißt, daß ich vor einiger Zeit in Neapolis auf Jone und Apäcides stieß, Bruder und Schwester, Kinder von Athenern, die sich in Neapolis niedergelassen. Der Tod ihrer Eltern, die mich kannten und schätzten, machte mich zum Vormund. Ich vernachlässigte die mir übertragene Obhut nicht. Der Jüngling, mild und gelehrig, fügte sich willig den Eindrücken, die ich ihm einzuprägen suchte. Den Apäcides unterwies ich in der heiligen Lehre der Isis. Ich eröffnete ihm einiges von dem hohen Sinn, der unter ihrem äußerlichen Dienst verborgen liegt. In seiner für religiöse Glut besonders empfänglichen Seele fachte ich die Begeisterung an, die aus der Einbildungskraft Glauben erzeugt. Ich habe meinen Schüler hergesandt. Er ist einer von euch."

„Er ist es", erwiderte Kalenus, „aber indem du seinen Glauben entflammtest, hast du ihn der Klugheit beraubt. Er ist über unseren weisen Betrug wie vom Donner gerührt. Unsere sprechenden Bildsäulen und geheimen Treppen ängstigen und empören ihn. Er trauert, magert ab, murmelt vor sich hin und verweigert die Teilnahme an unseren Zeremonien. Man weiß, daß er den Umgang von Menschen sucht, die im Verdacht stehen, sich zu jenem neuen, ruchlosen Glauben hinzuneigen, der alle unsere Götter leugnet und unsere Orakel Eingebungen des bösen Geistes nennt."

„Das eben", entgegnete Arbaces nachdenklich, „und aus verschiedenen Vorwürfen, die er mir machte, als ich ihn das letztemal sah, macht mir Sorgen. In letzter Zeit hat er mich gemieden. Ich muß ihn aufsuchen, muß ihn ins Allerheiligste der Weisheit einführen. Ich muß ihn lehren, daß es Stufen der Heiligkeit gibt — die erste: Glauben; die zweite: Täuschung. Die erste für die Menge, die zweite für den Weisen. Jetzt aber zu weltlicheren, einladenderen Dingen. Verfolgte ich also mein Ziel bei Apäcides, so war mein Plan mit Jone ein anderer. Es ist dir schon bekannt, daß ich sie zu meiner Braut ausersehen habe. Nie, bis ich sie zu sehen bekam, wußte ich, welcher Fülle der Liebe meiner Natur fähig ist."

„Ich vernehme von tausend Lippen, sie sei eine zweite Helena", erwiderte Kalenus.

„Ja, sie ist von einer Schönheit, die in Griechenland selbst nie übertroffen wurde", nahm Arbaces wieder das Wort. „Doch das ist noch nicht alles. Ihre Seele ist wert, sich der meinigen zu vermählen. Sie hat einen über dem Maß der Weiblichkeit stehenden blendenden, kühnen Geist. Sie lebt förmlich in der Poesie. Phantasie und Vernunft liegen bei ihr nicht im Widerstreit, sie stimmen überein und leiten ihr Wesen wie Wind und Wogen ein Schiff. Sie kann ebenso herzhaft sein wie sanft: dies ist die Natur, die ich mein Leben lang im Weib gesucht und jetzt erst gefunden habe. Jone muß die Meine werden!"

„So ist sie denn noch nicht die Deine?"

„Nein, sie liebt mich, aber als Freund. Doch du mußt ihre Geschichte hören. Als ihr Bruder von mir schied und nun bei euch eintrat, zog auch sie nach Pompeji, um ihm nahe zu sein. Sie gibt Gesellschaften, ihre Stimme bezaubert, ihre Dichtungen überwältigen die Gäste. Ich ermutigte sie in der Kühnheit dieser Laufbahn. Ich wünschte, daß sie von hohlen, eitlen, gehaltlosen Anbetern umgeben würde. Menschen, die ihre Natur verachten muß, damit sie den Mangel an Liebe empfände. In den weichen Zwischenzeiten der Mattigkeit, die der Aufregung nachfolgen, kann ich dann meinen Zauber um sie weben, ihre Teilnahme erregen, mich ihres Herzens bemächtigen. Ihre Phantasie muß gewonnen werden, und das ganze Leben des Arbaces war ein fortwährender Triumph über die Phantasie seiner Mitmenschen."

„Und so hast du also gar keine Angst vor deinen Nebenbuhlern? Die italischen Jünglinge sind gewandt in der Kunst, zu gefallen."

„Gar keine! Ihre griechische Seele verachtet die römischen Barbaren, und würde mit sich selbst grollen, wenn sie nur einen Gedanken von Liebe zu einem Sohn dieses Emporkömmlingsgeschlechtes Raum gäbe."

„Aber du bist ein Ägypter, kein Grieche!"

„Ägypten ist die Mutter von Athen. Athens Schützerin, Pallas, ist unsere Göttin, und ihr Gründer, Kekrops, war ein Flüchtling aus dem ägyptischen Sais. Darüber habe ich sie bereits unterwiesen, und in meinem Blut verehrt sie den ältesten Herrscherstamm der Erde. Gleichwohl gestehe ich, daß in neuester Zeit mehrmals ein unbehaglicher Argwohn meine Seele erfaßte. Sie ist stiller als früher, liebt schwermütige, weiche Musik, seufzt ohne Veranlassung. Dies ist der Anfang der Liebe oder das Bedürfnis nach Liebe. In beiden Fällen ist es Zeit für mich, meine Bemühungen um ihre Phantasie und ihr Herz zu beginnen; im ersten Fall die Quelle der Liebe auf mich abzuleiten, im anderen sie für mich zu erwecken. Und darum habe ich dich aufgesucht."

„Und wie kann ich dir behilflich sein?"

„Ich stehe im Begriff, sie zu einem Fest in meinem Haus einzuladen. Ich möchte ihre Sinne blenden, verwirren, entflammen. Unsere Künste, die Künste, wodurch sich Ägypten seine jungen Novizen erzog, müssen angewandt werden. Unter dem Schleier von Religionsmysterien will ich ihr die Geheimnisse des Herzens eröffnen."

„Ich verstehe; eines von den lustigen Gelagen, woran die Isispriester trotz unseren dumpfen Gelübden kalter Enthaltsamkeit in deinem Haus teilnehmen."

„Nein, nein! Glaubst du, ihre reinen Augen seien für solche Anblicke reif? Nein. Doch zuerst müssen wir dem Bruder eine Schlinge legen. Die leichtere Arbeit! Hör auf meine Anweisungen."

5

Strahlend drang die Morgensonne in das kostbare Gemach in Glaucus' Haus und schimmerte auf dem eingelegten Estrich und den schimmernden Wänden. Seliger noch drängten sich Freudenstrahlen dem Herzen des jungen Glaucus zu.

„So habe ich sie also gesehen", sprach er, den Raum durchschreitend, „habe sie gehört, habe wieder ihren Gesang vernommen — und sie sang von Ruhm und Griechenland!"

Vielleicht hätte das entzückte Selbstgespräch des jungen Mannes noch länger angehalten, wäre in diesem Augenblick nicht ein Schatten über die Schwelle geglitten und seine Einsamkeit von einem jungen Mädchen, fast noch einem Kind, gestört worden. Sie war einfach in eine weiße Tunika gekleidet, die vom Nacken bis zu den Fußknöcheln reichte. Unter dem Arm trug sie ein Blumenkörbchen und in der anderen Hand hielt sie ein Wassergefäß aus Bronze. Ihre Züge waren reifer, als ihrem Alter zukam, jedoch sanft und weiblich, und ohne eigentlich schön zu sein, wurden sie es beinahe durch die Schönheit des Ausdrucks. Es lag etwas unbeschreiblich Mildes, etwas Duldendes in ihrem Aussehen, ein Zug von resigniertem Schmerz, von ruhigem Ertragen hatte das Lächeln, aber nicht die Anmut von ihren Lippen verbannt. Etwas Scheues und Vorsichtiges in ihrem Tritt, etwas Unstetes in ihren Blicken ließ das Unglück vermuten, das von Geburt an ihr zugefallen war; sie war blind. In den Augen selbst jedoch lag kein sichtbarer Fehler. Ihr schwermütiges, weiches Licht war klar und heiter. „Man sagt mir, Glaucus sei hier", sagte sie. „Darf ich herein?"

„Nydia", erwiderte der Grieche, „bist du's? Dacht' ich's doch, du werdest meine Einladung nicht vergessen."

„Glaucus läßt sich nur selbst Gerechtigkeit widerfahren", entgegnete Nydia errötend, „denn er war immer gütig gegen das arme blinde Mädchen."

„Wie könnte es anders sein?" fragte Glaucus zärtlich mit dem Ton eines mitleidigen Bruders.

Nydia seufzte und sagte nach einer Pause, ohne auf seine Bemerkung zu antworten: „Du bist erst seit kurzem zurück?"

„Es sind sechs Tage, seit ich wieder in Pompeji bin."

„Und du bist gesund? Ach, ich brauche nicht zu fragen. Wer, der die Erde sieht, die, wie sie sagen, so schön ist, könnte krank sein?"

„Ich bin gesund. Und du, Nydia? Wie du gewachsen bist! Nächstes Jahr wirst du über die Antworten sinnen, die du deinen Liebhabern geben willst."

Wiederum überzog eine Röte Nydias Wangen, aber diesmal zeigte sie Unmut im Erröten. „Ich habe dir einige Blumen gebracht", sagte sie. Dabei tastete sie im Zimmer umher, bis sie den neben Glaucus stehenden Tisch fand, und setzte das Körbchen darauf: „Sie sind nichts Seltenes, aber sie sind frisch gepflückt."

„Als kämen sie von Flora selbst", sprach er freundlich, „und ich erneuere mein den Grazien gegebenes Gelübde, keine anderen Kränze zu tragen, solange deine Hände mir solche winden wie diese hier."

„Und wie findest du die Blumen in deinem Garten — gedeihen sie?"

„Wundervoll."

„Ach, jetzt machst du mir Freude. Sooft ich einen Augenblick freier Zeit wegstehlen konnte, kam ich, um sie während deiner Abwesenheit zu begießen."

„Wie soll ich dir danken, schöne Nydia? Ich ahnte nicht, daß ich ein Gedenken in Pompeji zurücklasse, das sich meiner Lieblinge mit soviel Sorgfalt erinnerte."

Die Hand des Mädchens zitterte und seine Brust hob sich unter der Tunika. Verlegen wandte es sich ab. „Die Sonne ist heute zu heiß für die armen Blumen", sagte sie, „sie werden mich vermissen, denn ich war krank und es ist bereits neun Tage her, seit ich zum letztenmal nach ihnen gesehen."

„Krank, Nydia? Deine Wangen sind röter als voriges Jahr."

„Ich bin oft unpäßlich", erwiderte die Blinde in rührendem Ton, „und seit ich größer bin, schmerzt mich meine Blindheit mehr. Aber jetzt zu den Blumen!" Damit trat sie in den Garten und machte sich emsig an das Begießen der Blumen.

„Arme Nydia", dachte Glaucus, indem er ihr nachsah. „Dein Los ist hart. Du siehst weder die Erde, noch die Sonne, noch das Meer, noch die Sterne, geschweige denn Jone."

Mit diesem letzten Gedanken flog sein Gemüt zu dem vergangenen Abend zurück und wurde in seinen Träumen durch den Eintritt des Clodius zum zweitenmal unterbrochen. Merkwürdig war es, und ein Beweis, wieviel ein einziger Abend zum Gedeihen und zur Verfeinerung der Liebe beigetragen, die der Athener für Jone fühlte, daß er, der dem Clodius das Geheimnis seiner ersten Begegnung mit ihr und die Wirkung, die dieses Zusammentreffen auf ihn hervorgebracht, anvertraut hatte, jetzt einen unüberwindlichen Widerwillen empfand, auch nur ihren Namen vor ihm zu erwähnen. Als ihm daher Clodius mit affektierter Begeisterung von Jones Schönheit sprach, fühlte Glaucus nur Verdruß und Unwillen, daß ein solcher Mund sich unterfangen sollte, sie zu loben. Er antwortete kalt, und der Römer glaubte darum, die Leidenschaft des Freundes für geheilt halten zu dürfen. Das Gespräch floß nicht mit der gewohnten Leichtigkeit, und kaum hatte ihn Clodius verlassen, so nahm Glaucus den Weg nach Jones Haus. An seiner Tür stieß er noch einmal auf Nydia, die mit ihrer lieblichen Arbeit eben zu Ende gekommen. Sie erkannte seinen Schritt.

„Du gehst früh aus", sprach sie.

„Ja, der Himmel Campaniens zürnt den Trägen, die ihn vernachlässigen."

Die Thessalierin zögerte noch einige Augenblicke auf der Schwelle und trat dann mit Hilfe eines langen Stabes, den sie mit großer Gewandtheit führte, den Heimweg an. Sie bog in ein Stadtviertel ein, das für anständige und gesittete Leute wenig anziehend war. Ihr selbst ersparte die Blindheit den Anblick der niederen, rohen Zeichen des Lasters um sie her, und weil um diese Stunden die Straßen still und ruhig waren, so wurde ebensowenig ihr jugendliches Ohr von dem sonst nur allzuhäufigen Widerhall der schmutzigen, dunklen Örtlichkeiten verletzt, die sie jetzt traurig und geduldig durchschritt.

Sie klopfte an die Hintertür einer Art Schenke. Diese öffnete sich und eine rauhe Stimme hieß sie ihre Sesterze verrechnen. Ehe sie antworten konnte, bemerkte ein anderes Organ: „Was liegt dir an dem lächerlichen Betrag. Burba. Bald wird man die Stimme des Mädchens wieder bei einem Gelage unseres reichen Freundes nötig haben, und der bezahlt, wie du weißt, so eine Nachtigall recht anständig."

„Oh, ich will nicht hoffen — ich will nicht glauben", rief Nydia zitternd. „Von Sonnenaufgang bis Sonnenuntergang will ich betteln, aber schickt mich nicht dorthin."

„Und warum?" fragte dieselbe Stimme.

„Weil — weil ich jung und von anderer Natur bin und die Mädchen, die ich dort treffe, kein geeigneter Umgang für eine sind, die — die —"

„Sklavin im Haus von Burbo ist", erwiderte die Stimme höhnisch mit rauhem Lachen.

Die Thessalierin setzte die Blumen nieder, bedeckte das Gesicht mit den Händen und weinte still.

Unterdessen begab sich Glaucus nach dem Haus der Schönen aus Neapolis. Er fand sie unter ihren Dienerinnen sitzend, die rings um sie her mit verschiedenen Arbeiten beschäftigt waren. Jone war heute ungewöhnlich ernst. Sie dünkte ihm im Morgenlicht und in ihrem einfachen Gewand noch schöner als unter den schimmernden Lampen und in dem kostbaren Juwelenschmuck der vorigen Nacht. Auch eine gewisse Blässe auf den durchsichtigen Wangen und ein Erröten, das sich bei seinem Eintritt über ihr Gesicht zog, war ihrer Erscheinung nicht abträglich. Sie unterhielten sich von Griechenland. Glaucus beschrieb ihr die Silberhaine, die noch immer die Ufer des Ilissus schmückten, die Tempel, die ihrer Herrlichkeit bereits halb beraubt und doch noch so schön waren im Verfall. Er hatte das Land der Dichtung hauptsächlich im dichterischen Alter früher Jugend gesehen und die Bilder der Vaterlandsliebe verbanden sich mit denen der Fülle und des Lebensfrühlings. Hingerissen und stumm hörte Jone zu. Viel lieber als die überschwengliche Anbeterei ihrer zahllosen Verehrer waren ihr diese Plaudereien. War es Sünde, ihren Landsmann zu lieben? Sie liebte Athen in ihm. Die Götter ihres Volkes, das Land ihrer Träume sprachen zu ihr aus seiner Stimme! — Von dieser Stunde an sahen beide einander täglich. In der Abendkühle machten sie Lustfahrten auf der ruhigen See. Nachts trafen sie in Jones Säulengängen und Hallen wieder zusammen. Ihre Liebe war das Werk des Augenblicks, aber sie war stark. Sie füllte alle Quellen ihres Lebens — Herz, Kopf, Verstand, Phantasie. Jung, schön, geistreich, von gemeinsamer Herkunft und Seele, mußten sie sich vereinigen, sie glaubten, der Himmel selbst lächle auf ihre gegenseitige Zuneigung.

An einem Abend kehrten Glaucus und Jone mit einem kleinen Kreis ausgewählter Freunde von einer Fahrt um die Bucht nach Hause zurück. Leicht glitt ihre Barke über das im Zwielicht schimmernde Gewässer, dessen heller Spiegel nur von den träufenden Rudern durchschnitten wurde. Während die übrige Gesellschaft in einer heiteren Unterhaltung begriffen war, lag Glaucus zu Jones Füßen und hätte ihr gern ins Antlitz geschaut, aber er wagte es nicht. Jone brach die Stille zwischen ihnen.

„Mein armer Bruder", sprach sie mit einem Seufzer, „wie würde er diese Stunde genießen!"

„Dein Bruder?" erwiderte Glaucus. „Ich habe ihn noch nicht gesehen. Mit dir beschäftigt, dachte ich an nichts anderes. Sonst würde ich gefragt haben, ob nicht der dein Bruder gewesen ist, an dessen Hand du mich am Tempel der Pallas in Neapolis verließest."

„Er war es."

„Und ist er hier?"

„Ja!"

„In Pompeji und nicht bei dir? Unmöglich!"

„Er hat andere Pflichten", antwortete Jone traurig. „Er ist ein Priester der Isis."

„So jung und Glied dieser wenigstens dem Gesetz nach so strengen Priesterschaft?" rief Glaucus mit Verwunderung und Mitleid. „Was konnte ihn dazu verleiten?"

„Er war stets enthusiastisch und glühend in seiner Andacht, und die Beredsamkeit eines Ägypters, unseres Freundes und Vormundes, entfachte in ihm den frommen Wunsch, sein Leben der geheimnisvollsten unserer Gottheiten zu weihen. Vielleicht, daß er bei der Kraft seines Gemütes gerade in der Strenge der Priesterschaft den Hauptanreiz fand."

„Und er bereut seine Wahl nicht? Hoffentlich ist er glücklich."

Jone seufzte tief und ließ den Schleier über ihre Augen herabfallen.

„Ich wollte", sprach sie nach einer Pause, „es wäre nicht so rasch gewesen. Vielleicht, daß er, wie alle, die zuviel erwarten, zu leicht enttäuscht wird."

„So ist er denn nicht glücklich. Und diesen Ägypter, war er selbst Priester, lag ein Zuwachs der heiligen Schar in seinem Interesse?"

„Nein. Sein Hauptinteresse war unser Glück. Er glaubte, das Wohl meines Bruders zu fördern. Wir waren Waisen."

„Wie ich selbst", entgegnete Glaucus.

Mit niedergeschlagenen Augen ergriff Jone wieder das Wort: „Und Arbaces sucht uns die Eltern zu ersetzen. Du mußt ihn kennenlernen. Er liebt geistreichen Umgang."

„Arbaces, ich kenne ihn bereits! Wärest indessen du nicht seine Lobrednerin, so würde mir eine nähere Bekanntschaft mit ihm nicht am Herzen liegen. In der Regel wendet sich mein Herz meinen Mitmenschen nur allzu bereitwillig zu. Aber neben diesem düsteren Ägypter mit der dunklen Stirn und dem eisigen Lächeln wird mir, als ziehe sich über die Sonne selbst ein Schleier."

„Aber er ist gütig, weise und bescheiden", erwiderte Jone.

„Wie schön, daß er deine Zustimmung findet! Er bedarf keiner anderen Tugend, um mir wert zu sein."

„Seine Ruhe, seine Kälte", fuhr Jone ausweichend fort, „sind vielleicht bloß Erschöpfung durch früher erlittene Schmerzen, so wie der Berg, den wir dort dunkel und lautlos in der Ferne erblicken, einst Flammen nährte, die jetzt auf ewig erloschen sind."

Beide sahen bei diesen Worten nach dem Berg. Der übrige Himmel war in rosige, zarte Farben gebadet, über der grauen Kuppe aber, dem emporragenden Mittelpunkt der Wäldchen und Weingärten, die sich bis zur Hälfte der Höhe emporwanden, hing eine finstere unheilbedeutende Wolke. Eine plötzliche, nicht erklärbare Beklemmung kam über die Schauenden, und mit jener Sympathie, die sie die Liebe bereits gelehrt und bei der leichtesten Ahnung eines Übels beieinander Schutz suchen ließ, wandten sich ihre Blicke im gleichen Augenblick von dem Berg ab und begegneten einander voll unaussprechlicher Zärtlichkeit.

6

Arbaces war in letzter Zeit wenig in Jones Haus gekommen, er hatte Glaucus nie getroffen, sooft er es besuchte, noch wußte er bis jetzt etwas von der Liebe, die so plötzlich zwischen ihm und seinen Plänen aufgesprossen. Zudem hatte ihn das Vorhaben mit dem Bruder eine Weile genötigt, den Plan mit Jone selbst hinauszuschieben. Sein Stolz und seine Sehnsucht waren bei der plötzlichen Veränderung, die über das Gemüt des Jünglings gekommen war, rege geworden. Apäcides suchte und befragte ihn nicht mehr, wandte sich verschlossen von dem Ägypter ab, ja ging ihm geradezu aus dem Weg. Arbaces gehörte zu jenen stolzen, mächtigen Geistern, die daran gewöhnt sind, andere zu beherrschen. Der Gedanke, daß jemand, der ihm einst hörig gewesen war, seinem Griff wieder entwischen könnte, erbitterte ihn, und er schwur innerlich, Apäcides solle ihm nicht entgleiten.

Mit diesem Entschluß ging er auf dem Weg zu Jone durch ein dichtes Gehölz, das mitten in der Stadt zwischen seinem und der Geliebten Haus lag. Unerwartet traf er hier den jungen Isispriester an einen Baum gelehnt, den Blick auf den Boden geheftet.

„Apäcides", sprach er und legte die Hand auf des jungen Mannes Schulter.

Der Priester fuhr zusammen und wandte sich zur Flucht.

„Mein Sohn", sprach der Ägypter, „was ist vorgefallen, daß du mich zu meiden suchst?"

Apäcides blieb still und verschlossen. Seine Augen hafteten am Boden, seine Lippen zitterten und seine Brust hob sich schwer.

„Rede, mein Freund", fuhr Arbaces fort. „Sprich! Etwas lastet auf deiner Seele. Was hast du zu enthüllen?"

„Dir — nichts!"

„Und warum hast du mir gegenüber so wenig Vertrauen?"

„Weil du dich wie mein Feind benommen hast."

„Laß uns darüber reden", sagte Arbaces mit leiser Stimme, schlang den widerstrebenden Arm des Priesters in den eigenen und führte ihn zu einer der Bänke, die im Gehölz verstreut standen.

Apäcides stand im Frühling seiner Jahre, schien jedoch mehr Leben aufgebraucht zu haben als der Ägypter selbst. Seine zarten, regelmäßigen Züge waren abgezehrt und farblos, seine hohlen Augen strahlten von einem schimmernden, fieberhaften Glanz und seine Gestalt beugte sich vorzeitig nieder. In seinem Gesicht bemerkte man eine auffallende Ähnlichkeit mit Jone, aber der Ausdruck wich von jener geistigen Stille, die der Schönheit der Schwester ein so göttliches Gepräge aufdrückte, gänzlich ab. In Apäcides zeugte das ganze Äußere von der Glut und Leidenschaft seines Temperaments und sein Denken schien weniger glücklich und im Zaum gehalten, zu unfaßbaren Träumen hinübergewandert: Eigenschaften, die Jone Genie verliehen, bedrohten Apäcides mit Wahnsinn.

„Du sagst, ich hätte mich als dein Feind benommen", begann Arbaces. „Ich kenne den Grund dieser ungerechten Anklage: ich habe dich unter die Priester der Isis gebracht. Du bist über ihre Gaukelkunst und Trügerei empört — glaubst auch, ich hätte dich getäuscht, du hältst mich für einen Betrüger."

„Du kanntest die Lügen dieser ruchlosen Priesterschaft", erwiderte Apäcides, „warum hast du mir sie verschwiegen? Als du in mir den Wunsch erregtest, mich dem Amt zu weihen, dessen

Kleid ich trage, sprachst du vom Leben heiliger, der Wissenschaft hingegebener Männer. Du hast mich unter eine unwissende, in Sinnlichkeit versunkene Horde geworfen, die von nichts Kunde hat als von gröbsten Betrügereien. Du sprachst mir von Menschen, welche die irdischen Freuden dem erhabenen Dienst der Tugend opfern. Du hast mich unter Menschen gebracht, auf denen der Schmutz jedes Lasters wuchert. Du sprachst mir von Freunden, von Erleuchteten des Menschengeschlechtes: ich sehe nur Betrüger und Spötter! Du hast schmählich an mir gehandelt! Du hast mir den Glanz der Jugend, die Sicherheit der Reinheit, den heiligen Durst nach Wahrheit geraubt. Jung, begeistert, die sonnigen Freuden der Erde vor mir, entsagte ich allem ohne Murren, entsagte mit Seligkeit und Jubel in dem Gedanken, daß ich das Weggeworfene gegen Geheimnisse höherer Weisheit, gegen den Umgang mit Göttern, gegen die Enthüllungen des Himmels dahingebe, und jetzt — jetzt —"

Ein krampfhaftes Schluchzen erstickte des Priesters Stimme.

„Was ich dir versprochen habe, will ich dir halten, mein Freund, mein Zögling. Alles war nur eine Erprobung deiner Tugend. Du hast sie strahlend bewährt in deinem Noviziat. Denk nicht mehr an jene dumpfen Lügen, halte dich in Hinkunft nicht an dieses Gesinde der Göttin. Du bist wert, in das Innere einzutreten. Ich will fortan dein Priester, dein Führer sein, und du, der jetzt meiner Freundschaft flucht, wirst sie noch segnen!"

Der junge Mann erhob das Haupt und starrte den Ägypter mit irrem, verwundertem Blick an.

„Höre mich", fuhr Arbaces mit ernster, feierlicher Stimme fort, „von Ägypten kam alles Wissen der Welt. Von Ägypten kam die Weisheit Athens und die tiefe Staatskunst Kretas. Von Ägypten kamen jene alten, geheimnisvollen Stämme, die alle Künste der Wissenschaft und alle Grazien eines geistigen Lebens besaßen, lang ehe die Horden des Romulus Italiens Ebenen überschwemmten. Die neuen Völker danken ihre Größe Ägypten — Ägypten dankt sie den Priestern. Isis ist eine Fabel — erschrick nicht! — Isis ist nichts, die Natur, die durch sie vorgestellt wird, ist die Mutter aller Dinge. Dunkel, uralt, unerforschlich, außer für die wenigen Eingeweihten. ‚Kein Sterblicher hat je meinen Schleier gehoben', sprach Isis, die du anbetest. Für die Weisen aber ist dieser Schleier gelüftet worden und Antlitz in Antlitz sind wir dem Liebreiz der Natur gegenübergestanden. Die Priester waren die Wohltäter, die Erzieher der Menschheit; allerdings waren sie zugleich auch, wenn du so willst, Betrüger und Täuscher. Glaubst du aber, wenn sie ihre Mitmenschen nicht getäuscht hätten, sie hätten zu dienen vermocht? Die unwissende Menge muß um ihres eigenen Besten willen geblendet werden. Einen Lehrsatz würde sie nicht glauben, aber ein Orakel verehrt sie. Unsere Orakel und Verkündigungen, unsere Gebräuche und Zeremonien sind die Mittel unserer Oberherrschaft und der Hebel unserer Macht. Es sind dieselben Mittel zu demselben Zweck — zu der Wohlfahrt und Eintracht der Menschen. Du hörst mich entzückt und aufmerksam an — das Licht fängt dir an aufzugehen."

Apäcides blieb still, aber der rasche Wechsel der sprechenden Züge verriet die Wirkung, die die Worte des Ägypters auf ihn gemacht hatten.

„Während nun", nahm Arbaces wieder das Wort, „unsere Väter am Nil also die ersten Elemente, durch die das Chaos zerstört wird, ins Leben riefen, nämlich Gehorsam und Ehrerbietung der Menge gegen wenige, gewannen sie aus ihren erhabenen, den Sternen entnommenen Betrachtungen diejenige Weisheit, die keine Täuschung war: sie erfanden die Gesetze und Regeln des gesellschaftlichen Zustandes, die Künste und Veredlungen des Daseins. Sie forderten Glauben und erwiderten diese Gabe durch die Gesittung, die sie einführten. War nicht ihr Betrug selbst eine Tugend? Die Altäre unseres alten Glaubens müssen Diener haben, Diener auch in jenen stumpfen, seelenlosen Wesen, die nur wie die Haken sind, woran man Binde und Mantel aufhängt. In dir, Apäcides, sah ich einen Zögling, der meiner Unterweisung würdig war, einen Diener, wert der großen Zwecke, die vielleicht noch jetzt erreicht werden können. Deine Kraft, deine Talente, die Reinheit deines Glaubens, der Ernst deiner Begeisterung, alles bestätigte dich zu einem Amt, das eine hohe, glänzende Seele so gebieterisch forderte. Deshalb schmeichelte ich deinem heiligen Wunsch, ich spornte dich zu dem Schritt an, den du getan hast. Aber du machst mir Vorwürfe, daß ich dir die kleinen Seelen, die Taschenspielereien deiner Gefährten nicht zum voraus angedeutet habe? Hätte ich das getan, Apäcides, so hätte ich meinem eigenen Zweck entgegengearbeitet. Deine edle Natur würde zurückgestoßen worden sein und Isis ihren Priester verloren haben."

Apäcides stöhnte laut auf. Der Ägypter fuhr fort, ohne auf die Unterbrechung zu achten: „Unvorbereitet brachte ich dich daher in den Tempel, überließ dich plötzlich dir selbst, damit du all die Mummereien, die den großen Haufen blenden, durchschauen, damit du von ihnen zurückgestoßen werden möchtest. Du sollst die Triebräder der Maschinen entdecken, durch die der Springquell, der die Welt erfrischt, sein Wasser in die Luft wirft. Es ist die Probe, die von alters her jedem unserer Priester auferlegt wird. Die sich damit versöhnen, Betrüger der Menge zu sein, werden bei der Ausübung dieses Betruges belassen — für die, deren höhere Natur ein höheres Ziel fordert, enthüllt die Religion heiligere Geheimnisse. Mich freut es, in dir denjenigen Charakter zu finden, den ich erwartet hatte. Du hast das Gelübde abgelegt, zurück kannst du nicht mehr. Vorwärts denn, ich will dein Führer sein."

„Und was willst du mich lehren, wunderbarer, schrecklicher Mann? Neuen Betrug?"

„Nein — ich habe dich in den Abgrund des Unglaubens gestürzt, jetzt will ich dich auf die Höhe des Glaubens leiten. Du hast nichtige Sinnbilder gesehen, jetzt sollst du die Wirklichkeit kennenlernen, die jene vorstellen. Es gibt keine Schatten ohne Wesen, Apäcides. Komm heute abend zu mir in mein Haus! Deine Hand!"

Für Apäcides gab es wirklich keine Umkehr. Des Ägypters mächtiger, tiefer Geist übte noch immer seine Herrschaft über die Phantasie des Jüngeren und erhielt ihn schwebend zwischen Furcht und Hoffnung.

Unterdessen lenkte Arbaces den langsam-würdevollen Schritt zum Haus Jones. Beim Eintritt in die Vorhalle vernahm er eine Stimme aus den Säulengängen des Innenhofs herüber, die trotz ihres Wohllauts seinem Ohr mißfällig klang — die Stimme des jungen, schönen Glaucus. Und zum erstenmal durchbebte ein instinktartiges Zucken der Eifersucht seine Brust. Als er den Innenhof betrat, sah er Glaucus neben Jone sitzen. Die Fontäne des Brunnens warf ihren Silberstrahl in die Luft und hielt trotz der Mittagsschwüle eine köstliche Frische im Raum aufrecht. Die Dienerinnen und unzertrennlichen Gefährtinnen Jones saßen in einiger Entfernung.

Einen Augenblick hielt Arbaces an und betrachtete das Paar mit einer Stirn, der die gewohnte ernste Heiterkeit gänzlich entschwunden war. Mit äußerster Anstrengung gewann er seine Fassung wieder und näherte sich langsam, jedoch mit so leisem, lautlosem Tritt, daß ihn selbst die Dienerinnen nicht vernahmen, geschweige denn Jone und Glaucus.

„Und doch", bemerkte Glaucus, „stellen wir uns, ehe wir lieben, vor, die Dichter hätten die Liebe wahrheitsgetreu geschildert. Alle Sterne schwinden und lösen sich in der Luft auf, sobald die Sonne aufgeht. Nur in der Nacht des Herzens sind die Dichter für uns da, sobald wir die volle Herrlichkeit des Gottes wahrnehmen, haben sie kein Dasein mehr für uns."

„Ein zartes und höchst glühendes Bild, edler Glaucus."

Beide fuhren erschrocken herum und erblickten hinter Jones Stuhl das kalte, steinerne Gesicht des Ägypters.

„Du bist ein unerhoffter Gast", sprach Glaucus aufstehend mit erzwungenem Lächeln.

„Das sollten alle sein, die wissen, daß sie willkommen sind", erwiderte Arbaces, indem er Platz nahm und Glaucus zuwinkte, es ihm nachzutun.

„Mich freut es", sagte Jone, „euch endlich beisammen zu sehen, denn ihr paßt zueinander und seid zu Freunden geschaffen."

„Gib mir fünfzehn Lebensjahre zurück", erwiderte der Ägypter, „ehe du mich auf gleiche Stufe mit Glaucus stellst. Ich wäre glücklich, würde mir seine Freundschaft zuteil. Aber was könnte ich ihm zur Erwiderung geben? Kann ich ihm dieselben Geständnisse ablegen, die er etwa mir vertrauen dürfte, über Gastmähler und Kränze, über parthische Rosse und Wechselfälle des Würfels? Dergleichen Vergnügungen entsprechen seinem Alter, seiner Natur, seiner Lebensweise, nicht aber der meinigen."

Damit sah der Ägypter seufzend zu Boden, warf jedoch aus den Augenwinkeln einen verstohlenen Blick auf Jone, um zu bemerken, wie sie diese Andeutung über Tun und Treiben ihres Besuches aufnähme. Ihre Miene befriedigte ihn keineswegs. Der etwas errötende Glaucus beeilte sich, eine Antwort zu geben.

„Du hast recht, weiser Arbaces", sprach er, „wir könnten einander achten, aber wir könnten nicht Freunde sein. Meine Feste entbehren des geheimen Salzes, das, dem Gerücht nach, den deinigen eine solche Würze verleiht. Und, beim Herkules, hab ich einmal deine Jahre erreicht und erachte ich es, wie du, für klug, die Freuden des Mannesalters zu den meinigen zu machen, so werde ich zweifelsohne die wilden Streiche der Jugend wie du etwas bespötteln."

Mit einem jähen durchbohrenden Blick erhob Arbaces die Augen gegen Glaucus. Dann wandte er sich mit kaum merklichem Hohnlächeln ab und redete nach einer kurzen Pause die Freundin an: „Schon zwei- oder dreimal, schöne Jone, habe ich in letzter

Zeit deine Schwelle betreten, ohne so glücklich zu sein, dich zu Hause zu treffen."

„Die spiegelnde See lockt mich oft hinaus", entgegnete Jone etwas verwirrt.

Dies entging Arbaces nicht. Aber mit einer Miene, als hätte er es nicht bemerkt, erwiderte er lächelnd: „Du weißt, der alte Dichter Euripides sagt, Frauen sollen zu Hause bleiben und dort sich unterhalten."

„Der Dichter war ein Zyniker", antwortete Glaucus.

„Er sprach den Sitten seines Landes gemäß, und dieses Land ist dein vielgepriesenes Hellas."

„Andere Zeiten, andere Sitten! Hätten unsere Väter Jone gekannt, sie hätten ein anderes Gesetz gemacht."

„Lerntest du dergleichen gewinnende Artigkeiten in Rom?" fragte Arbaces gereizt.

„Wenigstens braucht man, um Artigkeiten zu lernen, gewiß nicht nach Ägypten zu gehen", gab ihm Glaucus zurück.

„Geht, geht!" rief Jone, die sich beeilte, ein Gespräch zu unterbrechen, das, wie sie mit großem Unbehagen sah, keineswegs zur Festigung des engen Bundes taugte, den sie zwischen Glaucus und ihrem Freund zu knüpfen wünschte. „Arbaces muß gegen sein armes Mündel nicht so streng sein. Eine Waise ohne mütterliche Obhut — mag ich für die unabhängige, fast männliche Lebensfreiheit, die ich mir herausnehme, zu tadeln sein. Gleichwohl ist sie nicht größer als diejenige, woran die römischen Frauen gewöhnt sind, nicht größer als diejenige, woran die griechischen gewöhnt sein sollten. Soll man nur unter Männern Freiheit und Tugend vereint finden? Glaubt mir, es war ein großer Irrtum der Männer, ein Irrtum, der sehr bitteren Einfluß auf ihr Schicksal hatte, sich einzubilden, die weibliche Natur sei, ich will nicht sagen untergeordnet, so abweichend von der ihrigen, daß sie Gesetze machten, die die geistige Entwicklung der Frauen hemmen."

Jone brach plötzlich ab, das Antlitz vom bezauberndsten Erröten überhaucht. Sie fürchtete, ihre Begeisterung habe sie zu weit geführt, aber sie fürchtete den strengen Arbaces weniger als den freundlichen Glaucus, denn ihn liebte sie, und es war nicht Sitte der Griechen, den Frauen, wenigstens denen, die sie noch am meisten achteten, gleiche Freiheit und gleiche gesellschaftliche Stellung zuzugestehen, wie die Frauen Italias sie genossen. Mit einem Schauder des Entzückens vernahm sie daher, daß Glaucus ernst erwiderte: „Mögest du stets also denken, Jone — stets sei dein reines Herz dein sicherer Führer! Glücklich wäre Griechenland, hätte es den keuschen Frauen dieselben geistigen Reize gegönnt, die die minder würdigen so berühmt machten."

Arbaces blieb still, denn seine Rolle forderte ebensowenig Gutheißung der Ansichten des Glaucus wie Verdammung derjenigen Jones, und nach einem kurzen Gespräch verabschiedete sich der Grieche.

Nach seinem Weggang rückte Arbaces den Stuhl näher zu der schönen Freundin und hob mit jenem schmeichlerischen, gedämpften Ton, in dem er die Verbindung von List und wilder Glut in seinem Wesen so gut zu überdecken vermochte, an: „Glaube nicht, mein holdes Mündel, daß ich an einer Freiheit, deren Zierde du bist, rütteln will. Ist sie, wie du richtig bemerkst, keineswegs größer als die Freiheit der römischen Frauen, so muß sie von einer Unverheirateten in Anspruch genommen, gleichwohl mit sehr viel Behutsamkeit angewandt werden. Fahre fort, die Lebensfrohen, die Vornehmen, ja selbst die Weisen, scharenweise um dich zu versammeln, fahre fort, sie durch Worte einer Aspasia, die Musik einer Korinna zu entzücken, aber erinnere dich auch jener tadelnden Zungen, die so leicht den Ruf eines Mädchens zerstören, und räume in der Bewunderung, die du hervorrufst, der Mißgunst keinen Sieg ein."

„Was meinst du, Arbaces?" fragte Jone mit erschrockener, zitternder Stimme. „Ich weiß, du bist mein Freund, du wünschest nur meine Ehre und mein Glück. Was willst du sagen?"

„Dein Freund? Darf ich demnach als Freund, ohne Rückhalt und Besorgnis einer Beleidigung, sprechen?"

„Ich bitte dich darum."

„Diesen jungen Verworfenen, diesen Glaucus, wie lerntest du ihn kennen? Hast du ihn schon mehrmals gesehen?" Damit heftete Arbaces den Blick fest auf Jone, als wolle er in das Innere ihrer Seele dringen.

Vor diesem Blick mit einer seltsamen Furcht, die sie sich nicht zu erklären vermochte, zurückbebend, erwiderte die Griechin zögernd und verlegen: „Er wurde bei mir eingeführt als Landsmann meines Vaters. Erst seit einer Woche kenne ich ihn. Aber wozu diese Fragen?"

„Verzeih mir", entgegnete Arbaces. „Ich glaubte, du kennst ihn schon länger. Ein niederträchtiger Prahler!"

„Was meinst du damit? Warum dieser Ausdruck?"

„Laß das! Mag ich doch deinen Zorn nicht gegen jemand aufregen, der so eine Ehre kaum verdient.“

„Ich beschwöre dich, sprich! Womit hat Glaucus geprahlt? Oder vielmehr: worin meinst du, daß er Anstoß errege?“

Seine Empfindlichkeit über den letzten Teil von Jones Frage unterdrückend, fuhr der Ägypter fort: „Du kennst sein Treiben, seine Gefährten, seine Gewohnheiten. Gastmahl und Würfel sind seine Beschäftigung — wie kann ihm unter Verbündeten des Lasters ein Gedanke an Tugend kommen?“

„Immer noch redest du in Rätseln. Bei den Göttern beschwöre ich dich, sprich das Schlimmste aus!“

„Gut denn, wenn es sein muß: Wisse also, daß noch gestern Glaucus sich öffentlich — ja, in den allgemeinen Bädern — deiner Liebe zu ihm rühmte. Er sagte, sie sei ihm ein gar angenehmer Zeitvertreib. Doch nein, ich muß ihm Gerechtigkeit widerfahren lassen, er pries deine Schönheit. Wer könnte die leugnen? Aber er lachte höhnisch, als Clodius ihn fragte, ob er dich genug liebe, um dich zu heiraten, und wann er seine Türpfosten mit Blumen zu bekränzen dächte?“

„Unmöglich! Wo hörtest du diese Verleumdung?“

„Nun, willst du, daß ich dir all die Zugaben der Taugenichtse herzähle, womit die Geschichte in der Stadt bekannt wurde? Sei versichert, daß auch ich anfangs der Sache keinen Glauben beigemessen habe und erst jetzt zu meinem Schmerz durch verschiedene Ohrenzeugen von der Wahrheit dessen überzeugt worden bin, was ich dir mit Widerstreben berichtet habe.“

Jone sank zurück, das Antlitz bleicher als die Säule, gegen die sie sich, einen Halt suchend, lehnte.

„Ich gestehe, es quält, es entrüstet mich, daß dein Name so leicht von Lippe zu Lippe geworfen wurde, wie der Ruf eines Tanzmädchens. Diesen Morgen eilte ich, dich aufzusuchen und zu warnen. Ich fand Glaucus bei dir. Meine Selbstbeherrschung verließ mich. Ich vermochte meine Empfindung nicht zu verbergen, ja, ich war unhöflich in deiner Gegenwart. Kannst du deinem Freund verzeihen, Jone?“

Jone gab ihm die Hand, antwortete aber nicht.

„Denk nicht weiter an die Sache“, fuhr er fort, „aber laß sie eine Warnung sein, um dich aufmerksam zu machen, wieviel Klugheit deine Lage erfordert. Im übrigen kann dich die Sache nicht einen Augenblick berühren. Ein so lächerliches Geschöpf konnte nie auch nur durch einen ernsten Gedanken Jones geehrt worden sein. Dergleichen Beleidigungen verletzen nur, wenn sie von jemand kommen, den wir lieben. Aber der, den zu lieben die hohe Jone sich herabläßt, muß ein ganz anderes Wesen sein."

„Lieben", flüsterte Jone.

Höchst listig hatte der Ägypter Jones schwächste Seite angegriffen, höchst gewandt den Giftpfeil nach ihrem Stolz geschleudert. Er verließ sie, entschlossen, künftig der Abwesenheit nicht mehr so sehr zu vertrauen, sondern die Geliebte jeden Tag zu besuchen — zu bewachen.

Kaum war er aus der Tür, als weiblicher Stolz, weibliche Verstellung das absichtlich getroffene Opfer verließ und die hochsinnige Jone in leidenschaftliche Tränen ausbrach.

7

Nachdem Glaucus die beiden verlassen hatte, war ihm, als schritte er durch Äther dahin. In der Unterredung, mit der er soeben beglückt worden war, hatte er zum erstenmal deutlich wahrgenommen, daß seine Liebe Jone nicht unwillkommen war und von ihr nicht unerwidert bleiben würde. Den plötzlichen Feind, den er zurückgelassen hatte, nicht ahnend, erfüllte diese Aussicht ihn mit einem Entzücken, dem Raum zu geben Himmel und Erde ihn zu eng dünkten.

Durch die Menge hinschlendernd, fand sich Glaucus bald unter einem Haufen seiner lustigen Freunde.

„Ah", rief Sallust, „ist es doch eine Ewigkeit, seit ich dich gesehen."

„Und wie hast du diese Zeit zugebracht? Welche neue Schüsseln hast du entdeckt?"

„Ich habe mich aufs Wissenschaftliche verlegt und Versuche über die Mästung der Muränen gemacht. Ich gestehe jedoch, daß ich daran verzweifle, sie zu derjenigen Vollkommenheit zu bringen, die unsere Vorfahren erreichten."

„Unglücklicher Mann! Und warum?"

„Weil", erwiderte Sallust mit einem Seufzer, „es nicht erlaubt ist, ihnen Sklaven vorzusetzen. Gar häufig gerate ich in Versuchung, mit meinem sehr fetten Kellermeister kurzen Prozeß zu machen und ihn in den Behälter zu stoßen. Er würde den Fischen einen gar öligen Geschmack geben! Aber Sklaven haben heutzutage kein Gefühl für den Vorteil ihres Herrn — sonst würde sich Davus mir zu Gefallen selbst den Garaus machen."

„Was Neues aus Rom?" fragte Lepidus, indem er sich der Gruppe matten Schrittes näherte.

„Der Kaiser hat den Senatoren ein glänzendes Gastmahl gegeben", erwiderte Sallust.

„Er ist ein guter Mensch", bemerkte Lepidus. „Man sagt, er entlasse niemand, ohne ihm seine Bitte zu gewähren."

„Vielleicht ließe er mir da einen Sklaven für meinen Fischbehälter?"

„Nicht unwahrscheinlich", erwiderte Glaucus, „denn wer einem Römer eine Gunst gewährt, muß dies immer auf Kosten eines anderen tun. Sei versichert, daß für jedes Lächeln, das Titus hervorrief, hundert Augen geweint haben."

„Ah, Glaucus, teures Haupt, wie geht es dir? Lustig wie immer!" rief Clodius, zu den anderen tretend.

„Kommst du, Fortuna zu opfern?" fragte Sallust.

„Ich opfere ihr jede Nacht", erwiderte der Spieler.

„Daran zweifle ich nicht. Niemand hat mehr Opfer geschlachtet."

„Beim Herkules, ein beißender Witz!" rief Glaucus lachend und nahm eine Rose von einem nahestehenden Blumenmädchen.

„Die Rose ist das Zeichen des Stillschweigens", erwiderte Sallust, „aber nur bei einem gedeckten Tisch sehe ich sie gern. Darüber fällt mir ein, Diomed gibt diese Woche ein Fest. Bist du geladen, Glaucus?"

„Ja, diesen Morgen erhielt ich eine Einladung."

„Und ich auch", bemerkte Sallust, indem er ein viereckiges Stück Papyrus aus dem Gürtel zog. „Ich sehe, daß er uns eine Stunde früher bittet, als die Regel ist: Vorgeschmack von etwas Großartigem."

„Oh, er ist reich wie Krösus und sein Speisezettel so lang wie ein Epos", rief Clodius.

„Gut, gehen wir in die Bäder", sagte Glaucus, „um diese Zeit ist alles dort, und Fulvius, den du so sehr bewunderst, will uns seine letzte Ode vortragen."

Obwohl die öffentlichen Thermen und Bäder mehr für die ärmeren Bürger als für die Reichen gedacht waren, da die letzteren diese Erfrischung im eigenen Haus hatten, so bildeten sie doch für die dort aus allen Klassen zusammenströmenden Gäste einen Lieblingsort zur gegenseitigen Unterhaltung und zu jenem müßigen Umherschlendern, das einem heiteren, gedankenlosen Volk so unentbehrlich scheint. Der Hauptgegenstand der heutigen Unterhaltung blieb jedoch das fürs Amphitheater angezeigte Schauspiel, und jeder neue Ankömmling wurde von einer Gruppe festgehalten, die wissen wollte, ob Pompeji so glücklich gewesen, irgendein schauerliches Verbrechen, etwa einen Fall von Beleidigung der Götter oder einen Mord, hervorzubringen, der es den Ädilen erlauben würde, einen Menschen für den Rachen des Löwen zu opfern.

„Ich für meinen Teil", sagte ein heiter aussehender Mann, ein Goldschmied, „denke, der Kaiser, wenn er wirklich so gütig ist, wie die Rede geht, hätte uns wohl einen Juden senden können."

„Warum nicht einen von der neuen Sekte der Nazarener nehmen?" fragte ein Philosoph. „Ich bin nicht grausam, aber einer, der Jupiter selbst leugnet, verdient keine Barmherzigkeit."

„Ich frage nicht danach, an wieviele Götter zu glauben ein Mensch für gut erachtet", entgegnete der Goldschmied, „aber alle zu leugnen ist etwas Ungeheuerliches."

„Doch, meine ich, sind diese Leute keine vollkommenen Gottesleugner", bemerkte Glaucus. „Man sagt mir, sie glauben an einen Gott, ja sogar an ein künftiges Leben."

„Da irrst du gewaltig, lieber Glaucus", erwiderte der Philosoph; „ich habe mich mit ihnen unterhalten. Sie lachten, als ich von Pluto und dem Hades sprach."

„O ihr Götter!" rief der Goldschmied schaudernd, „gibt es dergleichen Bösewichter auch in Pompeji?"

„Ich weiß, daß es einige gibt, aber sie kommen so geheim zusammen, daß man unmöglich herausbringen kann, wer sie sind."

Indes kam Fulvius, der römische Dichter, den seine Zeitgenossen für unsterblich erklärten und von dem man, wäre vorliegende Geschichte nicht, in unserem nachlässigen Zeitalter nie gehört haben würde, eifrig auf Glaucus zu: „Ah, mein Athener, mein Glaucus, du bist da, um meine Ode zu hören. Das nenne ich wirklich eine Ehre. Du, ein Grieche, bei dem selbst die Sprache des gemeinen Lebens Poesie ist."

„Aber ganz Pompeji ist ja dein Gönner und jede Säulenhalle ein Altar zu deinem Lob."

„Ach, die armen Pompejaner sind gar höflich — sie ehren gern das Verdienst. Aber sie sind bloß die Bewohner einer kleinen Stadt! — Wollen wir hineingehen?"

„Gewiß! — jeder Augenblick ist verloren, solang wir dein Gedicht nicht hören.“

In diesem Augenblick strömten etwa zwanzig Personen aus dem Bad in die Säulenhalle und ein an der Tür eines engen Ganges aufgestellter Sklave ließ sofort den Dichter, Glaucus, Clodius und einen Trupp weiterer Freunde des Poeten ein.

Der Dichter bedurfte keines langen Drängens. Er zog aus seinem Unterkleid eine Papyrusrolle hervor, und nachdem er sich zum Zeichen des Stillschweigens dreimal geräuspert, begann er die wundervolle Ode, von der zum großen Verdruß des Verfassers dieser Geschichte kein einziger Vers mehr aufgefunden werden kann.

Nach dem Beifall, den er erhielt, war das Werk ohne Zweifel seines Ruhmes wert. Glaucus war der einzige Zuhörer, der nicht fand, daß es Horaz’ beste Ode übertreffe.

Nach Ende des Gedichts begannen diejenigen, die nur das kalte Bad nahmen, sich zu entkleiden.

Die anderen zogen sich in einen Raum zurück, der teils durch ein tragbares Feuerbecken, teils durch eine Unterhöhlung des Fußbodens, in der die Heizkörper hinliefen, eine angenehme Wärme erhielt.

„Gesegnet sei der Erfinder der Bäder!“ sagte Glaucus, indem er sich auf eine der bronzenen, mit weichen Kissen bedeckten Bänke ausstreckte. „Sei es Herkules oder Bacchus gewesen, er verdiente die Vergötterung.“

„Aber sag mir“, fragte ein fetter Bürger, der unter den abreibenden Händen eines Sklaven stöhnte und keuchte, „sag mir, Glaucus — daß der Henker deine Hände hole, Sklave, wie rauh! —, sag mir, sind die Bäder in Rom wirklich so prachtvoll?“

Glaucus wandte sich um und erkannte Diomed, obwohl nicht ohne einige Schwierigkeiten, so rot und flammend waren des guten Mannes Wangen vom Schwitzbad und dem Kratzeisen, das eben über ihm gewesen.

Mit unterdrücktem Lächeln erwiderte Glaucus: „Denk dir ganz Pompeji zum Bad umgewandelt und du hast eine ungefähre Vorstellung von der Größe der kaiserlichen Thermen in Rom. Aber bloß eine Vorstellung von der Größe. Denk dir jede Ergötzlichkeit des Geistes und des Körpers, zähle alle gymnastischen Übungen auf, die unsere Väter erfanden — alle Bäder, die Italien und Griechenland hervorgebracht —, stell dir Orte für alle diese Übungen vor, füge daran Baderäume von ungeheuerstem Umfang, der vielseitigsten Konstruktion, schmücke das Ganze mit Gärten, Theatern, Säulengängen, Unterrichtsanstalten — nimm mit einem Wort eine Götterstadt aus lauter Palästen und öffentlichen Gebäuden an, und du hast ein schwaches Bild von der Herrlichkeit der großen Bäder in Rom."

„Beim Herkules!" rief Diomed. „Da braucht ja ein Mensch sein ganzes Leben zum Baden."

„In Rom ist dies oft der Fall", erwiderte Glaucus ernst. „Es gibt viele, die nur für die Bäder leben. Sie erscheinen dort in der Stunde, wo die Räume geöffnet werden und bleiben bis zur Stunde, wo man sie schließt. Es ist, als wüßten sie nichts von dem übrigen Rom, als verachteten sie jede andere Existenz."

Während Glaucus erzählte, unterzog sich Lepidus mit geschlossenen Augen all den mystischen Handlungen, von denen er den Dienern nie eine einzige erließ. Nach den Düften und Salben streuten sie das kostbare Pulver über ihn aus, das der Hitze jeden weiteren Zugang wehrt, und nachdem dieses durch die glatte Oberfläche des Bimssteins wieder abgerieben war, fing man an, ihm die Kleider anzuziehen, aber nicht die abgelegten, sondern jene festlichen, durch die die Römer ihre Ehrfurcht vor der herannahenden Feier des Abendessens andeuteten. Nachdem alles geschehen war, öffnete er endlich die Augen und gab Zeichen des wiederkehrenden Lebens.

Im gleichen Augenblick legte auch Sallust durch ein langes Gähnen Zeugnis von seinem Dasein ab.

„Es ist Essenszeit", sagte der Epikuräer. „Glaucus und Lepidus, kommet und speiset mit mir."

„Vergeßt nicht, daß ihr alle drei dieser Woche in mein Haus geladen seid", rief Diomed, der sich auf seine Bekanntschaft mit Leuten von Stand gewaltig viel einbildete.

„Nein, nein, wir vergessen es nicht", erwiderte Sallust; „der Sitz des Gedächtnisses ist gewiß der Magen, Diomed!"

8

Der Abend dunkelte über der ruhelosen Stadt, als Apäcides den Weg nach dem Haus des Ägypters einschlug. Er mied die erleuchteten, belebten Straßen, und wie er mit auf die Brust gesenktem Kopf und unter dem Mantel gekreuzten Armen dahinschritt, lag beinahe etwas Erschreckendes in dem Gegensatz, den seine ernste Haltung und abgezehrte Gestalt zu den gedankenlosen und fröhlichen Mienen derer bildeten, die zufällig an ihm vorüberkamen.

Endlich jedoch begegnete ihm ein Mann von einem mehr nüchternen, gesetzten Aussehen und faßte ihn an der Schulter.

„Apäcides!" sprach er und machte ein schnelles Zeichen mit der Hand. Es war das Zeichen des Kreuzes.

„Ah, Nazarener", erwiderte der Priester, und sein blasses Gesicht wurde noch blässer, „was willst du?"

„Nun", erwiderte der andere, „ich will deine Meditationen nicht stören, als wir aber das letzte Mal zusammentrafen, schien ich weniger unwillkommen zu sein."

„Du bist nicht unwillkommen, Olinth, aber ich bin traurig und müde und heute abend nicht imstande, über die Dinge zu sprechen, welche dir am angenehmsten sind."

„Du Kleinmütiger", entgegnete Olinth mit bitterem Eifer; „du bist traurig und müde und willst dich von der Quelle abwenden, die erfrischt und heilt!"

„O Erde", rief der junge Priester, sich leidenschaftlich an die Brust schlagend, „von welchem Ort aus sollen meine Augen in den wahren Olymp dringen, wo deine Götter wirklich wohnen? Soll ich mit diesem Mann glauben, daß keiner von den Himmlischen, zu denen meine Väter so viele Jahrhunderte hindurch gebetet haben, Wesen und Namen besitzen? Soll ich als eine Schmach und Entweihung der Gottheit eben die Altäre umstoßen, die ich für die heiligsten hielt? Oder soll ich mit Arbaces glauben — was?"

Er schwieg und tat einige Schritte rasch vorwärts mit der Hast eines Menschen, der sich selbst entfliehen will.

Aber Olinth holte ihn ein und redete ihn wieder an: „Mich

wundert es nicht, Apäcides, daß ich dir unangenehm bin, daß ich dein Gemüt erschüttere, daß du dich in Zweifel verlierst, daß du im großen Meer ungewisser, umnachteter Gedanken umhertreibst. Ich wundere mich darüber nicht, aber halte es noch etwas länger mit mir aus. Wache und bete — die Finsternis wird schwinden, der Sturm einschlafen und Gott selbst, wie er einst über den See Samarias ging, wird über die still gewordenen Wogen hingehen, um deine Seele zu befreien. Unsere Religion ist eifersüchtig in ihren Forderungen, aber verschwenderisch in ihren Gaben! Sie macht dir eine unruhige Stunde und belohnt dich mit Unsterblichkeit."

„Dergleichen Zusagen", entgegnete Apäcides finster, „sind Vorspiegelungen, durch die der Mensch stets getäuscht wird. Wie herrlich waren die Verheißungen, die mich zum Dienst der Isis führten."

„Frag deine Vernunft, ob eine Religion richtig sein kann, die aller Sittlichkeit Hohn spricht! Was sind diese Götter nach eurem eigenen Geständnis? Jupiter selbst ist ein Vatermörder und ein Ehebrecher. Man sagt euch, ihr solltet nicht morden, aber ihr erweiset Mördern göttliche Ehre. Man sagt euch, ihr solltet nicht ehebrechen, und ihr betet zu einem Ehebrecher. Was ist das anders als ein Possenspiel mit dem Heiligsten in der Menschennatur, mit ihrem Glauben? Wende dich jetzt zu dem Gott, dem einzigen, dem wahren Gott, zu dessen Altar ich dich leiten möchte. Dünkt er dir zu erhaben, zu unbegreiflich für die menschlichen Vorstellungen, so betrachte ihn in seinem Sohn, der sich in Sterblichkeit hüllte, wie wir selbst. Freilich spricht sich diese Sterblichkeit nicht wie bei euren eingebildeten Göttern durch die Gebrechen unserer Natur, sondern durch Übung all ihrer Tugenden aus. In ihm sind die strengsten Grundsätze mit dem liebevollsten Herzen vereinigt. Wäre er ein bloßer Mensch gewesen, er hätte verdient, ein Gott zu werden. Er erschien, um uns die Gestalt der Tugend zu zeigen, nach deren körperlicher Anschauung Plato so großes Verlangen trug. Das war das eigentliche Opfer, das er für die Menschen brachte; aber die Glorie, die seine Sterbestunde umstrahlte, erleuchtete nicht nur die Erde, sondern öffnete uns auch den Blick in den Himmel! Du bist gerührt — bewegt. Gott wirkt in deinem Herzen. Sein Gott ist mit dir. Komm, widerstrebe dem heiligen Antrieb nicht, komm sogleich — sofort. Einige von uns sind jetzt versammelt, das Wort des Herrn auszulegen. Komm, laß dich zu ihnen führen! Du bist traurig und müde. Hör daher auf die

Worte Gottes. ‚Kommt zu mir', spricht er, ‚alle, die ihr mühselig und beladen seid, ich will euch erquicken.'"

„Ich kann jetzt nicht", erwiderte Apäcides, „ein andermal!"

„Jetzt, jetzt!" rief Olinth drängend und ergriff ihn beim Arm. Aber Apäcides war noch nicht bereit, einem Glauben zu entsagen, einem Leben, dem er so viel geopfert. Von dem Versprechen des Ägypters noch immer mächtig bewegt, machte er sich gewaltsam los, raffte seine Gewänder zusammen und floh mit einer Schnelligkeit, die jede Verfolgung vergeblich machte.

Atemlos und erschöpft langte er endlich in einem entlegenen Teil der Stadt an und vor ihm stand das einsame Haus des Ägypters. Während er stehen blieb, um sich zu erholen, tauchte der Mond aus einer Silberwolke und leuchtete hell auf die Wände des geheimnisvollen Gebäudes.

Apäcides trat durch ein Rebengewölbe und gelangte zu dem breiten, geräumigen Vorbau. Davor lag zu beiden Seiten der Treppe das Bild der ägyptischen Sphinx. Weiter oben, auf halber Höhe der Treppe, dunkelte das grüne markige Laub der Aloe und über einem Teil der marmornen Stufen warf der Schatten einer Palme sein langes, regungsloses Gezweig.

Er klopfte an die Tür, und ohne einen Laut öffnete sie sich und ein großer äthiopischer Sklave winkte ihm weiterzugehen.

Die weite Vorhalle war durch hohe Kandelaber erleuchtet und längs den Wänden liefen mächtige Hieroglyphen in dunklen Farben hin, die gegen das helle Kolorit und die anmutigen Gestalten, womit die Bewohner Italiens ihre Häuser schmückten, eigenartig abstachen. In der Halle trat ein Sklave auf ihn zu.

„Ich suche Arbaces", sagte der Priester und hörte selbst, wie seine Stimme zitterte.

Der Sklave verneigte sich schweigend und führte Apäcides in einem Flügel jenseits der Halle eine enge Treppe hinauf. Nachdem sie hier mehrere Zimmer durchschritten hatten, stand dieser in einem dämmernden, halb erleuchteten Gemach mit einemmal dem Ägypter gegenüber.

Arbaces saß vor einem Tischchen, auf dem mehrere Papyrusrollen lagen, alle von denselben Schriftzügen bedeckt wie diejenigen am Eingang des Hauses. In einiger Entfernung stand ein kleiner Dreifuß, von dem der Weihrauch in duftenden Wolken aufstieg, neben ihm eine große Kugel, mit den Himmelszeichen bemalt, und auf einem anderen Tisch lagen verschiedene Instrumente von seltsamer, eigentümlicher Form.

„Setz dich, Apäcides", hob der Ägypter an, ohne aufzustehen. Der junge Mann gehorchte.

„Du fragst mich", nahm Arbaces nach einer kurzen Pause wieder das Wort, „du fragst mich, möchtest mich wenigstens fragen, nach den erhabenen Geheimnissen, die zu empfangen des Menschen Seele sich eignet. Es ist das Rätsel des Lebens selbst, dessen Lösung du von mir forderst. Wir verweilen nur auf kurze Zeit in diesem trüben, beschränkten Erdendasein, und in einem solchen Zustand drängt sich alle Weisheit notwendig in die Lösung der beiden Fragen zusammen: ‚Was sollen wir glauben und was sollen wir verwerfen?' Diese Fragen soll ich dir beantworten?"

Apäcides nickte bejahend mit dem Kopf.

„Der Mensch muß an etwas glauben", fuhr der Ägypter in belehrendem Tonfall fort. „Er muß seine Hoffnung an etwas befestigen. Wenn du, erschreckt und durchschaudert von der Auflösung dessen, woran zu glauben man dich gelehrt, über ein furchtbares, uferloses Meer der Ungewißheit hinschwimmst, rufst du um Hilfe, willst ein Brett, dich daran zu klammern, willst Land, das du, wenn auch in noch so großer Ferne, erreichen kannst. Wohl denn, höre mich. Du hast unser heutiges Gespräch nicht vergessen?"

„Vergessen?"

„Ich gestand dir, daß die Götter, für die so viele Altäre rauchen, bloße Erfindungen seien. Ich gestand unseren Ritus, unsere Zeremonien als bloßen Schein zu, um die Menge zu ihrem eigenen Besten zu täuschen. Ich erklärte dir, daß durch solche Täuschungen die Bande der Gesellschaft, der Einklang der Welt, die Macht der Weisen getragen würden. Diese Macht liegt in der Unterwürfigkeit der großen Masse. Setzen wir daher diese heilsamen Täuschungen fort. Indem wir für uns einen feineren Gegenstand suchen, wollen wir anderen die Stütze lassen, die vor uns selbst versagt. Das ist weise — ist menschenfreundlich."

„Weiter!"

„Bist du darüber mit mir einig, so gürten wir unsere Lenden und machen uns auf nach neuen Regionen des Glaubens. Entlaß aus deinen Erinnerungen, deinen Gedanken alles, was du bisher geglaubt hast. Nimm an, dein Gott sei eine leere, unbeschriebene Tafel, bereit, die ersten Eindrücke aufzunehmen. Schau dich um in der Welt, beachte ihre Ordnung, ihre Regelmäßigkeit, ihren Plan. Etwas muß sie erschaffen haben, das Gebäude läßt auf einen Erbauer schließen. Mit dieser Erkenntnis tun wir den ersten

Schritt ans Land. Von dem, was die Welt erschaffen, wissen wir nichts, können nichts wissen als die beiden Merkmale: Macht und unabänderliche Ordnung. Strenge, zermalmende, erbarmungslose Ordnung, die, auf kein individuelles Wesen achtend, flammend dahinrollt! Die Mischung des Bösen mit dem Guten — das Dasein von Leiden und Freveln — hat von jeher die Weisen in Verlegenheit gesetzt. Zur Erklärung dieser Tatsache erschafft der Priester einen zweiten Geist, dessen Natur böse ist, und nimmt einen beständigen Krieg zwischen ihm und dem Gott des Guten an. In dieser düsteren, furchtbaren Wirrnis stellten sich die Ägypter einen ähnlichen Dämon vor. Verwirrender Mißgriff, der uns in noch größere Unerklärlichkeit wirft! Nein! Geben wir jenem Erbauer einen Namen, der keine befangene Nebenvorstellung im Gefolge hat, so wird das Geheimnis heller: dieser Name ist Notwendigkeit. Notwendigkeit, sagen die Griechen, zwingt die Götter. Warum aber dann überhaupt noch Götter? Wirf sie mit einemmal von dir! Notwendigkeit ist die Beherrscherin von allem, was wir sehen. Macht, Ordnung — diese beiden bilden ihr Wesen. Willst du noch mehr fragen? Du erfährst nichts. Ob sie ewig sei — ob sie uns, ihre Geschöpfe, nach dem Dunkel, das wir Tod nennen, in neue Bahnen zwänge, wir können es nicht sagen. Verlassen wir also hier die uralte, unsichtbare, unergründliche Macht und begeben uns zu derjenigen, die für unsere Augen die große Willensvollstreckerin von jener ist. Über diese können wir eher lehren, von dieser können wir nicht lernen — ihre Zeugnisse sind allenthalben um uns her, ihr Name ist Natur. Die Natur ist die große Seele der äußeren Welt, und Notwendigkeit legt ihr die Gesetze auf, nach denen sie handelt, so wie sie uns die Kräfte mitteilt, durch die wir untersuchen, nämlich Gedächtnis und Wissenstrieb. Die Vereinigung dieser Kräfte ist Verstand, ihre höchste Höhe Weisheit. Nun denn, mit Hilfe dieser Kräfte untersuche ich die unerschöpfliche Natur. Ich prüfe Erde, Luft, Himmel, Meer — ich finde, daß alle unter sich in geheimnisvollem Zusammenhang stehen; daß der Mond die Fluten hebt; daß die Luft die Erde erhält und Medium des Lebens und Empfindens ist; daß wir durch Kenntnis der Gestirne die Grenzen der Erde messen, die Zeit in ihre bestimmten Abschnitte bringen, im Abgrund der Vergangenheit durch ihren schwachen Schimmer geleitet werden und durch ihre heilige Sprache die Geschichte der Zukunft erfahren. Und was leite ich aus dieser Religion ab? Denn eine Religion ist es. Ich glaube an zwei Gottheiten, an die Natur und an die Notwendigkeit; letztere ehre ich durch Unterwerfung, erstere durch Forschung. Als Norm für unsere Handlungen lehrt sie: alle Wesen sind allgemeinen Gesetzen unterworfen; die Sonne scheint zur Freude der vielen — einigen wenigen kann sie vielleicht Schmerz bringen; die Nacht gießt Schlummer auf die Menge aus, aber sie trägt sowohl Mord als auch Ruhe in ihrem Schoß; die Wälder schmücken die Erde, aber bieten der Schlange und dem Löwen ein Obdach; der Ozean trägt tausend Schiffe, aber das eine oder das andere verschlingt er. So handelt denn die Natur und so geht die Notwendigkeit ihren erhabenen Lauf nur für das Durchschnittliche, nicht für das absolut Beste. Das ist die Regel für das Handeln der furchtbaren Lenker der Welt — sie ist die meinige, der ich ihr Geschöpf bin. Ich wünsche die Täuschungen der Priester zu erhalten, denn sie sind heilsam für die Menge. Für mich selbst spreche ich eine individuelle Ausnahme an, spreche sie an für den Weisen. Zufrieden, daß meine persönlichen Handlungen in der großen Waagschale von Gut und Übel nichts sind; zufrieden, daß das Ergebnis meines Wissens der Menge größeren Segen zu bringen vermag, als meine Lüste einigen wenigen Schaden zufügen können, gebe ich der Welt Kenntnisse, mir selbst Freiheit. Ich erleuchte das Leben anderer und genieße mein eigenes. Bald kommt die Stunde, wo der Becher zerspringt und die Kränze nicht mehr blühen. Genieße, solang du es kannst. Bleib noch immer mein Zögling, mein Jünger, Apäcides! Ich will dich den Gliederbau der Natur lehren, ihre dunkelsten, wildesten Geheimnisse — die Wissenschaft, welche Toren Zauberei nennen, und die hehren Mysterien der Sterne. Dadurch sollst du deine Schuld an die Masse abtragen, dadurch dein Geschlecht erleuchten. Aber ich will dich auch zu Freuden führen, von denen die Menge nicht träumt, und auf den Tag, den du deinen Mitmenschen schenkst, soll die süße Nacht folgen, die du dir selbst weihst."

Als der Ägypter geendet, erhob sich neben, oben, unten, die sanfteste Musik, die Lydien je erfand oder Jonien vervollkommnete. Die Worte, die sich als Erwiderung für die Sophistereien des Ägypters auf Apäcides' Lippen gedrängt, starben zitternd hinweg.

Als die Musik verhallte, ergriff der Ägypter Apäcides bei der Hand und führte den Staunenden, Berauschten, ungeachtet seines halben Widerstrebens, durch das Zimmer gegen den Vorhang zu, und plötzlich schienen dahinter tausend schimmernde Sterne hervorzubrechen, während der bisher dunkle Schleier durch diese Glut zum zartesten Himmelblau erhellt war. Wirklich stellte er den Himmel selbst dar — einen Himmel, wie er in Juninächten auf den kastalischen Quell niedergeleuchtet haben mochte.

„Was für ein Wunder ist das, Arbaces?“ fragte der Jüngling mit zitternder Stimme. „Enthüllst du mir, nachdem du die Götter geleugnet ...“

„Ihre Wonnen!“ unterbrach ihn Arbaces in einem Ton, der von seinem gewohnten ruhigen Gleichmaß so sehr abwich, daß Apäcides erschrak und den Ägypter selbst für verwandelt hielt. Und als sie sofort auf den Vorhang zutraten, brach eine wilde, laute, jauchzende Weise hinter dem Versteck hervor. Mit diesen Tönen zerriß der Vorhang, solang er war, teilte sich, schien in die Luft zu verschwinden und ein großer Festsaal dehnte sich vor ihm aus, funkelnd von zahllosen Lichtern, welche die laue Luft mit den Düften von Weihrauch, Jasmin, Veilchen, Myrrhen füllten. Alles, was die würzigsten Blumen, die kostbaren Spezereien zu verhauchen mochten, schien in eine unbeschreibliche ambrosische Essenz gesammelt. Von den schlanken Säulen, die sich zu der hohen Decke emporschwangen, hingen weiße, mit goldenen Sternen besetzte Draperien herab. An beiden Enden des Saals warfen zwei Springbrunnen einen Sprühregen empor, der im Widerschein des rosigen Lichts gleich unzähligen Diamanten flimmerte. In der Mitte des Zimmers stieg beim Eintritt der beiden, unter den Klängen unsichtbarer Musik, ein Tisch langsam empor, gedeckt mit jedem Gericht, wodurch die Sinne je der Phantasie schmeichelten. Und in Gefäßen, deren Farbe so glühend, deren Stoff so durchsichtig war, prangten die Früchte des fernsten Ostens. Die Sofas, deren Mittelpunkt dieser Tisch bildete, deckten blaue und goldene Teppiche, und aus unsichtbaren Röhren an der gewölbten Decke sprühten wohlriechende Regen herab, welche die schwüle Luft abkühlten und mit den Lampen wetteiferten, als stritten die Geister des Wassers und des Feuers, welches Element die herrlichsten Düfte zu bieten vermöge. Sofort aber drängten sich zwischen den schneeweißen Draperien Gestalten hervor, wie sie Adonis sah, als er am Busen der Venus lag. Einige kamen mit Kränzen, andere mit Leiern. Sie umringten den Jüngling, sie leiteten seine Schritte zu dem Tisch. In rosigen Ketten schlangen sie die Blumengewinde um ihn. Die Erde — der Gedanke an die Erde — schwand aus seiner Seele. Er glaubte sich in einem Traum und hielt den Atem an, damit er nicht zu früh erwache. Die

Sinne, denen er bis jetzt nie Gewalt eingeräumt, klopften in seinem brennenden Puls und verwirrten seinen schwindelnden, kreisenden Blick. Während er staunend und verloren dastand, näherte sich ihm eine mit einer Sternblumenkette umwundene Gruppe von drei Mädchen in den gleitenden Bewegungen des jonischen Tanzes.

Hinzutretend wanden sie ihm ihren Kranz ums Haupt und kniend reichte ihm die Jüngste von den dreien den Kelch, worin griechischer Wein schäumend perlte. Der Jüngling widerstand nicht länger. Er faßte den Becher, das Blut tobte ihm wild durch die Adern. Er sank an die Brust der neben ihm sitzenden Nymphe, und als er sich mit schwimmenden Augen nach Arbaces umschaute, den er im Taumel der Empfindungen verloren hatte, sah er ihn oben am Tisch unter einem Thronhimmel sitzen und ihn mit einem Lächeln anblicken, das ihn zum Genuß ermutigte. Er sah den Ägypter, aber nicht, wie er ihn bisher gesehen, in dunkeln, trauerfarbigen Gewändern, mit sinnender, strenger Stirn. Ein Kleid, das die Augen blendete, so reich war der schneeige Grund mit Gold und Edelsteinen besetzt, schimmerte über der majestätischen Gestalt. Weiße Rosen, mit Rubinen und Smaragden abwechselnd und in die Gestalt einer Tiara gefaßt, krönten die schwarzen Locken. Wie Odysseus schien er die Blüte einer zweiten Jugend gewonnen zu haben und er ragte unter den ihn umgebenden Lieblichkeiten in der ganzen strahlenden Milde eines olympischen Gottes empor.

„Trinke, schmause, liebe, mein Zögling“, sprach er, „erröte nicht über Leidenschaftlichkeit und Jugend. Was du bist, fühlst du in deinen Adern, was du werden wirst, siehst du hier.“

Damit wies er in einen Winkel, und Apäcides, dessen Augen der deutenden Hand nachfolgten, erblickte auf einem Fußgestell zwischen den Bildsäulen des Bacchus und der Venus ein Gerippe.

„Erschrick nicht!“ beruhigte ihn der Ägypter. „Dieser freundliche Gast erinnert uns bloß daran, wie kurz das Leben ist. Aus seinen hohlen Kinnladen vernehme ich eine Stimme, die uns zum Genuß mahnt.“

ZWEITES BUCH

1

In einem jener Teile von Pompeji, die nicht von den Genießenden, sondern von deren Dienern und Opfern bewohnt waren, lag eine Schenke. Ihr geräumiges Gastzimmer öffnete sich unmittelbar nach der engen Gasse. Vor der Tür stand eine Gruppe von Männern, deren mächtig hervortretende Muskeln, deren kurze, herkulische Nacken, deren harte, fühllose Züge die Helden der Arena verrieten. Auf einem Brett außerhalb der Schank war Wein und Öl in irdenen Krügen aufgestellt und unmittelbar darüber ein rauhes Gemälde in der Wand angebracht, trinkende Gladiatoren darstellend. Im Zimmer standen mehrere Tische, an ihnen saßen verschiedene Gruppen von Männern, einige trinkend, andere würfelnd. Die heitere Gemütsart aller Pompejaner, die selbst wo der Geist leer ausging, wenigstens die Sinne zu befriedigen suchte, drückte sich in den bunten Farben aus, welche die Wände zierten, so wie in den phantastischen, aber nicht uneleganten Formen, in die Lampen, Trinkbecher und auch einfache Hausgeräte gebracht waren.

„Beim Pollux", rief einer der Gladiatoren, indem er sich gegen den Türpfosten lehnte, „der Wein, den du uns ausschenkst, alter Silen, kann einem das beste Blut in den Adern verdünnen." Damit klopfte er einer vierschrötigen Gestalt auf die Schultern.

Der mit solcher Schmeichelei begrüßte Mann, dessen entblößte Arme, weiße Schürze und nachlässig in den Gürtel gesteckte Schlüssel samt Wischtuch ihn als Wirt der Schenke kennzeichneten, war bereits in den Herbst der Jahre eingegangen. Aber noch immer verfügte sein Körper über eine athletische Kraftfülle, welche die markigen Figuren neben ihm hätte beschämen können.

„Keine von deinen einfältigen Possen gegen mich", brummte der riesige Gastgeber. „Mein Wein ist gut genug für ein Aas, das bald den Staub der Totenkammer einsaugen wird."

„Krächzest du so, alter Rabe?" erwiderte der Gladiator verächtlich. „Sollst dich noch aus Ärger aufhängen, wenn du mich die Palmenkrone gewinnen siehst.“

„Hör mir einer auf diesen vorlauten Pyrgopolinices!“ rief der Wirt. „Sporus, Niger, Tetraides, er meint, er gewinne euch den Preis ab. Könnt ihr doch, bei den Göttern, mit jedem Muskel den ganzen Kerl zusammendrücken oder ich verstehe nichts von der Arena!“

„Ha“, entgegnete der Gladiator und wurde rot vor Zorn, „unser Lanista weiß da anderes zu erzählen.“

„Welche Geschichten könnte er über mich erzählen?“ fragte Tetraides mit gefurchter Stirn.

„Oder über mich, der in fünfzehn Kämpfen gesiegt?“ sagte der gigantische Niger, auf den Gladiator zuschreitend.

„Oder mich?“ brummte Sporus mit flammenden Augen.

„Still“, rief Lydon, die Arme kreuzend, und sah seine Gegner mit herausfordernder Miene an. „Die Zeit wird bald da sein. Spart euren Mut bis dahin.“

„Ja, tut das“, sagte der griesgrämige Wirt, „und wenn ich den Daumen einschlage, um euer Leben zu retten, sollen die Götter meinen Faden abschneiden!“

„Deinen Strick, willst du sagen“, erwiderte Lydon höhnisch. „Hier ist ein Sesterz, um einen zu kaufen.“

Der titanenhafte Weinhändler ergriff die ihm dargebotene Hand und drückte sie mit solcher Gewalt zusammen, daß das Blut unter den Nägeln hervorspritzte und die Kleider der Umstehenden beschmutzte.

Diese brachen in ein wildes Gelächter aus.

„Ich will dich lehren, junger Prahlhans, den Mazedonier gegen mich zu spielen. Ich bin kein ärmlicher Perser, sag' ich dir! Habe ich nicht zwanzig Jahre lang in der Arena gefochten, ohne meine Arme ein einziges Mal zu senken?“

Ohne einen Muskel zu ändern und mit demselben lächelnden Gesicht, womit er den Wirt zuvor gestichelt hatte, ertrug der Gladiator den schmerzlichen Druck. Kaum aber war seine Hand los, als er sich niederduckte wie eine wilde Katze. Das Haar sträubte sich ihm an Kopf und Bart und unter einem wilden, gellenden Schrei fuhr er dem Riesen mit einer Gewalt an die Kehle, die diesen, so groß und stämmig er war, aus dem Gleichgewicht brachte. Mit dem Getöse eines stürzenden Felsens fiel er nieder, und über ihn auch sein rachedurstiger Feind. Vielleicht hätte unser Wirt den ihm von Lydon so freundlich empfohlenen

Strick nicht gebraucht, wäre er drei Minuten länger in dieser Stellung geblieben. Aber durch das Geräusch seines Falles zur Hilfeleistung aufgerufen, stürzte seine Frau, die sich bisher in einem inneren Gemach aufgehalten haben mochte, auf den Kampfplatz. Schon für sich allein konnte es diese neue Verbündete mit dem Gladiator aufnehmen. Sie war lang, dürr und mit Armen ausgestattet, die noch andere als sanfte Umschlingungen zu gewähren vermochten. Wirklich hatte die zarte Ehehälfte Burbos, des Wirts, gleich ihm selbst in den Schranken gefochten. Und Burbo selbst, Burbo, der Unbesiegte in der Arena, mußte wie das Gerücht behauptete, mitunter der milden Stratonice den Sieg einräumen. Kaum daß dieses holde Geschöpf die drohende Gefahr für ihren Burbo wahrnahm, als sie ohne andere Waffen als diejenigen, womit die Natur sie versehen, auf den oben liegenden Gladiator zuschoß, ihn mit ihren langen Armen mitten um den Leib packte und mit einem Ruck vom Körper des Gemahls emporhob, so daß nur Lydons Hände noch den Hals seines Gegners umklammerten. Unterdessen drängten sich die Gladiatoren voll Wonnegefühl um die Kämpfer her. Weit öffneten sich die Nüstern, die Lippen grinsten, die Augen hafteten gierig auf der blutigen Kehle des einen und den zappelnden Fersen des andern.

„Es hat ihn, es hat ihn!“ riefen sie mit Jauchzen und rieben die nervigen Hände.

„Es hat mich nicht, ihr Lügenpack!“ brüllte der Wirt, als er sich mit mächtiger Anstrengung endlich losgerissen und atemlos keuchend und zerschunden und blutig auf die Füße sprang. Mit rollenden Augen wandte er sich gegen den stieren Blick, die knirschenden Zähne seines überwundenen Widerparts, der jetzt gegen den Griff der stämmigen Amazone mit Verachtung ankämpfte.

„Gleiches Spiel!“ riefen die Gladiatoren, „einer gegen einen!“ Damit drängten sie sich um Lydon und das Weib und trennten unsern Wirt von seinem höflichen Gast.

Lydon aber, der sich über seine nunmehrige Lage schämte und die Umklammerung des Mannweibs vergebens abzuschütteln suchte, fuhr mit der Hand in den Gürtel und zog ein kurzes Messer. So drohend war sein Blick, so hell funkelte die Klinge, daß Stratonice erschrocken zurückwich.

„O Götter!“ rief sie, „der Schurke! Er hat Waffen versteckt! Ist das redlich? Heißt das handeln wie ein Mann von Ehre und ein Gladiator? Nein, solche Kerle veracht' ich!“ Damit wandte sie dem Fechter höhnisch den Rücken und eilte, den Zustand ihres

Mannes zu untersuchen. Dieser jedoch, an dergleichen Leibesübungen gewöhnt, hatte sich bereits wieder erholt. Das Hochrot schwand aus seinen Wangen und die Stirnadern schrumpften zu ihrer gewohnten Größe ein. Mit wohlgefälligem Grunzen schüttelte er sich, zufrieden, daß er noch lebte, und betrachtete dann seinen Feind vom Kopf bis zu den Füßen mit einer Miene höherer Würdigung, als er ihm bisher je hatte angedeihen lassen.

„Beim Kastor!" rief er, „ein stärkerer Kerl, als ich geglaubt! Ich sehe, du bist ein Mann von Verdienst und Tugend. Gib mir deine Hand!"

„Bravo, alter Burbo!" jauchzten die Gladiatoren, „durch und durch ein Kerl. Gib ihm die Hand, Lydon!"

„O gewiß!" sagte der Gladiator, „aber da ich jetzt sein Blut gekostet, möcht ich's ganz einschlucken."

„Beim Herkules!" gab ihm der Wirt freundlich zurück, „das ist das wahre Gemüt eines Gladiators. Was gute Zucht aus einem Menschen machen kann."

„Wenn ihr jetzt wieder alle gute Freunde seid", sagte Stratonice, ihr Haar glättend, „so empfehl' ich euch, ruhig und ordentlich zu sein, denn einige junge Herren, eure Gönner und Beschützer, haben melden lassen, sie wollten euch hier einen Besuch machen. Sie möchten euch mit mehr Bequemlichkeit sehen als in den Fechtschulen, ehe sie ihre Wetten auf den großen Kampf in der Arena schließen. Sie wissen, daß wir nur die besten Gladiatoren in Pompeji aufnehmen — unsere Gesellschaft ist, den Göttern sei Dank, sehr auserlesen!"

„Ja", fuhr Burbo fort und stürzte einen Becher oder vielmehr einen Eimer Wein hinunter, „ein Mann, der meine Lorbeeren errungen, kann nur die Tapfersten begünstigen. Lydon, trink, mein Junge, mögest du ein ehrenvolles Alter, wie ich, erleben!"

„Her da!" sprach Stratonice, den Gemahl zärtlich bei den Ohren ziehend.

„Nicht so derb, Wölfin, du machst es ärger als der Gladiator", brummte Burbo.

„Pst!" zischelte sie. „Kalenus hat sich eben verkleidet durch die Hintertür hereingeschlichen. Hoffentlich hat er die Sesterze gebracht."

„Ja, da will ich gleich zu ihm. Halt indessen ein wachsames Auge auf die Becher und gib aufs Kerbholz acht. Laß dich nicht betrügen, Weib. Es sind freilich ganze Kerle, aber arge Spitzbuben."

Und Burbo schritt durch das Gemach in die Innenräume des Hauses.

„So, diese mildtätigen Gönner wollen sich unsere Muskeln besehen?“ sagte Niger. „Wer hat dich davon benachrichtigen lassen, Wirtin?“

„Lepidus. Er bringt Clodius mit, den glücklichsten Wetter in Pompeji, und den jungen Griechen Glaucus.“

„Eine Wette auf eine Wette!“ rief Tetraides. „Clodius wettet auf mich, es gilt zwanzig Sesterze!“

„Er wettet auf mich!“ erwiderte Lydon.

„Nein, auf mich“, brummte Sporus.

„Tröpfe, glaubt ihr, er werde einen von euch dem Niger vorziehen?“ fragte der Gigant, sich selbst in dieser bescheidenen Weise nennend.

„Na, na“, rief Stratonice, indem sie eine große Amphore für die Gäste anstach, die sich jetzt an einen der Tische gesetzt hatten, „so heldenhaft ihr euch auch vorkommt, welcher von euch wird's denn mit dem numidischen Löwen aufnehmen, falls sich kein Übeltäter finden sollte, der euch die Wahl erspart?“

„Ich, der deinen mächtigen Armen entgangen, gewaltige Stratonice“, erwiderte Lydon, „könnte mich wohl ohne Gefahr mit dem Löwen einlassen.“

„Sag mir doch“, fragte Tetraides, „wo ist denn deine hübsche Sklavin, das blinde Mädchen mit den glänzenden Augen? Habe sie schon lange nicht mehr zu Gesicht bekommen.“

„Oh, die ist ein zu guter Bissen für dich und selbst für uns zu fein. Wir schicken sie in die Stadt, um Blumen zu verkaufen und den Damen zu singen. Auf diese Art trägt sie uns das meiste Geld ein. Überdies hat sie zuweilen noch andere Geschäfte, wovon man aber nichts ausplaudern kann.“

„Andere Geschäfte?“ rief der Niger, „ei, dazu ist sie noch zu jung!“

„Schweig, du Bestie, du glaubst, es gebe kein Spiel als das korinthische. Wäre Nydia auch zweimal so alt, so könnte sie darum nicht minder in den Dienst der Vesta treten, das arme Kind.“

„Aber hör mal, Stratonice, wie kamst du zu so einer Sklavin?“

„Meine Sklavin Staphyla — du erinnerst dich an Staphyla, Niger?“

„Ja, ein großhändiges Weib mit einem Gesicht wie eine komische Maske. Wie könnt' ich sie vergessen, beim Pluto!“

„Halt's Maul, du Bestie! Staphyla starb und war mir ein großer Verlust, und ich ging auf den Markt, mir eine andere Sklavin zu kaufen. Aber bei den Göttern, sie waren alle so teuer geworden und das Geld war so rar, daß ich den Platz eben ohne alle Hoffnung wieder verlassen wollte, als mich ein Kaufmann am Rock zupfte. ‚Frau', sprach er, ‚möchtest du eine wohlfeile Sklavin kaufen? Ich habe da ein Mädchen, mit dem sich ein hübscher Handel machen ließe. Sie ist zwar klein und noch fast ein Kind, aber flink und still, gelehrig und verständig, singt hübsch, stickt und ist von gutem Blut, ich versichere dich.' — ‚Aus welchem Land?' fragte ich. ‚Eine Thessalierin.' Nun wußte ich, daß die Thessalierinnen munter und sanft sind. Ich fand sie gerade, wie ihr sie noch jetzt sehet, dem Äußeren nach kaum ein wenig kleiner und jünger. Sie sah geduldig und unterwürfig aus mit ihren auf der Brust gekreuzten Armen und niedergeschlagenen Augen. Ich fragte den Händler um den Preis: er war mäßig, und ich kaufte sie sogleich. Denkt euch mein Erstaunen, meine Freunde, als ich entdeckte, daß sie blind sei. Ein sauberer Vogel, der Kaufmann! Ich lief gleich vor die Obrigkeit, aber der Schurke war bereits aus Pompeji weg. So mußte ich denn in sehr übler Laune nach Haus. Allmählich aber söhnten wir uns mit unserem Kauf wieder aus. Freilich hatte sie nicht die Stärke der Staphyla und war von sehr geringem Nutzen im Haus, aber in der Stadt fand sie ihren Weg bald so gut, als hätte sie die Augen eines Argus gehabt. Und als sie uns eines Morgens eine Handvoll Sesterze gab, die sie, wie sie sagte, vom Verkauf einiger Blumen aus unserem armseligen, kleinen Gärtchen als Erlös mitgebracht hatte, glaubten wir, die Götter hätten sie uns zugeschickt. Seit der Zeit lassen wir sie ausgehen, wie sie will, das Körbchen mit Blumen gefüllt, die sie nach thessalischer Art in Kränze windet. Das gefällt den eleganten Herren, und die vornehmen Leute scheinen einen besonderen Geschmack an ihr zu finden, denn sie zahlen sie immer besser als irgendein anderes Blumenmädchen, und jederzeit bringt sie uns alles zurück, was gewiß mehr ist, als jede andere Sklavin tun würde. So verrichte ich denn die Arbeit im Haus selbst, aber ihre Einnahmen werden mir bald so viel eingetragen haben, daß ich mir eine zweite Staphyla kaufen kann. Ohne Zweifel hat der thessalische Seelenverkäufer das blinde Mädchen von ordentlichen Leuten gestohlen. Neben ihrer Fertigkeit im Kranzwinden singt sie auch und spielt auf der Lyra, was uns ebenfalls Gewinn einträgt, und seit kurzem — doch das ist ein Geheimnis —"

„Was?" rief Lydon, „bist du eine Sphinx geworden?"

„Sphinx? Nein. Warum eine Sphinx?"

„Laß dein Geschwätz, gute Frau, und bring uns unser Essen, ich bin hungrig", sagte Sporus ungeduldig.

„Ich auch", wiederholte der grimmige Niger, sein Messer an der flachen Hand wetzend.

Die Amazone schritt nach der Küche und kehrte bald mit einem Brett voll großer halbgekochter Fleischstücke zurück; denn dadurch, glaubten die Helden, ihre Stärke und Wildheit am besten zu erhalten. Sie setzten sich an den Tisch mit den Blicken ausgehungerter Wölfe. Das Fleisch verschwand, der Wein floß.

2

Kalenus, der Priester der Isis, war von niedrigster Herkunft. Seine Angehörigen waren Freigelassene. Von diesen hatte er eine gute Erziehung und von seinem Vater ein kleines Vermögen erhalten, das er in kurzer Zeit durchbrachte. Er ergriff den Priesterstand als letztes Rettungsmittel gegen den Mangel.

Von Kalenus' Verwandten in Pompeji lebte nur noch einer, und dieser war Burbo. Mehrfache dunkle, unehrenhafte Bande vereinigten stärker als die Bande des Blutes beider Herzen und Interessen.

In einen von jenen großen Mänteln gehüllt, deren weite Falten die Gestalt verbargen und an denen eine Art Kapuze auch die Gesichtszüge versteckte, saß Kalenus jetzt in dem Privatzimmerchen des Weinhändlers, von wo aus ein kleiner Gang unmittelbar nach jener Hintertür führte, die fast in jedem Haus in Pompeji eingebaut war.

Ihm gegenüber hatte der stämmige Burbo Platz genommen und zählte auf einem zwischen ihnen stehenden Tisch sorgfältig ein Häufchen kleiner Münzen, die der Priester soeben aus seiner Börse geschüttelt hatte.

„Du siehst", sagte Kalenus, „daß wir dich hübsch bezahlen, du solltest mir danken, daß ich dich auf einen so einträglichen Markt empfohlen habe."

„Das tu ich, Vetter, das tu ich", erwiderte Burbo, indem er die Goldstücke in ein ledernes Säckchen strich und die Schnalle um seine gewaltigen Lenden fester zuzog, als er es sonst in den gemächlichen Stunden häuslicher Beschäftigung zu tun pflegte. „Und bei der Isis, Pisis und Nysis oder was sonst noch für Götter in Ägypten sein mögen, meine kleine Nydia ist für mich eine wahre Goldgrube."

„Sie singt gut und hat ein Saitenspiel wie eine Muse", entgegnete Kalenus. „Das sind Eigenschaften, die mein Patron stets freigebig bezahlt."

„Er ist ein Gott", rief Burbo begeistert aus. „Aber komm, einen Becher Wein, Alter, und erzähl mir Näheres von diesen Dingen. Was hat sie zu tun? Sie ist eingeschüchtert, spricht von ihrem Eid und geht mit nichts heraus."

„So wenig wie ich, bei meiner rechten Hand! Auch ich habe diesen furchtbaren Eid geschworen."

„Eid? Was sind Eide für unsereins?"

„Wär's so ein Alltagseid! Aber dieser!" Und der massive Priester schauderte. „Ja", fuhr er fort, einen großen Becher ungemischten Weines leerend, „ich gestehe dir, es ist nicht so sehr der Eid, den ich fürchte, als die Rache dessen, der ihn mir auferlegte."

In diesem Augenblick vernahmen sie ein leichtes Geräusch am Hinterpförtchen, als ob jemand nach der Klinke fühlte. Der Priester zog die Kapuze über das Gesicht.

„Sei ruhig", erwiderte der Wirt, „es ist nur das blinde Mädchen." Damit hatte Nydia geöffnet und trat in das Gemach. „Na, wie geht es dir? Siehst blaß aus, hast dich lang in die Nacht hinein lustig unterhalten? Hat nichts zu sagen. Jugend muß nun einmal jung sein", rief Burbo ermutigend.

Ohne Antwort zu geben, sank das Mädchen auf einen Sitz. Ihre Farbe kam und ging in raschem Wechsel, ungeduldig stampfte sie mit den Füßen den Boden, erhob dann plötzlich den Kopf und sagte mit entschlossenem Ton: „Herr, du kannst mich verhungern lassen, wenn du willst, kannst mich schlagen, mit dem Tod bedrohen — aber nach diesem Ort gehe ich nicht mehr."

„Was?" rief Burbo wild und die borstigen Brauen trafen über den grimmigen, blutunterlaufenen Augen finster zusammen. „Was, du widerspenstiges Ding? Nimm dich in acht!"

„Ich habe es ausgesprochen", entgegnete das arme Mädchen, die Hände über der Brust kreuzend.

„Was, meine sittsame, meine zarte Vestalin, du willst nicht mehr gehen? Gut, man wird dich hintragen."

„Ich bringe die Stadt mit meinem Geschrei in Aufruhr", rief sie leidenschaftlich und die Röte stieg ihr bis in die Stirn.

„Dafür wollen wir auch sorgen. Man steckt dir einen Knebel in den Mund.“

„Dann mögen mir die Götter helfen“, erwiderte sie und stand auf. „Ich wende mich an die Obrigkeit.“

„Denk an deinen Eid!“ sagte eine hohle Stimme, indem sich hier zum erstenmal Kalenus in die Unterredung mischte.

Bei diesen Worten lief ein Zittern über den Körper des armen Kindes, flehend faltete sie die Hände. „Unglückliche, die ich bin“, rief sie und brach in ein heftiges Schluchzen aus.

Mochte es dieser laute Schmerzenston gewesen sein, der die sanfte Stratonice herbeiführte oder nicht: genug, ihre furchterregende Gestalt erschien in diesem Augenblick im Zimmer.

„Heda, was hast du mit meiner Sklavin getrieben, du Vieh?“ wandte sie sich grimmig an Burbo.

„Sei ruhig, Weib“, lautete die halb trotzige, halb schüchterne Antwort. „Du brauchst neue Gürtel und hübsche Kleider, nicht wahr? Na, so halt ein Auge auf deine Sklavin, oder du kannst lang darauf warten.“

„Was soll das?“ fragte die Hexe, von einem zum andern blikkend.

Wie durch plötzlichen Antrieb fuhr Nydia von der Wand auf, an die sie sich gelehnt hatte. Sie warf sich Stratonice zu Füßen. Sie umschlang ihre Knie und sah mit lichtlosen Augen zu ihr empor.

„O meine Gebieterin“, schluchzte sie, „du bist ein Weib, du hast Schwestern gehabt, du bist jung gewesen wie ich: fühle für mich, rette mich! Ich kann nicht mehr zu diesen fürchterlichen Festen gehen.“

„Dummheiten!“ rief die Alte und riß sie an einer der zarten Hände, die zu keiner härteren Arbeit geschaffen waren als Blumen in Kränze zu winden, rauh vom Boden empor. „Dummheiten! Dergleichen Bedenken sind nicht für Sklavinnen.“

„Hör' einmal“, sagte Burbo und klingelte mit der gezogenen Börse. „Du hörst diese Musik, Frau. Beim Pollux, wenn du das wilde Füllen da nicht scharf im Zaum hältst, so bekommst du sie nicht so bald wieder zu hören.“

„Das Mädchen ist jetzt ermüdet“, erwiderte Stratonice, Kalenus zunickend, „wenn ihr sie das nächstemal braucht, wird sie schon fügsamer sein.“

„Ihr! Ihr! Wer ist hier?“ fragte Nydia, die Augen mit einem

furchtbaren Blick durchs Zimmer werfend, daß Kalenus erschrokken vom Stuhl aufsprang.

„Sie muß mit diesen Augen sehen!" murmelte er.

„Wer ist hier? Sprich um Himmels willen! Ach, wäret ihr blind wie ich, ihr würdet nicht so grausam sein", rief sie und brach von neuem in Tränen aus.

„Nimm sie fort", sagte Burbo ungeduldig, „ich kann dieses Gewinsel nicht leiden."

„Fort!" rief Stratonice und stieß das arme Kind in die Schultern.

Nydia beugte sich zur Seite mit einer Miene, der die Entschlossenheit plötzlich ein stolzes Aussehen gab.

„Hört mich", sprach sie, „ich habe euch treu gedient, ich, die ich erzogen wurde — ach, meine Mutter, meine arme Mutter, hättest du geträumt, daß es dahin mit mir käme?"

Sie wischte die Tränen aus den Augen und fuhr fort: „Befehlt mir alles andere, und ich will gehorchen, aber ich sage euch hiemit, so hart, streng, unerbittlich ihr auch seid, ich sage euch, daß ich nicht mehr dorthin gehe, oder wenn man mich zwingt, das Erbarmen des Prätors selbst anrufe. Ich habe es ausgesprochen: hört mich, ihr Götter, ich schwöre!"

Die Augen Stratonices loderten vor Wut. Sie faßte das Kind mit einer Hand bei den Haaren und hob die andere hoch auf — die furchtbare Rechte, deren Schlag die schwache, zarte Gestalt, die unter ihrem Griff zitterte, zermalmen zu müssen schien. Es war, als durchzuckte sie selbst dieser Gedanke, denn sie schob den Streich auf, zerrte Nydia nach der Wand, nahm einen, nur zu oft zu solchem Zweck gebrauchten Strick vom Haken, und im nächsten Augenblick hallten Schmerzensschreie durch das Haus.

3

„Hallo, meine braven Burschen!" rief Lepidus, indem er mit gesenktem Kopf durch den niederen Torweg vor Burbos Haus trat, „wir wollen sehen, wer von euch eurem Lanista die meiste Ehre macht."

Die drei Gladiatoren erhoben sich vom Tisch, um die drei zu begrüßen, die als die reichsten und lebensfrohesten jungen Männer in Pompeji bekannt waren.

„Was für schöne Tiere!" sagte Clodius zu Glaucus. „Wert, Gladiatoren zu sein."

„Schade, daß sie keine Krieger sind", antwortete Glaucus.

Es war merkwürdig zu sehen, wie der süßliche Lepidus, den bei einem Trinkgelage jeder Sonnenstrahl blenden, im Bad jedes Lüftchen versengen wollte — es war merkwürdig, zu sehen, wie dieser Lepidus jetzt voll Eifer, Kraft und Leben die mächtigen Schultern der Gladiatoren mit seiner weißen Mädchenhand abklopfte, mit zartem Druck ihr nerviges Fleisch und ihre Muskeln befühlte, ganz verloren in Bewunderung der Mannheit, die aus sich selbst sorgfältig zu verbannen das Geschäft seines Lebens gewesen.

„Ha! Niger, wie wirst du fechten?" fragte Lepidus, „und mit wem?"

„Sporus hat mich gefordert", erwiderte der Riese, „wir werden hoffentlich kämpfen, bis einer tot ist."

„Fehlt sich nicht", brummte Sporus mit einem Blinzeln seines kleinen Auges.

„Sei unbesorgt, wir wollen dir die Börse füllen", erwiderte Clodius. „Laß sehen, du fichst gegen Niger. Glaucus, eine Wette? Ich setze auf Niger."

„Sagte ich's euch nicht?" rief Niger jubelnd, „der edle Clodius kennt mich. Rechne dich bereits für tot, Sporus."

Clodius nahm eine Schreibtafel heraus. „Eine Wette, zehn Sesterze. Was meinst du?"

„Sei es so", erwiderte Glaucus. „Aber wen haben wir da? Diesen Helden habe ich noch nie gesehen." Damit betrachtete er Lydon, dessen Glieder zarter als die seiner Gefährten waren, wie auch in seinen Zügen etwas Anmutiges, ja Edles lag, das sein Beruf noch nicht ganz zerstört hatte.

„Es ist Lydon, ein Anfänger, der bis jetzt nur das hölzerne Schwert handhabte", entgegnete Niger herablassend. „Aber er hat das echte Blut in sich und hat den Tetraides gefordert."

„Er hat mich gefordert", sagte Lydon, „ich nehme den Kampf an."

„Streck deinen Arm aus, Lydon!" sprach Lepidus mit Kennermiene.

Mit einem bedeutsamen Blick auf seine Gefährten streckte der Gladiator seinen Arm aus, der, wenn nicht so gewaltig im Umfang wie die seiner Kameraden, in seinen Muskeln so fest, so harmonisch in seinen Verhältnissen war, daß die drei Betrachter in einen gemeinschaftlichen Ruf der Bewunderung ausbrachen.

„Nun, was ist deine Waffe?“ fragte Clodius, die Schreibtafel in der Hand.

„Wir kämpfen zuerst mit dem gepanzerten Fausthandschuh, nachher, wenn wir beide noch leben, mit Schwertern“, erwiderte Tetraides.

„Mit dem Fausthandschuh?“ rief Glaucus, „da hast du unrecht, Lydon. Er ist nach griechischer Art, ich kenne ihn wohl. Zu diesem Kampf solltest du dir mehr Fleisch gezogen haben, du bist viel zu mager dafür, vermeide den Fausthandschuh.“

„Ich kann nicht“, sagte Lydon.

„Und warum?“

„Ich sagte es schon — weil er mich gefordert hat.“

„Er wird nicht gerade auf dieser Waffe bestehen.“

„Meine Ehre besteht darauf“, entgegnete Lydon.

„Ich wette für Tetraides, zwei gegen eins, auf den Handschuh“, rief Clodius. „Wollen wir auf die Schwerter gleich gegen gleich wetten, Lepidus?“

„Und wenn du mir drei gegen eins bötest, so nähme ich die ungleiche Wette nicht an“, erwiderte Lepidus. „Lydon kommt nie zum Schwert. Du bist gar zu gütig.“

„Was sagst du, Glaucus?“ fragte Clodius.

„Ich nehme es auf, drei gegen eins.“

„Zehn Sesterze gegen dreißig?“

„Ja.“

Clodius schrieb die Wette in seine Schreibtafel.

„Verzeih, mein edler Gönner“ flüsterte Lydon Glaucus zu, „wieviel glaubst du, daß der Sieger gewinnt?“

„Wieviel? Nun, etwa sieben Sesterze.“

„Wird es gewiß soviel sein?“

„Mindestens. Aber schäm dich, daß du an das Geld und nicht an die Ehre denkst, du Römer. Überall bleibt ihr doch Römer!“

Eine Röte zog über die dunklen Wangen des Gladiators.

„Tu mir nicht unrecht, edler Glaucus, ich denke an beides, aber nur um des Geldes willen bin ich Gladiator geworden.“

„Niedriger Mensch! Mögest du fallen! Ein Knauser war nie ein Held.“

„Ich bin kein Knauser“, erwiderte Lydon und zog sich an die andere Seite des Zimmers zurück.

„Aber ich sehe Burbo nicht, wo ist er? Ich muß mit Burbo sprechen“, rief Clodius.

„Er ist da drin", antwortete Niger und wies auf die Tür im Hintergrund.

„Und Stratonice, die tapfere Alte, wo ist sie?" fragte Lepidus.

„Sie war eben da, als ihr eintratet, aber da hörte sie da drüben etwas, das ihr mißfiel, und weg war sie. Beim Pollux! Der alte Burbo hatte vielleicht ein Mädchen im Hinterzimmer gefaßt. Ich hörte eine Weiberstimme laut schreien. Die alte Dame ist so eifersüchtig wie Juno."

„Vortrefflich", rief Lepidus lachend. „Komm, Clodius, wir wollen mit Jupiter teilen, vielleicht hat er eine Leda erwischt."

In diesem Augenblick erschreckte ein lautes Geschrei des Schmerzes und der Angst die Sprechenden.

„Oh, schone mich! Ich bin nur ein Kind, ich bin blind, ist das nicht Strafe genug?"

„Bei Pallas! Ich kenne diese Stimme, es ist ein armes Blumenmädchen", rief Glaucus und stürzte dem Ort zu, woher die Jammertöne kamen.

Er stieß die Tür auf und sah, wie Nydia sich unter den Händen des wütenden Weibes krümmte.

„Furie!" rief er und entriß mit der Linken Nydia ihrem Griff. „Wie wagst du ein Mädchen so zu behandeln — ein Wesen von deinem eigenen Geschlecht, ein Kind? Meine Nydia, meine arme Kleine!"

„Oh, du bist es, es ist Glaucus", rief das Blumenmädchen fast im Ton des Entzückens. Die Tränen liefen ihr über die Wangen. Sie lächelte, klammerte sich an ihn und küßte ihm das Gewand.

„Und wie wagst du, naseweiser Fremdling, dich zwischen ein freies Weib und ihre Sklavin zu werfen? Bei den Göttern! Trotz deiner schönen Tunika und deiner ekelhaften Wohlgerüche glaube ich, du bist nicht einmal ein römischer Bürger, mein Püppchen!"

„Höflich, Frau, höflich!" sagte Clodius, der jetzt mit Lepidus eintrat. „Das ist mein Freund und Bundesbruder, er muß gegen deine Zunge ein Obdach erhalten, meine Holde, es regnet Steine!"

„Gib mir meine Sklavin!" schrie das Weib.

„Nein, und sollen dir alle Furien helfen", erwiderte Glaucus. „Fürchte nichts, Nydia, ich verlasse dich nicht!"

„Heda!" rief Burbo, indem er zögernd aufstand, „was für ein Lärm ist das um einer Sklavin willen! Laß den jungen Herrn los, Weib — laß ihn los, um seinetwillen soll dem naseweisen Ding diesmal verziehen werden."

„Meinte ich doch, als wir eintraten, sei noch jemand dagewesen“, sagte Clodius. „Er ist fort.“

Der Isispriester hatte es für hohe Zeit erachtet, zu verschwinden.

„Oh, ein Freund von mir, ein Zechbruder, ein ruhiger Hund, der dergleichen Katzbalgereien nicht liebt“, bemerkte Burbo obenhin. „Aber geh, Kind, du zerreißt dem Herrn die Tunika, wenn du dich so fest an ihn klammerst, geh, es soll dir verziehen sein.“

„Verlaß mich nicht! Verlaß mich nicht!“ rief Nydia und klammerte sich noch fester an den Athener.

Ergriffen von ihrem hilflosen Zustand, ihrer schutzsuchenden Bitte, der rührenden Grazie ihres Wesens, setzte sich der Grieche auf einen der rauhen Stühle. Er nahm sie auf den Schoß, wischte ihr das Blut von den Schultern, küßte ihr die Tränen von den Wangen, flüsterte ihr die tröstenden Worte zu, womit wir den Schmerz eines Kindes besänftigen suchen. Und so schön nahm er sich in seinem freundlichen Bemühen aus, daß selbst das wilde Herz Stratonices bewegt wurde.

„Ei, wer hätte gedacht, daß unsere blinde Nydia so zu Ehren käme“, sagte die Amazone und wischte sich die erhitzte Stirn.

Glaucus sah Burbo an.

„Mein guter Mann“, sprach er, „das ist deine Sklavin. Sie singt gut und ist an die Blumenwartung gewöhnt. Ich wünsche einer Dame eine solche Sklavin zum Geschenk zu machen. Willst du sie an mich verkaufen?“ Bei diesen Worten fühlte er, wie der ganze Körper des armen Kindes vor Entzücken bebte.

„Nydia verkaufen? Nein!“ erwiderte Stratonice griesgrämig.

Nydia sank mit einem Seufzer zurück und faßte von neuem das Gewand ihres Beschützers.

„Unsinn!“ rief Clodius gebieterisch. „Ihr müßt es mir zu Gefallen tun. Was! Bekommt mich zum Feind, und eure Schenke ist ruiniert. Ein einziges Wort von mir und ihr könnt eure Krüge zerschlagen, ihr verkauft nichts mehr. Glaucus, die Sklavin ist dein.“

Burbo kratzte sich in sichtbarer Verlegenheit den gewaltigen Schädel.

„Das Mädchen müßte mir mit Gold aufgewogen werden.“

„Nennt den Preis“, entgegnete Glaucus.

„Ich habe sechs Sesterze für sie bezahlt, jetzt ist sie zwölf wert“, brummte Stratonice.

„Ihr sollt zwanzig haben. Kommt sogleich vor die Obrigkeit

und folgt mir dann in mein Haus, daß ich euch das Geld aushändige."

„Ich hätte das liebe Kind nicht um hundert Sesterze verkauft, wäre es nicht, um dem edlen Clodius einen Gefallen zu tun", sagte Burbo weinerlich.

„So geh ich denn mit dir — mit dir, welch Glück!" lispelte Nydia.

„Ja, Nydia, und deine härteste Arbeit soll fortan sein, deine griechischen Lieder der lieblichsten Dame in Pompeji zu singen."

Das Kind fuhr von seinem Arm zurück. Eine Veränderung kam über sein eben noch strahlendes Gesicht. Es seufzte tief und sagte dann, indem es ihn noch einmal an der Hand ergriff: „Ich glaubte, ich dürfte in dein Haus gehen?"

„Und das sollst du auch für jetzt. Komm, wir verlieren Zeit."

4

Jone war eine von jenen Erscheinungen, die nur selten über die Lebensbahn eines Menschen hinstrahlen. In der höchsten Vollkommenheit vereinte sie die seltensten Gaben der Erde — Genie und Schönheit.

War es nicht zu verwundern, daß Jone den Ägypter an sich kettete, so war es noch eher zu begreifen, daß sie das helle, sonnige Herz des Atheners ebenso schnell und unwiderruflich gefangennahm. Die Heiterkeit eines Temperaments, das aus Lichtstrahlen gewoben schien, hatte Glaucus in die Lüste der Welt geworfen. Indem er sich den Zerstreuungen seiner Zeit hingab, gehorchte er nicht so sehr unreinen Antrieben als dem frohen Ruf der Jugend und Gesundheit. Er breitete die Lichtfülle seiner eigenen Natur über jede Kluft und Höhle, in die er abschweifte, aber sein Herz war nie verdorben.

Und so war es natürlich, daß er Jone liebte, so war es ebenso natürlich, daß sie die Liebe erwiderte. Jung, glänzend, beredt, liebend und ein Athener, dünkte er ihr wie die verkörperte Poesie des Landes ihrer Väter. Beide waren nicht wie Geschöpfe einer Welt, deren Elemente Kampf und Mühen sind, sie glichen Wesen, die man nur an Festtagen der Natur erblickt, so herrlich und frisch erschien ihre Jugend, ihre Schönheit und ihre Liebe.

Verfuhr jedoch Jone in der Wahl ihrer Lebensart sehr unabhängig, so war ihr bescheidener Stolz im gleichen Grad wachsam und leicht zu erschrecken. Die Lüge des Ägypters wurde ihm von einer tiefen Kenntnis ihres Wesens eingegeben. Die Geschichte von der prahlerischen Roheit des Glaucus schnitt ihr tief ins Herz. Flüsterte sie in einem Augenblick Vorwürfe gegen Glaucus, verwarf, haßte sie ihn beinah, so brach sie in der nächsten Minute in leidenschaftliche Tränen aus, und in der Bitterkeit ihrer Qual sprach sie: „Er verachtet mich — er liebt mich nicht."

Seit der Stunde, da der Ägypter sie verlassen, hatte sie sich in ihr abgelegenes Gemach zurückgezogen, hatte ihre Dienerinnen hinausgeschickt, hatte sich vor den Scharen, die ihre Tür belagerten, verleugnet. Glaucus wurde mit den übrigen abgewiesen. Er wunderte sich, aber seine Hoffnung war nicht getrübt, denn er wußte bereits, daß er liebte und geliebt wurde.

In tiefster Nacht, wenn die Straßen still waren, schlich er sich zu dem Tempel seines Herzens — zu ihrem Haus, und warb um sie nach der schönen Weise seines Landes. Er bedeckte ihre Tür mit den reichsten Blütengewinden und ließ die lange Sommernacht vom Klang der lykischen Leier und von Liedern ertönen.

Aber das Fenster oben öffnete sich nicht. Kein Lächeln machte den Dämmerschein der Nacht noch heiliger. Alles im Haus blieb still und dunkel.

Doch Jone schlief nicht. Die milden Töne stiegen empor zu ihrem Gemach, sie besänftigten, überwältigten sie. Solang sie sie hörte, glaubte sie keiner Einflüsterung gegen den Geliebten. Wenn die Lieder aber endigten, wenn sein Schritt sich entfernte, schwand der Zauber, und in der Bitterkeit ihrer Seele erblickte sie in dieser zarten Huldigung beinahe eine neue Schmach.

5

Die Morgensonne schien auf den kleinen duftenden Garten, den der Innenhof im Haus des Atheners einschloß. Glaucus lag lustlos im weichen Gras, während ein leichter, oben ausgespannter Baldachin die glühenden Strahlen der Sommersonne abhielt.

In seinen Liebesträumereien wurde Glaucus durch den Eintritt Nydias unterbrochen. Mit ihrem bei aller Behutsamkeit leichten Schritt kam sie daher, trat über den Säulengang und blieb bei den Blumen stehen, die den Garten einfaßten. In der Hand hatte sie ihr Wassergefäß und besprengte die dürstenden Gewächse. Sie beugte sich nieder, um ihren Duft einzuatmen, berührte sie furchtsam und liebkosend und fühlte an den Stengeln hin und her, ob kein verwelktes Blatt oder kriechendes Insekt ihrer Schönheit schade. Wie sie so mit dem ernsten jugendlichen Antlitz und den anmutigen Bewegungen von Blüte zu Blüte schwebte, hätte man sich keine passendere Dienerin für die Göttin des Gartens denken können.

„Nydia, mein Kind", rief Glaucus.

Beim Ton seiner Stimme hielt sie plötzlich an — horchend, errötend, atemlos! Mit geöffneten Lippen setzte sie das Gefäß nieder, eilte zu ihm, und wunderbar war es zu sehen, wie sicher sie ihren dunklen Pfad durch die Blumen fand und auf dem kürzesten Weg an die Seite ihres neuen Herrn gelangte.

„Nydia", sagte Glaucus und strich ihr das lange, schöne Haar zärtlich zurück, „es ist nun drei Tage, seit du dich unter dem Schutz meiner Hausgötter befindest. Haben sie dir zugelächelt? Bist du glücklich?"

„Ach, so glücklich!" seufzte die Sklavin.

„Und jetzt", fuhr Glaucus fort, „da du dich von den schrecklichen Erinnerungen an deine frühere Herrin etwas erholt hast, jetzt, Kind, da du an ein Glück gewohnt bist, das dir die Götter für ewig gewähren mögen, will ich dich um einen Dienst bitten."

„Ach, was kann ich für dich tun?" fragte Nydia und faltete die Hände.

„Höre", erwiderte Glaucus, „so jung du bist, sollst du meine Vertraute sein. Hast du den Namen Jone schon gehört?"

Das junge Mädchen schnappte nach Luft, und bleich wie eine der Bildsäulen, die vom Innenhof auf sie herabblickten, antwortete sie nur mit Anstrengung: „Ja, ich habe gehört, sie sei von Neapolis und sehr schön."

„Schön! Ihre Schönheit könnte den Tag blenden! Neapolis! Nein, sie ist ihrer Abkunft nach eine Griechin. Nydia, ich liebe sie!"

„Das dachte ich!" erwiderte Nydia ruhig.

„Ich liebe sie, und du sollst es ihr sagen. Ich stehe im Begriff, dich zu ihr zu schicken. Glückliche Nydia, du wirst in ihr Gemach kommen, wirst den Klang ihrer Stimme trinken, wirst dich an der sonnigen Luft ihrer Gegenwart wärmen."

„Willst du mich denn fortschicken?"

„Ja, du kommst zu Jone", erwiderte Glaucus in einem Ton, der ausdrückte: „Was kannst du mehr wünschen?"

Nydia brach in Tränen aus. Glaucus stand auf und zog sie mit der tröstenden Liebkosung eines Bruders an sich.

„Mein Kind, meine Nydia! Du weinst, weil du nicht weißt, welches Glück ich dir bereite. Sie ist lieb und freundlich und sanft. Sie wird dir eine Schwester sein und deine anmutigen Talente würdigen. Weinst du immer noch, liebes Närrchen! Zwingen will ich dich nicht. Willst du mir diesen Gefallen nicht tun?"

„Wenn ich dir dienen kann, gebiete! Ich weine nicht mehr. Ich bin ruhig."

„Das ist meine Nydia!" fuhr Glaucus fort und küßte ihre Hände. „Geh also zu ihr: findest du dich getäuscht, so kehre zu mir zurück, sobald du willst. Mein Dach soll auf immer deine Zuflucht sein, liebe Kleine. Wenn jedoch mein Herz mir die Wahrheit zuflüstert, werde ich dich bald wieder als mein Eigentum ansprechen, mein Kind. Mein und Jones Haus wird ein gemeinsames werden und du wirst bei uns beiden wohnen."

Ein Schauer ging durch die zarte Gestalt des blinden Mädchens, aber sie weinte nicht mehr.

„Geh also zu Jone, Nydia, man wird dir den Weg zeigen. Bring ihr die schönsten Blumen, die du pflücken kannst und überreiche ihr diesen Brief. Es sind bereits mehrere Tage, Nydia, daß ich bei Jone nicht vorgelassen wurde. Es liegt etwas Geheimnisvolles in dieser Abweisung. Ich bin von Zweifeln und Furcht zerrissen. Suche — denn du begreifst schnell — den Grund dieser Unfreundlichkeit zu erfahren. Sei meine Freundin, sprich für mich! Wie unendlich vergiltst du mir das wenige, was ich für dich getan. Du verstehst mich, Nydia, du bist noch ein Kind — habe ich mehr gesagt, als du fassest?"

„Nein."

„Und du willst mir dienen?"

„Ja."

„Du bist mir nicht bös, liebe Kleine?"

„Glaucus, ich bin eine Sklavin. Was hab' ich mit Freud oder Leid zu tun?"

„Sprichst du so? Nein, Nydia, sei frei. Ich schenke dir die Freiheit — gebrauche sie nach deinem Gefallen und verzeih mir, daß ich deinerseits auf den Wunsch gerechnet, mir zu dienen."

„Du bist beleidigt. Ich möchte dich auch um der Freiheit willen nicht beleidigen, Glaucus, mein Beschützer, mein Retter. Verzeih dem armen, blinden Mädchen! Ich klage nicht, auch nicht über die Trennung von dir, wenn ich dadurch zu deinem Glück beitragen kann."

„Mögen die Götter dein dankbares Herz segnen", erwiderte Glaucus bewegt, und unkundig der Flammen, die er anfachte, küßte er zu wiederholten Malen ihre Stirn.

„Du verzeihst mir", sprach sie, „und wirst nichts mehr von Freiheit sagen. Mein Glück ist deine Sklavin zu sein. Und jetzt will ich die Blumen pflücken."

6

Eine Sklavin trat in das Zimmer Jones. Eine Botin von Glaucus wünschte vorgelassen zu werden.

Jone zauderte einen Augenblick.

„Sie ist blind, die Botin", bemerkte die Sklavin, „sie will ihren Auftrag nur an dich selbst ausrichten."

Niedrig ist das Herz, das das Unglück nicht achtet. Kaum hatte Jone gehört, daß die Botin blind sei, als sie die Unmöglichkeit fühlte, eine abweisende Antwort zu erteilen. Glaucus hatte einen Herold gewählt, der in der Tat heilig war — einen Herold, der nicht abgewiesen werden konnte.

Was kann er von mir wollen? Welche Botschaft mag er mir senden? fragte sich Jone und ihr Herz schlug schneller. Der Vorhang an der Tür wurde weggezogen. Ein sanfter Schritt bewegte sich auf dem Marmor, und Nydia trat ein. Sie stand einen Augenblick still, als horche sie auf einen Laut, der ihr die weitere Richtung angeben könne.

„Will die edle Jone", sprach sie mit sanfter, leiser Stimme, „mich eines Wortes würdigen, damit ich weiß, wohin ich diese umnachteten Schritte zu lenken und wo ich meine Geschenke ihr zu Füßen zu legen habe?"

„Schönes Kind", erwiderte Jone gerührt mit milder Stimme, „gib dir nicht die Mühe, über diesen glatten Boden zu gehen. Meine Dienerin wird mir bringen, was du mir zu geben hast." Damit winkte sie ihrer Sklavin zu, das Gefäß zu übernehmen.

„Ich darf es niemand als dir selbst überreichen", antwortete Nydia, näherte sich, von ihrem Ohr geleitet, langsam dem Ort, wo Jone saß, und hielt ihr dort kniend die Vase entgegen.

Jone nahm sie aus ihrer Hand und stellte sie neben sich auf den Tisch. Dann erhob sie die Kniende sanft und wollte sie neben sich auf das Polster ziehen, wogegen sich das Mädchen jedoch in bescheidener Weise sträubte.

„Ich habe meinen Auftrag noch nicht ganz erfüllt", sagte sie und zog den Brief des Glaucus aus dem Gewand hervor. „Dieses Schreiben erklärt vielleicht, warum der, der mich zu dir geschickt hat, einen so unwürdigen Boten für Jone auswählte."

Die Griechin nahm den Brief mit einer Hand, deren Zittern Nydia fühlte. Mit gekreuzten Armen und niedergeschlagenem Blick stand sie vor der stolzen, herrlichen Gestalt Jones, vielleicht in ihrer unterwürfigen Stellung nicht minder stolz. Jone schaute noch einmal mit Verwunderung und Mitleid auf die junge Sklavin, trat dann ein wenig von ihr zurück, öffnete und las folgenden Brief:

„Glaucus sendet Jone mehr, als er auszusprechen wagt. Ist Jone erkrankt? Deine Sklavinnen sagen mir nein, und diese Versicherung tröstet mich. Hat Glaucus Jone beleidigt? Ach, diese Frage kann ich nicht an die Dienerinnen richten. Seit fünf Tagen bin ich aus Deiner Gegenwart verbannt. Hat die Sonne seitdem geschienen? Ich weiß es nicht. Hat der Himmel gelächelt? Für mich hat er kein Lächeln gehabt. Meine Sonne und mein Himmel sind Jone. Zürnst Du mir darüber? Bin ich zu kühn?

In Deiner Abwesenheit fühle ich den Zauber am stärksten, durch den Du mich überwältigt hast. Du willst mich nicht sehen; Du hast zwar auch die gewöhnlichen Schmeichler, die sich um Dich drängen, von Dir ferngehalten. Kannst Du aber mich mit ihnen verwechseln? Unmöglich! Du weißt zu gut, daß ich nicht zu ihnen gehöre, daß der Stoff, aus dem sie bestehen, nicht der meinige ist. Hat man mich bei Dir verleumdet, Jone? Du kannst einer solchen Verleumdung nicht glauben. Sagte mir das Delphische Orakel selbst, Du seiest unwürdig, so würde ich ihm nicht glauben. Ich denke an das letzte Mal, als wir beisammen waren — an das Lied, das ich Dir sang, an den Blick, den Du mir zur Erwiderung gabst. Verbirg es, wie Du willst, Jone, es ist etwas Verwandtes zwischen uns, und unsere Augen erkannten es an, obwohl unsere Lippen schwiegen. Nicht so früh wollte ich aussprechen, daß ich liebe, aber Worte drängen sich nach meinem Herzen. Wir trafen uns zuerst in dem Tempel der Pallas. Sollen wir nicht auch vor einem sanfteren, älteren Altar zusammentreffen?

Schöne, angebetete Jone, wenn mich meine heiße Jugend und mein athenisches Blut früher mißleiteten und verlockten, so haben sie mich durch meine Irrfahrten nur gelehrt, die Ruhe, den Hafen, in den ich jetzt eingelaufen bin, hochzuschätzen. Ich hänge meine triefenden Gewänder vor dem Altar des Meeresgottes auf. Ich bin dem Schiffbruch entgangen. Ich habe Dich gefunden. Nimm die Blumen an, die ich Dir sende. Ihr süßer Duft hat eine beredtere Sprache als die der Worte. Ich sende Dir die Gabe durch eine Botin, die Du, wenn nicht um meinetwillen, doch um ihrer selbst willen in Dein Haus aufnehmen wirst. Sie ist, gleich uns, eine Fremde. Die Asche ihrer Väter ruht unter einem schöneren Himmel, aber weniger glücklich als wir ist sie blind und eine Sklavin. Die arme Nydia! Sie ist sanft und gelehrig, in Musik und Gesang wohl unterrichtet und eine wahre Chloris für die Blumen. Sie glaubt, Du werdest sie liebgewinnen, wenn aber nicht, so schick sie mir zurück.

Noch ein Wort. Laß mich kühn sein, Jone. Warum denkst Du so hoch von jenem dunklen Ägypter? Er hat nicht das Wesen eines ehrlichen Mannes an sich. Wäre es möglich, daß er mich bei Dir verleumdet hätte? Mir ist es nicht unwahrscheinlich, denn ich ließ ihn bei Dir zurück. Von da an hast Du mich nicht wieder vorgelassen. Glaube das nicht, was er zu meinem Nachteil sagt! Hast Du aber etwas geglaubt, so sag es mir geradeheraus. Leb wohl! Dieser Brief berührt Deine Hand, diese Buchstaben begegnen Deinem Auge, sollen sie glücklicher sein als ihr Urheber? Noch einmal, leb wohl!"

Jone war es, als sie diesen Brief las, als sei ein Nebel von ihren Augen gewichen. Was war das vermeintliche Vergehen des Glaucus gewesen? Daß er sie nicht wirklich liebte! Jetzt aber gestand er offen seine Liebe. Von diesem Augenblick an war seine Macht über sie vollkommen. Bei jedem zärtlichen Wort in seinem Brief wurde sie von ihrem Herzen gescholten. Hatte sie nicht seine Treue in Zweifel gezogen und einem anderen geglaubt? Die Tränen rollten ihr die Wangen herab — sie küßte den Brief, steckte ihn in den Busen und wandte sich zu Nydia, die noch an demselben Ort und in derselben Stellung verharrte.

„Willst du warten", fragte sie, „während ich eine Antwort auf diesen Brief schreibe?"

„So wirst du ihn denn beantworten?" sagte Nydia kalt. „Gut, der Sklave, der mich begleitete, wird die Antwort mit zurücknehmen."

„Was dich betrifft“, entgegnete Jone, „so bleib bei mir. Vertrau mir. Dein Dienst soll leicht sein.“

Nydia neigte das Haupt.

„Wie ist dein Name, schönes Mädchen?“

„Nydia.“

„Deine Heimat?“

„Das Land des Olympus, Thessalien.“

„Du sollst mir eine Freundin sein“, entgegnete Jone.

Sie schrieb: „Jone grüßt Glaucus: Komm zu mir, Glaucus. Komm morgen zu mir. Vielleicht, daß ich ungerecht gegen Dich war, aber ich will Dir mindestens das Vergehen sagen, das Dir zur Schuld gelegt wurde. Fürchte fortan den Ägypter nicht — fürchte niemand! Du sagst, Du habest zu viel ausgedrückt — ach, in diesen hastig hingeworfenen Worten geschah von mir bereits das nämliche. Leb wohl!“

Als Jone den Brief beendet hatte, den sie, nachdem er geschrieben war, nicht zu überlesen wagte, fuhr Nydia von ihrem Sitz auf.

„Du hast Glaucus geschrieben?“

„Ich habe es.“

„Und wird er dem Boten danken, der ihm deinen Brief überbringt?“

Jone vergaß, daß die Fragende blind war. Sie errötete und blieb still.

„Ich meine dies so“, setzte Nydia in ruhigerem Ton hinzu, „das leichteste Zeichen von Kälte an dir wird ihn traurig machen, die geringste Freundlichkeit ihn erfreuen.“

„Mein Kind!“ entgegnete Jone, „du sprichst so freundlich, ist also Glaucus in deinen Augen liebenswert?“

„Edle Jone, Glaucus war mir, was weder das Schicksal noch die Götter gewesen sind — ein Freund.“

Die mit Würde gepaarte Trauer, womit Nydia diese Worte aussprach, rührten die schöne Jone. Sie beugte sich nieder und küßte das Kind. „Du bist dankbar, und das mit Recht. Warum sollte ich mich schämen, auszusprechen, daß Glaucus deiner Dankbarkeit wert ist? Geh, Nydia, bring ihm selbst diesen Brief — aber kehr wieder zurück. Bin ich bei deiner Rückkehr nicht zu Hause — wie es heute abend vielleicht der Fall sein wird —, so soll dir dein Zimmer neben dem meinigen bereitet werden. Nydia, ich habe keine Schwester — willst du mir eine sein?“

Die Thessalierin küßte Jone die Hand und fügte dann mit

einiger Verlegenheit hinzu: „Eine Gunst, schöne Jone — darf ich wagen, darum zu bitten?“

„Du kannst nichts bitten, was ich dir nicht gewährte“, erwiderte Jone.

„Man sagt mir“, fuhr Nydia fort, „du seiest schöner als alles, was die Erde bis jetzt an Lieblichkeit hervorgebracht hat. Ach, ich kann das nicht sehen, was die Welt entzückt. Willst du mir daher erlauben, meine Hand über dein Gesicht hinzuführen? Das ist meine einzige Wahrnehmung der Schönheit, und in der Regel ist mein Urteil richtig!“

Sie wartete nicht auf Jones Antwort, sondern fuhr noch im Sprechen sanft und langsam über die niedergebeugte, halb abgewandten Züge der Griechin hin. Ihre Hand weilte über dem geflochtenen Haar und der glatten Stirn — über der samtenen Wange, über dem Grübchen des Kinns, über dem weißen Schwanennacken. „Ich weiß jetzt“, sprach sie, „daß du schön bist, und kann dich mir fortan in meiner Dunkelheit vorstellen.“

Nachdem Nydia sie verlassen, versank Jone in eine tiefe, wonnige Träumerei. Glaucus liebte sie also, er gestand es — ja, er liebte sie. Sie wunderte sich, wie sie je einer Silbe gegen ihn Glauben beizumessen vermochte. Sie wunderte sich, wie der Ägypter imstande gewesen war, sie gegen Glaucus einzunehmen. Ein Schauder durchzuckte sie, als sie auf die Warnung des letzteren vor Arbaces zurückkam und ihre geheime Furcht vor dem dunklen Wesen stieg bis zum Grauen. Aus diesen Gedanken wurde sie von ihren Mädchen aufgeweckt, die ihr meldeten, daß die zu einem Besuch bei Arbaces bestimmte Stunde da sei.

7

„Liebste Nydia!“ rief Glaucus, nachdem er Jones Brief gelesen hatte, „glückbringendster Bote, der je zwischen Erde und Himmel verkehrte — wie soll ich dir danken?“

„Ich habe meinen Lohn bereits“, erwiderte die Blinde.

„Morgen, morgen! Wie werd' ich die Stunden bis dahin verbringen?“

Der verliebte Grieche gab nicht zu, daß Nydia sich entfernte, obwohl sie mehrmals aus dem Zimmer zu kommen suchte. Wieder und wieder ließ er sie jede Silbe der kurzen Unterredung berichten, die zwischen ihr und Jone stattgefunden. Immer wieder vergaß er ihre Blindheit und fragte sie nach den Blicken, den Zügen der Geliebten. Dann entschuldigte er seinen Mißgriff schnell und bat sie, die unterbrochene Erzählung von neuem anzufangen. Rasch und entzückend für ihn, peinlich für Nydia, verflossen die Stunden, und es war bereits die Dämmerung eingetreten, als er sie endlich mit einem zweiten Brief und mit neuen Blumen zu Jone zurücksandte. Gleich nach ihrem Weggang drang Clodius mit mehreren seiner munteren Gefährten bei ihm ein. Sie luden ihn ein, sie nach den verschiedensten Vergnügungsplätzen der lebhaften Stadt zu begleiten, die dem Genuß Nacht und Tag Abwechslung darboten. Glaucus war zu selig, um ungefällig zu sein. Es drängte ihn, der bedrückenden Überfülle seines Jubels Luft zu machen. Willig nahm er den Vorschlag der Freunde an und lachend zogen sie die bevölkerten, schimmernden Straßen hinab.

Unterdessen erreichte Nydia zum zweitenmal das Haus Jones, die es längst verlassen hatte. Gleichgültig fragte sie, wohin die Gebieterin gegangen sei.

Die Antwort erschreckte, ja entsetzte sie.

„In das Haus Arbaces', des Ägypters? Unmöglich!"

„Es ist dennoch so, Kleine", erwiderte die Sklavin, die ihr zuerst geantwortet. „Sie kennt den Ägypter schon lange."

„Schon lange? Ihr Götter! Und Glaucus kann sie lieben?" flüsterte Nydia vor sich hin. „Und", fragte sie laut, „hat sie ihn früher schon oft besucht?"

„Nie bis jetzt", entgegnete die Sklavin. „Ist alles wahr, was die Lästerer in Pompeji einander zuraunen, so wär's vielleicht besser, wenn sie sich auch jetzt nicht hinbegeben hätte. Aber meine arme Herrin hört nichts von dem, was zu uns gelangt; was man in der Vorhalle sagt, dringt nicht bis zu ihr."

„Nie bis jetzt?" wiederholte Nydia. „Weißt du das gewiß?"

„Gewiß, mein schönes Kind. Aber was geht das dich oder uns an?"

Nydia zögerte einen Augenblick, legte dann die Blumen hin, rief den Sklaven und verließ das Haus, ohne ein weiteres Wort zu sagen.

Erst nachdem sie bereits den halben Weg zu Glaucus' Wohnung zurückgelegt hatte, brach sie das Stillschweigen, aber auch jetzt flüsterte sie nur leise vor sich hin: „Sie ahnt nichts, sie kann nichts von der Gefahr ahnen, in die sie gestürzt ist. Närrin, die ich bin — soll ich sie retten? Ja, denn ich liebe Glaucus mehr als mich selbst.“

Als sie vor dem Haus des Atheners ankam, erfuhr sie, er sei mit einer Gesellschaft Freunde ausgegangen, niemand wisse, wohin. Wahrscheinlich werde er vor Mitternacht nicht zurückkehren.

Die Thessalierin seufzte, sank auf einen Stuhl in der Halle und bedeckte das Gesicht mit den Händen, wie um ihre Gedanken zu sammeln. „Es ist keine Zeit zu verlieren“, dachte sie und fuhr auf.

Sie wandte sich zu dem Sklaven, der sie hergeführt hatte. „Ist dir bekannt“, fragte sie, „ob Jone etwa einen Verwandten oder einen Freund in Pompeji hat?“

„Beim Jupiter“, antwortete der Sklave, „wie einfältig du fragst! Jeder in Pompeji weiß, daß Jone einen Bruder hat, der jung und reich und — unter uns gesagt — Narr genug war, ein Isispriester zu werden.“

„Ein Isispriester! Wie heißt er?“

„Apäcides.“

„So weiß ich alles“, flüsterte Nydia. „Bruder und Schwester sollen also Opfer werden. Apäcides! Ja, das war der Name, den ich hörte. So kennt er also die Gefahr, die seine Schwester umlauert genau. Ich will zu ihm.“

Bei diesem Gedanken sprang sie auf, ergriff den Stab und eilte nach dem benachbarten Tempel der Isis. Bis sie unter die Obhut des freundlichen Griechen gekommen war, hatte dieser Stab ausgereicht, das arme, blinde Mädchen von einem Ende Pompejis zum anderen zu leiten. Jede Straße, jede Biegung in den besuchteren Teilen der Stadt war ihr bekannt, und da die Einwohner eine zarte, halb abergläubische Verehrung gegen Blinde hegten, so hatten die Vorübergehenden ihren Schritten stets Platz gemacht.

Seit sie sich jedoch unter dem Dach des Glaucus befand, war von ihm ein Sklave beauftragt, sie überallhin zu begleiten. Indessen brauchte Nydia seine Hilfe wenig, um ihren Weg zu dem vielbesuchten Isistempel zu finden; der Raum davor war jetzt leer, und ohne Hindernis gelangten sie bis vor das heilige Gitter.

„Es ist niemand da“, sagte der fette Sklave. „Was oder wen willst du? Weißt du nicht, daß die Priester nicht im Tempel wohnen?“

„Rufe!“ erwiderte sie ungeduldig. „Nacht und Tag hat wenigstens ein Priester die Wache an den Altären.“

Der Sklave rief — niemand erschien.

„Siehst du, niemand?"

„Niemand."

„Du irrst dich. Ich höre ein Seufzen. Schau dich noch einmal um!"

Verwundert und murrend blickte der Sklave mit blöden Augen umher und erkannte endlich vor einem der Altäre eine in Nachdenken versunkene Gestalt.

„Ich sehe jemand", sagte er, „und nach den weißen Kleidern ist es ein Priester."

„O Flamme der Isis", rief Nydia, „Diener der Gottheit, höre mich!"

„Wer ruft?" fragte eine dumpfe Stimme.

„Jemand, der keine gewöhnliche Nachricht an einen eurer Priester zu bringen hat. Ich komme, Orakel zu geben, nicht zu empfangen."

„Mit wem willst du sprechen? Dies ist keine Stunde für dein Anliegen. Geh, störe mich nicht."

„Ich glaube, ich kenne diese Stimme. Du bist der, den ich suche, obwohl ich dich früher nur einmal sprechen gehört habe. Bist du nicht Apäcides?"

„Der bin ich", erwiderte der Priester, indem er vom Altar aufstand und sich dem Gitter näherte.

„Du bist es, gelobt seien die Götter!" Damit winkte sie dem Sklaven, sich etwas zurückzuziehen.

„Bist du wirklich Apäcides?"

„Wenn du mich kennst, kannst du dir nicht meine Gesichtszüge zurückrufen?"

„Ich bin blind, meine Augen liegen in meinem Gehör, und dieses erkennt dich, aber schwöre, daß du es bist."

„Bei den Göttern schwör' ich's, bei meiner rechten Hand und beim Mond."

„Pst! Sprich leise, beug dich zu mir, gib mir deine Hand. Kennst du Arbaces? Hast du Blumen zu den Füßen jenes Toten niedergelegt? Hör noch — hast du das furchtbare Gelübde abgelegt?"

„Wer bist du, woher kommst du, blasses Mädchen?" fragte Apäcides bestürzt. „Ich kenne dich nicht. Ich habe dich früher nie gesehen."

„Aber meine Stimme hast du vernommen. Doch das gehört nicht hierher. Du hast eine Schwester?"

„Was ist mit ihr?“

„Du kennst die Feste des Todes. Es vergnügt dich vielleicht, daran teilzunehmen. Würde es dir auch gefallen, wenn deine Schwester daran teilnähme? Würde es dir gefallen, wenn Arbaces sie bewirtete?“

„Das darf er nicht! Mädchen, wenn du deinen Spott mit mir treibst, so zittere. Ich zerreiße dich Glied um Glied.“

„Ich spreche die Wahrheit, und während ich spreche, ist Jone in den Hallen des Arbaces. — Leb wohl! Ich habe erfüllt, wozu ich verpflichtet war.“

„Halt! Halt!“ rief der Priester, mit der bleichen Hand über die Stirn fahrend, „wenn es wahr ist, was kann zu ihrer Rettung geschehen? Vielleicht läßt man mich nicht ein. Ich kenne nicht alle Irrgänge des Gebäudes.“

„Ich will den Sklaven dort fortschicken. Sei du mein Führer und Gefährte. Ich will dich an die geheime Tür des Hauses bringen. Nimm eine Waffe.“

„Warte einen Augenblick“, erwiderte Apäcides und wandte sich in eine der Seitenzellen des Tempels. Nach wenigen Augenblicken erschien er wieder, in einen weiten Mantel gehüllt, der seine Priesterkleidung verbarg. „Nun“, sprach er zähneknirschend, „wenn Arbaces gewagt hat — aber dazu erfrecht er sich nicht! Ist er ein so niedriger Bösewicht? Ich will es nicht glauben. O Götter — schützt! Still! Gibt es denn Götter? Ja, eine Göttin gibt es, deren Stimme mir zu Gebot steht: die Rache!“

8

Als Jone die geräumige Halle des Ägypters betrat, drängte sich ihr derselbe Schauer auf, der auch ihren Bruder befallen hatte.

Der lange äthiopische Sklave grinste ihr beim Eintritt zu und deutete ihr durch einen Wink an, weiterzugehen. Auf halbem Weg in der Halle trat ihr Arbaces selbst entgegen, in festlichem, von Juwelen schimmerndem Gewand. Trotz des hellen Tages war das Gebäude, der Sitte jener Zeit gemäß, verdunkelt, und die Lampen warfen ihr stilles, duftendes Licht über den reichen Boden und an die mit Elfenbein ausgelegte Decke.

„Schöne Jone“, begann Arbaces, indem er sich niederbeugte,

um ihre Hand zu fassen, „du hast den Tag verfinstert, deine Augen erleuchten diese Hallen, dein Atem erfüllt sie mit Wohlgerüchen.“

„Du sollst so nicht zu mir sprechen“, erwiderte Jone lächelnd, „du warst es, der mich lehrte, Schmeicheleien zu verachten. Willst du deine Lehren Lügen strafen?“

In Jones Benehmen lag etwas so Freies und Bezauberndes, als sie diese Worte aussprach, daß der Ägypter verliebter und geneigter denn je wurde, den Fehler von neuem zu begehen, dessentwegen er soeben gerügt worden war.

Er führte sie durch die verschiedenen Gemächer seines Hauses, das in ihren Augen, die an keine andere Pracht gewöhnt waren als die einfache Eleganz der campanischen Städte, die Reichtümer der ganzen Welt zu enthalten schien. An den Wänden hingen Gemälde von unschätzbarem Wert. Die Lampen beleuchteten Statuen aus der edelsten Zeit Griechenlands. Juwelenkästchen, jedes Kästchen selbst wie ein Juwel, füllten die Zwischenräume der Säulen; die kostbarsten Holzarten dienten zu Schwellen und Türen. Zuweilen befanden sie sich allein in diesen Gemächern, zuweilen gingen sie durch Reihen schweigender Sklaven, die vor Jone auf die Knie fielen und ihr Armbänder, Ketten, Diamanten zum Geschenk boten, zu deren Annahme der Ägypter sie vergebens zu bewegen versuchte.

„Oft“, sprach sie mit Erstaunen, „habe ich gehört, daß du wohlhabend seiest. Aber nie ließ ich mir träumen, wie groß dein Reichtum sei.“

„Könnt ich sie doch alle“, erwiderte der Ägypter, „zu einer einzigen Krone verschmelzen, die ich auf diese weiße Stirn setzte.“

„Ach, das Gewicht würde mich zermalmen“, antwortete Jone lachend.

Indessen fühlte sich Jone im geheimen etwas unbehaglich. Mit jenem zarten Takt, den nur Frauen besitzen, suchte sie die berechnet abgeschossenen Pfeile zu parieren und den Sinn seiner stets wärmer werdenden Worte wegzulachen oder wegzuplaudern.

Als sie in einer mit weißen, silbergestickten Draperien behangenen Halle standen, klatschte Arbaces plötzlich in die Hände, und wie durch Zauber stieg ein Tisch aus dem Boden empor. Zugleich erhob sich ein Sofa oder Thron mit einem Baldachin vor

Jone und im nächsten Augenblick ertönte hinter den Vorhängen eine unsichtbare, weiche Musik.

Arbaces setzte sich zu Jones Füßen, und Kinder, jung und schön wie Liebesgötter, warteten bei dem Mahl auf.

Das Festmahl war vorüber, die Musik sank zu einem leisen, gedämpften Ton herab und der Wirt wandte sich also an seinen reizenden Gast: „Hat dich in dieser dunklen, unwissenden Welt nie verlangt, über das Jetzt hinauszublicken? Hast du nie gewünscht, den Schleier der Zukunft zu heben und an dem Uferrand des Schicksals das Schattenbild dessen, was da kommen soll, zu sehen? Denn nicht nur die Vergangenheit hat ihre Gespenster, auch das, was erst geschehen wird, hat seinen Schatten. Kommt die rechte Stunde, so wird er von Leben durchdrungen, wird körperlich und wandelt in der Welt umher."

„Geht deine Weisheit so weit?"

„Willst du mein Wissen erproben, Jone, und das Bild deiner eigenen Zukunft erblicken?"

Jone zitterte, sie dachte an Glaucus und seufzte unter dem Zittern. Sollten ihre Lose vereint werden? Halb ungläubig, halb glaubend, halb von Ehrfurcht, halb von Schreck bei den Worten ihres seltsamen Gastgebers ergriffen, blieb sie einige Augenblicke still und erwiderte dann: „Es könnte mich scheu machen — die Kunde der Zukunft wird mir vielleicht die Gegenwart nur verbittern."

„Nicht so, Jone, ich selbst habe bereits auf dein künftiges Geschick geblickt. Die Geister deiner Zukunft wandeln in den sonnigen Gärten Elysiums. Unter Rosen winden sie die Kränze deiner Zukunft, und die Schicksalsgöttinnen, so streng gegen andere, weben für dich nur ein Gewebe von Seligkeit und Liebe. Willst du kommen und dein Geheimnis schauen, sodaß du es im voraus genießest?"

Abermals flüsterte das Herz Jones den Namen Glaucus. Sie sprach ein kaum hörbares Ja. Der Ägypter stand auf, nahm sie bei der Hand und führte sie durch das Zimmer. Wie von Geisterhänden schoben sich die Vorhänge auf die Seite und die Musik ging in eine lautere, freudigere Weise über. Die beiden traten durch eine Säulenreihe, zu deren beiden Seiten Fontänen ihr duftendes Wasser emporwarfen, und stiegen auf einer breiten Treppe in einen Garten hinunter, der Mond stand bereits hoch am Himmel.

„Wohin willst du mich führen, Arbaces?" fragte Jone verwundert.

„Nur dorthin", erwiderte er, auf ein kleines Gebäude zeigend, das die Aussicht schloß. „Es ist ein den Schicksalsgöttinnen geweihter Tempel — unser Vorhaben verlangt heiligen Boden."

Sie traten in eine schmale Vorhalle, deren Hintergrund mit einem schwarzen Vorhang verhüllt war. Arbaces hob ihn hoch. Jone trat ein und befand sich in vollkommener Finsternis.

„Sei unbesorgt", sagte er, „es wird sogleich hell werden." Noch während dieser Worte verbreitete sich stufenweise ein sanftes, warmes Licht. Es schien Jone, als umgebe sie ein ringsum schwarzbehangenes Gemach von mäßiger Größe. Ein Sofa von derselben Farbe stand neben ihr. Mitten im Zimmer stand ein kleiner Altar, davor ein Dreifuß von Erz. An der einen Wand trug eine hohe granitene Säule ein kolossales Haupt von schwarzem Marmor, das sie an dem Kranz von Weizenähren, der die Stirn umgab, als die große ägyptische Göttin erkannte. Arbaces hatte sich dem Altar genähert, seinen eigenen Kranz darauf niedergelegt und sodann den Inhalt einer ehernen Vase auf den Dreifuß ausgegossen. Sogleich schoß eine blaue Flamme auf. Der Ägypter zog sich an Jones Seite zurück, murmelte einige Worte in einer ihr unverständlichen Sprache und bebend wogte der Vorhang vor dem Altar hin und her — er teilte sich langsam, und durch die also entstandene Öffnung erblickte Jone eine undeutliche, bleiche Landschaft, die jedoch allmählich klarer und heller wurde. Endlich unterschied sie deutlich Bäume, Flüsse, Auen und die ganze Mannigfaltigkeit einer überaus reizenden Gegend. Zuletzt glitt ein Schatten im Vordergrund hin und blieb Jone gegenüber stehen. Langsam schien derselbe Zauber, der auf den übrigen Schauplatz eingewirkt, auch auf dieses Phantom seine Macht auszuüben: es nahm Form und Gestalt an, und siehe da, in Gestalt und Gesichtszügen erkannte Jone sich selbst!

Jetzt schwand die Szene hinter dem Schatten und das Bild eines Palastes trat an ihre Stelle. Ein Thron erhob sich mitten darin. Rund um ihn reihten sich die trüben Gestalten von Sklaven und eine bleiche Hand hielt ein Diadem über den Thron.

Eine neue Figur erschien. Sie war von Kopf bis Fuß in ein dunkles Gewand gehüllt, so daß man weder das Gesicht noch die Umrisse des Körpers unterscheiden konnte. Sie kniete vor Jones Schattenbild nieder, faßte dessen Hand und zeigte nach dem Thron, als lade sie zur Besteigung desselben ein.

Das Herz Jones schlug heftig.

„Soll ich den Schatten enthüllen?“ flüsterte die Stimme neben ihr.

„Ja“, antwortete Jone sanft.

Arbaces erhob die Hand — die Gestalt warf den verhüllenden Mantel ab und Jone schrie laut auf: Es war Arbaces selbst, der vor ihr kniete.

„Das ist wirklich dein Schicksal“, flüsterte ihr von neuem die Stimme des Ägypters ins Ohr. „Du bist bestimmt, die Braut des Arbaces zu werden.“

Jone fuhr zusammen; der schwarze Vorhang schloß sich über dem Truggebilde, und Arbaces selbst, der wirkliche, lebendige Arbaces, lag zu ihren Füßen.

„Jone“, rief er, leidenschaftlich zu ihr aufblickend, „höre einen Menschen, der lange vergebens mit seiner Liebe gerungen hat. Ich bete dich an! Das Schicksal lügt nicht — du bist bestimmt, die meinige zu werden! Die ganze Welt habe ich durchsucht und nichts gleich dir gefunden. Von Kindheit an habe ich mich nach einem Wesen wie du gesehnt. Ich lebte im Traum, bis ich dich sah, ich wache auf und sehe dich. Wende dich nicht von mir, Jone, denke nicht von mir, wie du bisher gedacht. Ich bin nicht das kalte, fühllose Wesen, das ich dir geschienen. Nie wurde ein Weib so hingebungsvoll, so leidenschaftlich geliebt, wie ich dich lieben werde. Jeder Wunsch, den du hast, soll erfüllt werden. Glanz, Pracht, Herrlichkeit sollen dir zu Gebote stehen. Arbaces soll keinen anderen Ehrgeiz kennen, als dir zu gehorchen.“

Allein und in der Gewalt des seltsamen, furchtbaren Mannes fühlte Jone gleichwohl noch keine Angst. Die Ehrerbietung in seinen Ausdrücken, die Sanftheit seiner Stimme gaben ihr Mut und sie empfand ihren Schutz in ihrer eigenen Reinheit. Aber sie war verwirrt — erstaunt.

„Steh auf, Arbaces“, sprach sie endlich und ließ ihm wieder ihre Hand, die sie jedoch ebenso schnell zurückzog, als sie den brennenden Druck seiner Lippen darauf fühlte. „Steh auf, und wenn es dir Ernst ist, wenn du die Wahrheit sprichst ...“

„Wenn!“ rief er zärtlich.

„Höre, du bist mein Vormund, mein Freund, mein Berater gewesen, auf diesen neuen Namen aber war ich nicht vorbereitet. Denk nicht“, fügte sie schnell hinzu, als sie seine dunklen Augen von der Wut der Leidenschaft funkeln sah, „denk nicht, daß ich mich von dieser Huldigung nicht geehrt fühle, aber sprich — kannst du mich ruhig hören?“

„Ja, wären deine Worte auch Blitze und zerschmetterten mich!“

„Ich liebe einen andern!“ sprach Jone errötend, aber mit fester Stimme.

„Bei den Göttern — bei der Hölle!“ schrie Arbaces, sich zu seiner vollen Höhe emporrichtend, „wage nicht, mir so etwas zu sagen! Es ist Frauenempfindung, Frauenlist, was aus dir spricht. Du möchtest Zeit gewinnen, ich habe dich überrascht, habe dich erschreckt. Verfahr mit mir, wie du willst — sag, du liebtest mich nicht, aber sag nicht, du liebtest einen andern!“

„Ach . . .“, hob Jone an, aber erschüttert von seiner unerwarteten Heftigkeit brach sie in Tränen aus.

Arbaces trat näher auf sie zu, sein Atem brannte wild auf ihrer Wange, er schlang seine Arme um sie. Sie riß sich aus seiner Umarmung los. In diesem Kampf entfiel ihr ein Brief. Arbaces bemerkte ihn und griff danach — es war das Schreiben, das sie am Morgen von Glaucus erhalten. Jone sank auf das Sofa, halbtot vor Schrecken.

Rasch überflog Arbaces den Inhalt, Jone wagte nicht, ihn anzusehen. Sie bemerkte die Totenblässe nicht, die in sein Gesicht trat — sie sah weder die Falten auf seiner Stirn, noch das Beben seiner Lippen, noch den Krampf, der seine Brust hob. Er las bis zu Ende und sagte dann, indem der Brief seiner Hand entfiel, mit einem Ton scheinbarer Ruhe:

„Ist der Schreiber dieses Briefes der Mann, den du liebst?“

Jone schluchzte, gab aber keine Antwort.

„Sprich!“ rief er mit schneidender Stimme.

„Er ist es!“

„Und sein Name — er steht hier geschrieben —, sein Name ist Glaucus.“

Jone blickte mit gefalteten Händen umher, wie um Hilfe oder Gelegenheit zur Flucht.

„Hör mich denn“, sprach Arbaces, seine Worte zu einem Flüstern herabsenkend, „eher sollst du in dein Grab als in seine Arme. Wie? Glaubst du, Arbaces werde einen Nebenbuhler wie diesen ärmlichen Griechen dulden? Glaubst du, er habe die Frucht reifen lassen, um sie einem anderen abzutreten? Nein, süßes Närrchen! Du bist mein — ganz — einzig mein — und so fasse ich dich und mache mein Recht auf dich geltend.“

Jone aber gewann durch die Verzweiflung übernatürliche Kraft. Von neuem riß sie sich von ihm los — stürzte in Richtung des Zimmers, durch das sie eingetreten waren, und zog den Vorhang halb zurück. Ihr Verfolger faßte sie zum drittenmal — wieder entwand sie sich ihm und sank erschöpft und mit einem lauten Schrei am Fuß der Säule nieder, die das Haupt der ägyptischen Göttin trug. Arbaces hielt einen Augenblick still, wie um Atem zu schöpfen, und schoß abermals auf seine Beute los.

In diesem Augenblick wurde der Vorhang zur Seite gerissen und der Ägypter fühlte sich von einer starken Faust an der Schulter gepackt. Er wandte sich um und erblickte die blitzenden Augen des Atheners und das starre, drohende Gesicht des Apäcides.

„Ihr“, murmelte er, die beiden anstarrend, „welche Furie hat euch hergesandt?“

„Ate!“ erwiderte Glaucus und warf sich auf den Ägypter. Unterdessen hob Apäcides die ohnmächtig gewordene Schwester vom Boden auf. Seine Kraft reichte nicht aus, Jone, trotz der Leichtigkeit und Zartheit ihrer Gestalt, fortzutragen. Er legte sie daher auf das Ruhebett, stellte sich mit erhobenem Dolch neben sie und sah dem Kampf zwischen Glaucus und dem Ägypter zu, bereit, seine Waffe in die Brust des Gegners zu senken, sollte er der Sieger sein. Beide Gegner hielten sich jetzt eng umfaßt, die Hand eines jeden die Kehle des anderen suchend, die Gesichter zurückgebogen, die Augen rachefunkelnd, die Muskeln angespannt, die Adern geschwollen, die Lippen offen, die Zähne zusammengebissen. Beide besaßen eine über das gewöhnliche Maß hinausgehende Stärke, beide waren von Wut beseelt. Sie krümmten und wanden sich, wankten hin und her, drängten sich von einem Ende ihres beengten Kampffeldes zum andern, jetzt waren sie vor dem Altar, jetzt am Fuß der Säule, wo der Kampf begonnen hatte. Sie wichen auseinander, um Atem zu schöpfen. Arbaces lehnte sich an die Säule. Glaucus stand einige Schritte weiter entfernt.

„Heilige Göttin“, rief Arbaces, die Säule umfassend und erhob die Augen gegen das Bild, das sie trug, „schütze deinen Erwählten, verkünde deinen Zorn gegen diesen Knecht eines aufgeschossenen Glaubens, der mit tempelschänderischer Gewalttat dein Heiligtum entweiht und deinen Diener anfällt.“

Indem er sprach, schienen die stillen, mächtigen Züge der Göttin plötzlich von Leben durchglüht zu werden. Hell zuckte durch den schwarzen Marmor wie durch einen durchsichtigen Schleier eine rote, schimmernde Farbe, um den Kopf spielten und züngelten bläuliche Flämmchen — die Augen wurden wie Bälle brennenden Feuers und schienen in verderbendem Zorn auf das Gesicht des Griechen gewandt. Erschreckt von dieser plötzlichen wunderbaren Antwort auf das Gebet seines Feindes und nicht frei von ererbtem Aberglauben seines Volkes, erblaßte Glaucus bei der seltsamen, schauerlichen Belebung des Marmors — seine Knie zitterten, von heiligem Grauen ergriffen stand er kraftlos, betäubt, vor dem Gegner. Arbaces ließ ihm nicht Zeit, sich von der Erschütterung zu erholen. „Stirb, Elender!“ rief er mit Donnerstimme und sprang auf den Griechen los, „die Große Mutter fordert dich als lebendes Opfer.“ Glaucus versuchte eine Abwehrbewegung, verlor dabei — der Marmorboden war so glatt wie Glas — den Halt, glitt aus und fiel. Arbaces setzte seinen Fuß auf den gestürzten Gegner. Apäcides, durch sein Priesteramt gegen alle wunderhafte Einmischung mißtrauisch gemacht, hatte den Schrecken seines Genossen nicht geteilt. Er stürzte vorwärts und sein Dolch funkelte in der Luft. Der wachsame Ägypter jedoch packte den niederfahrenden Arm. Ein Ruck seiner mächtigen Hand entriß die Waffe dem schwachen Griff des Priesters, ein ausgeholter Schlag streckte ihn zu Boden. Mit lautem Freudenruf schwang Arbaces das Messer empor. Glaucus sah dem nahenden Schicksal mit der strengen, verachtenden Unterwerfung eines gefallenen Gladiators entgegen — da erschütterte in diesem furchtbaren Augenblick den Boden unter ihnen ein Stoßen und Rollen. Ein mächtigerer Geist als der des Ägypters war gekommen — eine riesenhafte, zermalmende Gewalt, vor der seine Leidenschaft und seine Künste zu plötzlicher Ohnmacht herabsanken. Der furchtbare Dämon des Erdbebens hatte sich aufgerichtet und verlachte die Zauberei menschlicher List wie den Grimm menschlichen Zorns. Wie ein Titan, auf den Berge getürmt sind, stieg er aus langjährigem Schlaf empor, regte sich auf seinem Lager, und die Höhlen drunten stöhnten und zitterten unter dem Wälzen seiner Glieder. Weithin unter dem Boden lief ein hohles, zusammenstürzendes Getöse — die Vorhänge des Tempels flatterten wie vom Wehen eines Sturmes —, der Altar wankte. Der Dreifuß bebte, und hoch über dem Kampfplatz zitterte kreisend die Säule, das dunkle Haupt der Göttin taumelte und stürzte von seinem Gestell. Und eben als der Ägypter sich über sein Opfer niederbeugte, traf die Marmormasse den Gebückten zwischen Schulter und

Nacken! Der Schlag streckte ihn jählings, ohne Laut, Bewegung oder Lebenszeichen zu Boden.

„Die Erde hat ihre Kinder bewahrt", rief Glaucus, sich mühsam aufrichtend. „Gesegnet sei ihre furchtbare Zuckung! Laß uns die Hilfe der Götter verehren!"

Er half Apäcides aufstehen und wandte dann das Gesicht des Arbaces empor. Der Tod schien ihm sein Siegel aufgedrückt zu haben, Blut strömte aus den Lippen auf die glänzenden Kleider herab, schwer fiel er aus Glaucus' Armen zurück. Neuerlich bebte die Erde unter ihren Füßen. Sie mußten sich aneinander klammern. Die Erschütterung ließ ebenso schnell nach, wie sie gekommen. Sie verweilten nicht länger, Glaucus trug Jone in den Armen fort und sie flohen von der unheiligen Stätte.

DRITTES BUCH

1

Es war früh am Mittag und das Forum von Geschäftigen und Müßigen vollgedrängt.

Indem Olinth langsam durch das Gewühl hinschritt und eben einen von den weniger überfüllten Ausgängen des Forums erreicht hatte, bemerkte er, daß ihn ein bleiches, ernstes Gesicht, das er sogleich erkannte, scharf ansah.

In einen Überwurf gehüllt, der seine heiligen Gewänder zum Teil verbarg, betrachtete der junge Apäcides den Jünger der neuen, geheimnisvollen Lehre.

„Ist auch er ein Betrüger? Macht dieser Mensch, so einfach und unscheinbar in Leben, Kleidung und Aussehen, macht auch er wie Arbaces die äußerliche Strenge zum Mantel der Sinnlichkeit? Verbirgt der Schleier der Vesta die Laster des Ausschweifenden?"

Olinth erriet vielleicht aus dem Gesicht etwas von dem, was in dem Priester vorging. Mit heiterer, offener Aufrichtigkeit gab er den Blick des Priesters zurück.

„Friede sei mit dir!" sprach er grüßend.

„Friede?" wiederholte der Priester mit hohler Stimme.

„In diesem Wunsch", fuhr Olinth fort, „ist alles Gute vereinigt. Ohne Tugend kannst du keinen Frieden haben. Friede, junger Mann, ist das Lächeln der Seele. Friede sei mit dir!"

„Ach!" hob Apäcides an, wurde aber hier das Angaffen der neugierigen Umherschlenderer gewahr, brach ab und fügte dann mit leiser Stimme hinzu: „Wir können hier nicht miteinander sprechen, ich will dir ans Ufer des Flusses nachkommen. Dort ist ein Spazierweg, der um diese Zeit gewöhnlich von niemandem besucht wird."

Olinth nickte zustimmend. Mit hastigem Schritt, aber aufmerksam ging er durch die Straßen. Da und dort wechselte er einen bedeutsamen Blick, ein leichtes Zeichen mit einem der Vorübergehenden, der seiner Kleidung nach gewöhnlich zu den niederen Ständen gehörte; denn das Christentum war so geartet, daß der Same seiner Lehre in den Herzen der Unangesehenen und Minderen wucherte.

2

„Aber sag mir, Glaucus“, sprach Jone, als sie in ihrer Luxusbarke den kräuselnden Sarnus hinabglitten, „wie erschienst du mit Apäcides zu meiner Befreiung von dem schändlichen Mann?“

„Frag Nydia dort“, entgegnete der Athener und zeigte auf das blinde Mädchen, das in einiger Entfernung gedankenvoll auf ihre Leier gelehnt saß. „Ihr gehört dein Dank, nicht uns. Es scheint, daß sie in meine Wohnung kam und deinen Bruder aus dem Tempel herbeiholte, da sie mich nicht zu Hause fand. Er ging mit ihr zu Arbaces. Unterwegs begegneten sie mir mit einer Gesellschaft von Freunden, denen ich mich in der Freude über deinen liebevollen Brief beigesellt hatte. Nydias scharfes Ohr vernahm meine Stimme. Wenige Worte reichten aus, mich deinem Bruder anzuschließen. Ich sagte meinen Freunden nicht, warum ich sie verlasse, konnte ich deinen Namen ihren leichten Zungen und geschwätzigen Mutmaßungen anvertrauen? Das Mädchen führte uns zu dem Gartentor, wir traten ein und waren eben im Begriff, uns in die Geheimnisse des verruchten Hauses zu stürzen, als wir deinen Angstschrei von einer anderen Seite vernahmen. Das übrige weißt du.“

Jone errötete tief, sie erhob dann die Augen gegen Glaucus und er fühlte den ganzen Dank, den sie nicht auszusprechen vermochte.

„Komm her, Nydia“, wandte sie sich zärtlich zu der Thessalierin. „Sagte ich dir nicht, du solltest meine Schwester und Freundin sein? Bist du mir nicht bereits mehr gewesen — eine Schützerin, eine Retterin?“

„Es will nichts sagen“, erwiderte Nydia kalt, ohne aufzustehen.

„Ach, ich vergaß“, fuhr Jone fort, „daß ich zu dir kommen muß.“ Damit ging sie längs der Schiffsbänke hin, bis sie an die Stelle kam, wo Nydia saß, und schlang ihren Arm liebkosend um sie.

Nydia war an diesem Tag blasser als gewöhnlich und ihr Gesicht wurde noch farbloser, als sie die Umarmung der schönen Jone geschehen ließ.

„Gestehe, daß ich recht hatte, Nydia", sagte Glaucus, „als ich dich bewog, diesen schönen Tag nicht in deinem Zimmer zuzubringen — gestehe, daß ich doch recht hatte."

„Du hattest recht, Glaucus", erwiderte Nydia kurz. „Wie ruhig scheinen die Wolken am Himmel zu schweben, und doch sagst du zu mir, denn ich selbst wußte nichts davon, die Erde habe gestern nacht unter uns gebebt."

„So ist's, und wie man sagt, war der Stoß heftiger als je seit der großen Erschütterung vor sechzehn Jahren: das Land, in dem wir wohnen, hegt noch immer geheimnisvolle Schrecknisse, und das Reich des Pluto, das sich unter unseren brennenden Feldern hinzieht, scheint von unsichtbarem Streit zerrissen. Fühltest du gestern abend an dem Ort, wo du saßest, das Erdbeben nicht?"

„Ich fühlte den Boden unter mir sich regen und heben wie eine ungeheure Schlange", antwortete Nydia, „aber da ich nichts sah, wurde mir nicht angst. Ich glaubte, die Erschütterung sei ein Zauber des Ägypters. Man sagt, er habe Macht über die Elemente."

„Du bist eine Thessalierin, Nydia, und hast ein Vorrecht, an Magie zu glauben."

„Magie — wer könnte sie bezweifeln? Etwa du?"

„Bis vorige Nacht, wo mich ein geistesbeschwörendes Wunder in der Tat erschreckte, glaubte ich an keine andere Magie als die der Liebe", entgegnete Glaucus mit bebender Stimme, die Augen auf Jone geheftet.

„Ach!" rief Nydia mit einer Art Schauder und griff mechanisch ein paar Töne auf ihrer Leier. Der Laut paßte zu der Ruhe des Meeres und der sonnigen Stille des Mittags.

„Spiel uns, liebe Nydia", sagte Glaucus, „eines von deinen alten thessalischen Liedern, das von Liebe handelt."

„Willst du, daß ich dir von Liebe singe?" fragte sie, ihre blinden Augen auf Glaucus gerichtet.

„Ja", erwiderte er und sah zu Boden.

Sie rückte ein wenig aus dem noch immer um sie geschlungenen Arm Jones weg, als ob diese sanfte Umfassung ihr hinderlich wäre, setzte sofort ihr leichtes, anmutiges Instrument auf die Knie und sang nach kurzem Vorspiel ein Lied.

„Du singst ein trauriges Lied, süßes Mädchen", sagte Glaucus, „bis jetzt fühlt deine Jugend nur den dunklen Schatten der Liebe.

Sie erweckt eine ganz andere Begeisterung, wenn sie uns wirklich erleuchtet.“

„Ich singe, wie man mich's gelehrt hat“, erwiderte Nydia seufzend.

„Wie wunderlich“, bemerkte Jone, das Thema ändernd, das sie ebensosehr beklommen machte als entzückte, „daß schon seit mehreren Tagen jene Wolke bewegungslos über dem Vesuv hängt, eigentlich nicht bewegungslos, denn zuweilen wechselt sie ihre Form, und eben jetzt dünkt sie mir wie ein ungeheurer Riese, der einen Arm über die Erde ausstreckt. Kommt sie auch dir so vor — oder liegt das Bild bloß in meiner Phantasie?“

„Auch ich sehe es, schöne Jone. Die Ähnlichkeit ist wirklich zum Erstaunen. Der Riese scheint auf dem Gipfel des Berges zu sitzen, die verschiedenen Schatten der Wolke bilden sein weißes, weites Gewand um Brust und Glieder her. Mit finsterem Gesicht scheint er auf die Stadt unten zu blicken, mit der einen Hand, wie du sagst, auf ihre schimmernden Straßen zeigend, die andere gegen den Himmel erhebend.“

„Sollte dieser Berg in irgendeinem Zusammenhang mit dem Erdbeben von gestern nacht stehen? Man sagt, vor Jahrhunderten habe er Feuer ausgeworfen. Vielleicht lauern die zuckenden Flammen noch immer in seiner Tiefe.“

„Wohl möglich“, erwiderte Glaucus nachdenkend.

„Du sagst, du glaubst nicht an Magie?“ fragte plötzlich Nydia. „Ich habe gehört, eine mächtige Zauberin wohne in den verbrannten Höhlen des Berges. Jene Wolke ist vielleicht der dunkle Schatten des Dämons, mit dem sie Zwiesprache hält.“

„Ist dir das Köpfchen doch voll von der Wundersucht deines Vaterlandes Thessalien“, bemerkte Glaucus. „Du bist eine seltsame Mischung von Verstand und widerstreitendem Aberglauben.“

„Im Dunkeln ist man immer abergläubisch“, erwiderte Nydia.

Unter solchen Gesprächen brachten sie die Stunden dahin; die Liebenden nur des Glanzes und des Lächelns der Liebe bewußt, das blinde Mädchen nur die Dunkelheit, die Qual, nur den Sturm der Eifersucht und ihre Schmerzen fühlend.

Wie sie so hinglitten, ergriff Glaucus die Laute und entlockte ihren Saiten mit leichter Hand ein so aus dem Innersten kommendes, so freudig schönes Lied, daß selbst Nydia aus ihren Träumen erwachte und in einen Ruf der Bewunderung ausbrach.

3

Während Apäcides von fern folgte, erreichte der Nazarener das Ufer des Sarnus. Der Fluß war bedeckt mit zahllosen Fahrzeugen und in seinem Wasser spiegelten sich Gärten, Weinberge, Paläste und Tempel Pompejis. Von seinem geräuschvollen, menschenwimmelnden Gestade lenkte Olinth die Schritte einem Pfad zu, der in geringer Entfernung durch ein schattiges Gehölz hinlief.

„Bist du, seit du mich so plötzlich verließest, glücklich gewesen?“ fragte Olinth. „Hat dein Herz Befriedigung gefunden unter diesem Priestergewand? Hast du in deiner Sehnsucht nach der Stimme Gottes dir aus den Orakeln der Isis Trost schöpfen können? Dieser Seufzer, dieses abgewandte Gesicht geben mir eine Antwort, wie sie meine Seele voraussagte.“

„Ach“, erwiderte Apäcides niedergeschlagen, „du siehst einen unglücklichen, zerrissenen Menschen vor dir! Von Kindheit an hab' ich die Heiligkeit der Männer beneidet, die in Höhlen und einsamen Tempeln die Gemeinschaft höherer Wesen erlangten. Meine Tage verzehrten sich in fieberhafter, unbestimmter Sehnsucht, meine Nächte unter täuschenden Traumgesichten. Verführt durch die geheimnisvollen Verkündigungen eines Betrügers, legte ich diese Gewänder an. Meine Natur — ich gesteh' es dir offen — empörte sich über das, was ich sah und woran teilzunehmen ich gezwungen war! Nach Wahrheit strebend, wurde ich zum Diener der Lüge. Jetzt aber ist der Schleier von meinen Augen gerissen — ich sehe einen Schurken, wo ich einen Gott zu gehorchen glaubte. Die Erde dunkelt mir vor den Blicken, ich liege im tiefsten Abgrund der Finsternis. Ich weiß nicht, ob es da oben Götter gibt, ob wir Geschöpfe des Zufalls sind, ob nach dem beschränkten Jetzt ein Nachher oder eine Vernichtung folgt: teile mir denn deinen Glauben mit — löse mir diese Zweifel, wenn du wirklich die Macht dazu hast.“

„Ich wundere mich nicht“, versetzte der Nazarener, „daß du geirrt hast, in Zweifel gefallen bist. Vor achtzig Jahren hatte der Mensch noch keine Gewißheit von Gott oder von einer sicheren entschiedenen Zukunft jenseits des Grabes. Ein neues Gesetz ist verkündet worden, dem, der Ohren hat, zu hören — ein Himmel, ein wirklicher Olymp enthüllt sich dem, der Augen hat: merke denn auf und vernimm!“

Und mit dem großen Ernst eines Menschen, der selbst mit der vollen Glut des Herzens glaubt und ebensosehr strebt, andere zu bekehren, ergoß sich der Nazarener vor Apäcides in die Verheißungen der Schrift. Er sprach zuerst von den Leiden und Wunden Christi, von der glorreichen Auferstehung des Heilandes, von den klaren Prophezeihungen der Offenbarung. Er beschrieb den reinen, strahlenden Himmel, welcher der Gerechten wartet.

„Komm“, sagte der Nazarener, als er die Wirkung wahrnahm, die er hervorgebracht, „komm in die niedere Halle, in der wir uns versammeln — wenige Auserlesene und Erwählte. Hör dort auf unsere Gebete, nimm Anteil an unserem einfachen Opfer, das nicht aus Tieren oder Kränzen besteht, sondern aus reinen Gedanken, die auf dem Altar des Herzens dargebracht werden: solche Blumen sind unvergänglich. Sie blühen über uns, wenn wir nicht mehr sind, ja, sie begleiten uns über das Grab hinaus, sprossen am Himmel unter unseren Füßen auf und entzücken uns mit ewigem Duft. Solche Opfergaben sind überwundene Versuchungen und bereute Sünden. Komm! Verlier keinen Augenblick, bereite dich schon jetzt auf die große, ernste Reise von der Finsternis zum Licht, von der Trauer zur Freude, von der Verderbnis zur Unsterblichkeit! Das ist der Tag des Sohnes, ein Tag, den wir zu unserer Andacht besonders ausgesetzt haben. Welche Freude, welcher Triumph wird uns allen sein, wenn wir ein verirrtes Lamm retten können.“

Dem jungen Mann, der von Natur ein so reines Herz hatte, schien etwas unaussprechlich Edles und Liebevolles in dem Geist der Bekehrung zu liegen, der seinen Freund beseelte — ein Geist, der sein eigenes Glück in dem Wohlergehen anderer fand, dessen umfassende Nächstenliebe darauf ging, sich Gefährten für die Ewigkeit zu schaffen. Einen Augenblick hielt er an, warf einen Blick auf seine Kleidung, dachte an Arbaces, schauderte und erhob dann die Augen zu der Stirn des Nazareners, die aufmerksam auf sein Heil, seine Rettung bedacht schien. Da zog er den Mantel um sich, so daß er das Priestergewand gänzlich verhüllte, und sprach: „Geh voran, ich folge dir.“

Freudig drückte ihm Olinth die Hand, stieg dann mit ihm zum Ufer des Flusses hinunter und rief einen der Nachen, die dort beständig hin und her fuhren. Eine übergespannte Decke zum Schutz gegen die Sonne sicherte sie vor der Beobachtung anderer. Rasch durchschnitten sie das Wasser. An einer Stelle der Vorstadt, wo sich eine Reihe niedriger Häuser bis an das Gestade hinstreckte, erreichten sie das Ufer. Sie stiegen ans Land. Olinth ging durch einen Labyrinth von Gäßchen voran und hielt endlich mit dem Priester vor der verschlossenen Tür eines etwas größeren Hauses. Er klopfte dreimal an, die Tür ging auf und schloß sich wieder, sobald Apäcides seinem Führer über die Schwelle gefolgt war.

Sie gelangten in einen Innenraum von mäßiger Größe, der bei geschlossener Tür einzig Licht von einer über dem Eingang liegenden Öffnung erhielt. Olinth blieb an der Schwelle stehen, klopfte an und rief: „Friede sei mit euch." Eine Stimme von drinnen antwortete: „Friede mit wem?" — „Mit den Gläubigen", antwortete Olinth, und die Tür ging auf. Zwölf bis vierzehn Personen saßen schweigend im Halbkreis und, wie es schien, in tiefen Gedanken. Ihnen gegenüber stand ein roh aus Holz geschnitztes Bild des Gekreuzigten.

Ohne zu sprechen, erhoben sie bei Olinths Eintritt die Augen, der Nazarener selbst kniete nieder, ehe er sie anredete, und aus seinen sich bewegenden Lippen und dem fest auf das Kruzifix gehefteten Blick schloß Apäcides, daß er im stillen bete. Nachdem er diesem heiligen Brauch Genüge getan, wandte sich Olinth an die Versammelten.

„Männer und Brüder", sprach er, „erschreckt nicht, einen Priester der Isis unter euch zu sehen. Er ist mit den Blinden gewandelt, aber der Geist ist über ihn gekommen: er wünscht zu sehen, zu hören und zu verstehen."

„Das möge er", entgegnete einer aus der Versammlung, und Apäcides erblickte in dem, der gesprochen, einen noch jüngeren Mann als er selbst.

„Das mög' er", wiederholte eine zweite Stimme. Der Sprecher stand in der Blüte der Jahre, die dunkle Haut und die asiatischen Züge deuteten einen Sohn Syriens an — er war in seiner Jugend ein Räuber gewesen.

„Das mög' er", sagte eine dritte Stimme, und der Priester erblickte einen alten Mann mit einem langen, grauen Bart, in dem er einen Sklaven des reichen Diomed erkannte.

„Das mög' er", wiederholten einstimmig die übrigen Männer, die, mit zwei Ausnahmen, offenbar der niederen Klasse angehörten; die Ausnahme aber bildeten ein Offizier der kaiserlichen Leibwache und ein Kaufmann aus Alexandria.

„Wir verpflichten dich nicht", ergriff Olinth wieder das Wort, „verpflichten dich nicht zum Geheimnis. Verrate uns der Menge, klage uns an, verleumde, lästere uns, wenn du willst: wir stehen über dem Tod, wir würden freudig in die Löwengrube oder auf die Folterbank gehen. Wir können das Dunkel des Grabes niedertreten, und was für einen Verbrecher Tod ist, ist Ewigkeit für den Christen."

Ein leises Geflüster des Beifalls lief durch die Versammlung.

„Du bist zu uns gekommen als Suchender, mögest du bleiben als ein Bekehrter. Unsere Religion? Du siehst sie! Jenes Kreuz ist unser einziges Bild. Unsere Moral? Sie drückt sich in unserem Leben aus: Wir sind alle Sünder gewesen. Wir haben die Vergangenheit durch die Taufe von uns abgewaschen. Glaube nicht, das sei unser Werk: es kommt von Gott. Tritt her, Medon, du bist der einzige unter uns, der nicht frei ist. Aber im Himmel soll der Letzte der Erste werden: so sei es auch bei uns. Entfalte jene Rolle, lies und erkläre!"

Als die Vorlesung zu Ende war, vernahm man ein ganz leises Pochen an der Tür. Das Einlaßwort wurde gefordert und gegeben, die Tür öffnete sich und zwei Kinder traten furchtsam ein. Es waren die Kinder des Hausherrn, jenes dunklen, stämmigen Syriers, der seine Jugend mit Rauben und Blutvergießen zugebracht hatte. Der Älteste in der Gemeinde, jener alte Sklave, breitete die Arme aus. Sie flogen auf ihn zu, kletterten an ihm hoch und seine harten Züge wurden weich und freundlich, als er sie liebkoste.

In diesem Augenblick öffnete sich sanft eine Tür und ein sehr alter Mann trat, auf einen Stab gelehnt, in das Zimmer. Bei seinem Eintritt erhob sich die ganze Versammlung. Ein Ausdruck tiefer, zärtlicher Ehrerbietung stand auf jedem Gesicht, und Apäcides fühlte sich beim Anblick dieser Züge durch eine unwiderstehliche Sympathie an den Greis gefesselt.

„Meine Kinder, Gott segne euch", rief der Alte, die Arme ausbreitend, und die Kleinen sprangen ihm entgegen.

„Vater", sprach Olinth, „du, an dessen Leben das Wort des Erlösers sich kundtut, du, der dem Grab entrissen wurde, um ein lebender Zeuge seiner Barmherzigkeit und Macht zu sein, du siehst einen Fremdling in unserer Gemeinde, ein neues Lamm, das zu der Herde gesammelt worden ist!"

„Laßt mich ihn segnen", rief der Greis, und die Anwesenden machten ihm Platz. Apäcides näherte sich unbewußt und fiel vor ihm auf die Knie. Der Alte legte ihm die Hand aufs Haupt und segnete ihn. Während seine Lippen sich bewegten, waren seine

Augen nach oben gewandt und Tränen — Tränen, wie sie gute Menschen bloß in der Hoffnung auf das Glück eines andern vergießen — rannen ihm über die Wangen.

Die Kinder standen zu beiden Seiten des Neubekehrten; sein Herz war wie das ihrige — er war geworden wie eins von ihnen, und die Verheißung „Euer ist das Himmelreich" galt auch für ihn.

4

Jone verbarg vor Glaucus nicht länger die Zuneigung, die sie für ihn fühlte. Über der Wonne der Gegenwart glühte die Hoffnung der Zukunft wie der Himmel über einer Frühlingsau.

Es war etwa Mitte August, im nächsten Monat sollte die Vermählung gefeiert werden. Die Tür des Glaucus war bereits mit Blumenkränzen behangen und in den Nächten brachte er vor Jones Tor reiche Trankopfer. Er lebte nicht länger für seine lustigen Gefährten, stets war er bei Jone. Vormittags verkürzten sie sich die Zeit mit Musik, abends entzogen sie sich den überfüllten Sammelplätzen der fröhlichen Welt, um einen Ausflug auf das Meer oder längs den fruchtbaren Ebenen am Fuß des drohenden Vesuvs zu machen. Die Erde bebte nicht mehr.

Von Arbaces vernahmen unsere Liebenden bloß, daß er noch lebe. Auf das Krankenlager gestreckt, genas er langsam von den Folgen des Schlages, der ihn getroffen. Er ließ das Paar unbelästigt, aber nur, um über die Zeit und Art seiner Rache zu brüten.

Morgens im Haus und abends auf ihren Spaziergängen war Nydia in der Regel ihre beständige und oft ihre einzige Gesellschaft. Sie ahnten das Feuer nicht, von dem das Kind verzehrt wurde; die Freiheit, mit der sie sich oft plötzlich in ihr Gespräch mischte, ihr launenhaftes, zuweilen beinahe unartiges Benehmen fand hinlänglich Entschuldigung im Gedanken an die Dienste, die sie ihnen geleistet und im Mitleid mit ihrem Unglück. Vielleicht nahmen sie sogar eben wegen der eigensinnigen Seltsamkeit ihres Wesens, wegen des sonderbaren Wechsels von Leidenschaft und Sanftmut, der Mischung von Unwissenheit und Weisheit, der schnell erregten Laune eines Kindes und der stolzen Ruhe einer Jungfrau einen um so größeren, innigeren Anteil an ihr. Obwohl sie sich weigerte, die Freiheit anzunehmen, ließ man sie doch beständig frei handeln. Sie benutzte diese Willfährigkeit, um sich die Begleitung des Sklaven zu verbieten, der ihr nach dem Wunsch ihrer Herrschaft überallhin hätte folgen sollen. Mit dem leichten Stab, der ihr bei den Gängen diente, ging sie aufs neue, wie in ihrem früheren schutzlosen Zustand, durch die volkreichen Straßen. Fast ein Wunder war es, zu sehen, wie schnell und gewandt sie durch die dichtesten Haufen schlüpfte, jede Gefahr vermied und ihren umnachteten Weg durch die verwickeltsten Häuserwindungen zu finden vermochte. Ihr Hauptvergnügen bestand jedoch darin, den geringen Raum, der den Garten des Glaucus ausmachte, zu besuchen und die Blumen zu pflegen; denn diese wenigstens vergalten ihre Liebe! Zuweilen trat sie in das Zimmer, wo ihr Erretter saß, und suchte ein Gespräch, das sie fast jederzeit wieder jählings abbrach, da ein Gespräch mit Glaucus immer auf einen Gegenstand — auf Jone — ging, und dieser Name auf seinen Lippen sie mit Qual erfüllte. Oft bereute sie bitter den Dienst, den sie Jone geleistet hatte. Oft sagte sie zu sich selbst: „Wäre sie gefallen, so würde sie Glaucus nicht länger geliebt haben!" und damit beschlichen sie dunkle, furchtbare Gedanken. Die Stimme des Atheners war die erste gewesen, die mit Wohllaut an ihr Ohr drang. Bei seiner Abreise von Pompeji im vorigen Jahr hatte sie jedes seiner Worte wie einen Schatz in ihrem Herzen aufbewahrt, und wenn ihr etwa gesagt wurde, er sei der glänzendste und liebenswürdigste junge Lebemann in Pompeji, hatte sie einen wohlgefälligen Stolz empfunden.

Bei Glaucus' Rückkehr nach Pompeji war Nydia um ein Jahr älter geworden. Dieses Jahr mit seinen Schmerzen, seiner Einsamkeit, seinen Prüfungen hatte ihren Geist und ihr Herz mächtig entwickelt, und wenn der Athener sie an die Brust drückte, im Glauben, sie sei wie dem Alter so der Seele nach noch ein Kind — wenn er ihre zarte Wange küßte und seinen Arm um ihren zitternden Leib legte, da wußte Nydia plötzlich und wie durch Offenbarung, daß die Gefühle, die sie lang und unschuldig genährt hatte, Liebe seien. Vom Schicksal verurteilt, in seinem Haus ein Obdach zu finden, auf kurze Zeit dieselbe Luft mit ihm zu atmen und im ersten Rausch tausend seliger, dankbarer, wonniger Empfindungen eines überströmenden Herzens zu hören, daß er eine andere liebe, verurteilt, dieser anderen als Botin, als Dienerin zugewiesen zu werden, mit einemmal jenes gänzliche Nichts zu fühlen, das sie selbst war, das sie immer bleiben mußte — jenes gänzliche Nichts für den, der für sie alles war — was Wunder, daß in ihrem verstörten, leidenschaftlichen Gemüt alle Elemente in Disharmonie gerieten. Bisweilen fürchtete sie, Glaucus möge ihr Geheimnis entdecken, bisweilen wieder empörte es sie, daß er es nicht ahne. Ihre Empfindungen für Jone ebbten und fluteten stündlich auf und ab. Jetzt liebte sie ihre Gebieterin, weil Glaucus sie liebte, jetzt haßte sie sie aus der gleichen Ursache. Es gab Augenblicke, wo sie ihre arglose Herrin hätte ermorden können, Augenblicke, wo sie ihr Leben für sie gegeben haben würde.

Eines Morgens, als sie sich zu ihrer gewöhnlichen Arbeit in den Garten des Atheners begab, traf sie ihn mit einem Kaufmann aus der Stadt unter den Säulen des Innenhofs. Er wählte einen Schmuck für seine Braut aus.

„Komm, Nydia, stell dein Gefäß nieder und komm zu mir! Du mußt diese Kette von mir annehmen. — Halt! — So, ich habe sie dir angelegt. Sieh einmal, Servilius, steht sie ihr nicht gut?"

„Herrlich!" antwortete der Goldschmied. „Aber wenn erst die Ohrringe am Haupt der edlen Jone schimmern, dann, beim Bacchus, sollst du sehen, ob meine Kunst die Schönheit nicht erhöht."

„Jone?" wiederholte Nydia, die bis jetzt durch Erröten und Lächeln ihre Dankbarkeit für das Geschenk ausgedrückt hatte.

„Ja", entgegnete der Athener. „Ich suche eine Gabe für Jone, aber hier ist nichts, was ihrer würdig wäre."

Bei diesen Worten wurde er durch ein plötzliches Auffahren Nydias befremdet. Heftig riß sie die Kette vom Hals und warf sie auf den Boden.

„Was ist das? Wie, Nydia, gefallen dir dergleichen Tändeleien nicht? Bist du böse?"

„Du behandelst mich immer wie eine Sklavin und ein Kind", erwiderte sie und wandte sich eilig nach der entgegengesetzten Seite des Gärtchens.

Glaucus wollte ihr nicht nachgehen und sie besänftigen; er war beleidigt. Er fuhr fort, die Juwelen zu untersuchen und seine Bemerkungen über die Fassung zu machen, dieses zu loben und jenes zu tadeln, und ließ sich endlich überreden, alles zusammen zu kaufen: der sicherste Ausweg für einen Liebhaber.

Nachdem er mit dem Geschäft zu Ende war und den Goldschmied weggeschickt hatte, begab er sich in sein Zimmer, kleidete sich um, bestieg seinen Wagen und fuhr zu Jone. Er dachte nicht mehr an die Blinde oder ihre Unart.

Nachdem er den Vormittag mit ihr zugebracht, begab er sich von da in die Bäder, speiste allein und außer Haus zu Nacht und kehrte nur heim, um die Kleider zu wechseln, ehe er wieder vor Jone erschien. Mit den in Gedanken verlorenen, nichts sehenden Augen eines Verliebten schritt er durch den Innenhof, ohne die arme Blinde zu bemerken, die noch genau an derselben Stelle, wo er sie verlassen hatte, am Boden saß. Wenn jedoch er sie nicht erblickte, so erkannte ihr Ohr sogleich seinen Schritt. Sie hatte die Minuten bis zu seiner Wiederkehr gezählt. Kaum war er in sein Zimmer getreten und hatte nachdenklich auf seinem Sofa Platz genommen, als er fühlte, daß etwas schüchtern an sein Kleid rührte. Er wandte sich um und sah Nydia vor sich knien und ihm eine Handvoll Blumen entgegenhalten. Ihre dunkel zu ihm aufblikkenden Augen strömten von Tränen.

„Ich habe dich beleidigt", sprach sie schluchzend, „es war zum erstenmal. Lieber möchte ich sterben, als dir auch nur eine Minute zu verbittern. Sag, daß du mir verzeihst. Sieh, ich habe die Kette wieder angelegt, nie will ich mich von ihr trennen, sie ist dein Geschenk."

„Meine teure Nydia", erwiderte Glaucus, indem er sie aufhob und auf die Stirn küßte, „denk nicht mehr daran! Aber warum, mein Kind, wurdest du plötzlich so unwillig! Ich vermag die Ursache nicht zu erraten!"

„Frag nicht", antwortete sie, von Glut übergossen, „ich bin ein launenhaftes, närrisches Ding. Bin ich doch noch ein Kind, wie du selbst so oft sagst. Kannst du von einem Kind einen Grund für jede Torheit erwarten?"

„Aber, Nydia, du wirst bald kein Kind mehr sein, und willst du, daß wir dich als eine Erwachsene behandeln, so mußt du diese seltsamen Stürme des Gemüts beherrschen lernen. Glaub nicht, daß ich schelte, nein, ich spreche nur zu deinem Besten!"

„Es ist wahr", entgegnete Nydia, „ich muß mich beherrschen lernen, muß mein Herz verbergen, hinunterdrücken. Dies ist Geschäft und Pflicht eines Weibes. Ich glaube, seine Haupttugend ist Heuchelei."

„Selbstbeherrschung ist keine Heuchelei, Nydia, und diese Tugend ist dem Mann so notwendig wie dem Weib."

„Selbstbeherrschung, Selbstbeherrschung! Ja, ja, was du sagst, ist ganz richtig!" entgegnete Nydia mit wehmütigem Lächeln. „Glaucus, willst du meine armen Blumen annehmen? Mach mit ihnen, was du willst. Du kannst sie auch Jone schenken, wenn du willst."

„Nein, Nydia", antwortete Glaucus freundlich, denn ihm war in ihren Worten doch endlich eine gewisse Eifersucht aufgefallen, die er freilich nur für die Eifersucht eines eitlen, reizbaren Kindes hielt. „Ich will deine schönen Blumen niemand geben. Setz dich und flechte sie in einen Kranz. Ich will ihn heute tragen."

Hocherfreut setzte sich das Mädchen neben Glaucus nieder. Sie zog aus ihrem Gürtel einen Knäuel der vielfarbigen Fäden oder vielmehr Bändchen, deren man sich beim Kranzflechten bediente und die sie, wie diese Arbeit denn das eigentliche Geschäft ihres Berufes war, beständig bei sich trug, und machte sich flink und anmutig ans Werk. Auf ihren Wangen waren die Tränen bereits getrocknet. Ein schwaches, aber seliges Lächeln spielte um ihre Lippen. Wie ein Kind fühlte sie die Freude der gegenwärtigen Stunde. Sie war mit Glaucus ausgesöhnt, er hatte ihr vergeben — sie saß neben ihm —, er spielte liebkosend mit ihrem seidigen Haar. Sein Atem hauchte an ihre Wange — Jone, die grausame Jone war nicht da. Niemand sonst begehrte, teilte seine Aufmerksamkeit. Ja, hier war Nydia glücklich und ihrem Leiden entrückt. Es war einer der wenigen Augenblicke in ihrem kurzen, unruhigen Leben, an die sie sich nachher mit Wonne erinnerte.

„Du hast schöne Locken", bemerkte Glaucus. „Gewiß waren sie einmal das Entzücken einer Mutter."

Nydia seufzte und fragte nach kurzer Pause: „Winde ich vielleicht zu viele Rosen in deinen Kranz, Glaucus? Man sagt mir, es sei deine Lieblingsblume."

„Und stets bleibe sie in der Gunst derer, die eine dichterische Seele haben. Sie ist die Blume der Liebe, der Feste, sie ist auch die Blume, die wir dem Stillschweigen und dem Tod weihen. Sie blüht an unseren Schläfen im Leben, solange das Leben Wert hat; sie wird auf unser Grab gestreut, wenn wir nicht mehr sind."

5

„Welches Glück für Jone! Welche Seligkeit, immer an der Seite des Glaucus zu sein, seine Stimme zu hören — und sie, ach, sie kann ihn auch sehen!"

So redete die Blinde zu sich selbst, als sie in der Dämmerung allein nach dem Haus ihrer neuen Gebieterin schritt, wohin ihr Glaucus bereits vorausgegangen war. Plötzlich wurde sie in ihren Gedanken von einer Frauenstimme unterbrochen.

„Blindes Blumenmädchen, wohin? Es ist kein Korb unter deinem Arm. Hast du alles verkauft?"

Julia, die Tochter Diomeds, redete Nydia so an. Diomed selbst und ein Sklave mit einer Leuchte begleiteten sie. Der Kaufmann und seine Tochter kehrten von einem Abendessen bei einem ihrer Nachbarn zurück.

„Erinnerst du dich meiner Stimme nicht?" fuhr Julia fort. „Ich bin die Tochter des Diomed."

„Ach, vergib mir. Ja, jetzt kenne ich deine Stimme wieder. Nein, edle Julia, ich habe keine Blumen zu verkaufen."

„Ich höre, du seist von dem schönen Griechen Glaucus gekauft worden. Ist das wahr?"

„Ich diene Jone aus Neapolis", erwiderte Nydia ausweichend.

„So! Und ist das also wahr . . ."

„Komm, komm", unterbrach sie Diomed, bis zum Mund in seinen Mantel gehüllt, „die Nacht wird kalt, ich kann hier nicht warten, bis du mit dem blinden Mädchen geschwatzt hast. Laß sie dich ins Haus begleiten, wenn du mit ihr sprechen willst."

„Tu das, Kind", sagte Julia mit einer Miene, die an keinen Widerspruch gewöhnt war. „Ich habe dich um manches zu fragen, komm!"

„Ich kann jetzt nicht, es wird spät", antwortete Nydia, „ich muß nach Hause. Ich bin nicht frei, edle Julia."

„Was, die milde Jone schilt dich? So komm denn morgen zu mir. Du erinnerst dich, ich war immer deine Freundin."

„Ich werde deinen Wünschen gehorchen", entgegnete Nydia. Hier drängte Diomed seine Tochter ungeduldig fort, und so mußte sie weitergehen, ohne die Frage, an der ihr am meisten lag, an Nydia gerichtet zu haben.

Indessen kehren wir zu Jone zurück, der die Zeit zwischen dem ersten und zweiten Besuch, den ihr Glaucus heute gemacht hatte, nicht allzu heiter verflossen war. Ihr Bruder war bei ihr gewesen. Seit der Nacht, in der er sie aus der Gewalt des Ägypters retten geholfen, hatte sie ihn nicht wiedergesehen.

Mit seinen eigenen Betrachtungen beschäftigt, hatte der junge Priester wenig an seine Schwester gedacht. Wirklich haben Menschen von jener glühenden Gemütsart, die immer über die Erde emporstrebt, nur eine geringe Empfänglichkeit für die gewöhnlichen Neigungen des Herzens.

Jone jedoch hatte nicht aufgehört, diese Entfremdung zu bedauern. Im gegenwärtigen Augenblick schrieb sie sie den wachsenden Pflichten seines strengen Berufes zu. Oft, wenn sie mitten unter ihren strahlenden Hoffnungen und der neuen Liebe zu ihrem Verlobten die vorzeitig gefurchte Stirn des Bruders, seine traurigen Augen und seine gebeugte Gestalt dachte, seufzte sie, daß der Dienst der Götter einen so tiefen Schatten auf eine Erde werfen könne, die die Götter erschaffen haben.

Bei seinem heutigen Besuch jedoch lag eine seltsame Stille in seinen Zügen, ein ruhigerer Ausdruck der Selbstbeherrschung in seinen eingesunkenen Augen, als sie sie seit Jahren bemerkt hatte.

„Mögen die Götter dich segnen!“ sprach sie und umarmte ihn.

„Die Götter! Sprich nicht so verworren! Vielleicht gibt es nur einen Gott!“

„Bruder!“

„Wie — wenn der erhabene Glaube der Nazarener wahr wäre? Wie, wenn Gott ein Alleinherrscher — einzig — unteilbar wäre? Wie, wenn diese zahllosen Götter, deren Altäre die Erde füllen, nur böse Dämonen wären, die uns über den rechten Glauben täuschen? So etwas könnte der Fall sein, Jone!“

„Können wir es glauben? Und wenn wir es glaubten, wäre es nicht ein trauriger Glaube? Die Geister, die diese schöne Welt bewohnen, sollten fortan nur noch Menschen sein? Der Berg sollte von seiner Oreade, der Fluß von seiner Nymphe entgöttert werden? Diese holde Verschwendung des Glaubens, die jeden Gegenstand zur Göttlichkeit erhebt, die den geringsten Blumen heilige Weihe gibt und ein Flüstern der Himmlischen im schwächsten Lüftchen vernimmt — sie möchtest du verleugnen und die Erde zum bloßen Staub und Lehm machen? Nein, Apäcides, das seligste Besitztum unserer Herzen ist eben dieser gläubige Sinn, der das Weltall mit Göttern erfüllt.“

Noch hatte Apäcides den christlichen Glauben nicht förmlich angenommen, stand aber im Begriff, es zu tun. Er antwortete so heftig und zugleich so verworren, daß sein Ungestüm sie erschreckte.

„Apäcides“, sagte sie, „dein hartes Amt hat deine Sinne durcheinandergebracht. Komm zu mir, gib mir deine Hand. Schilt mich jetzt nicht, ich verstehe dich nicht. Denk nur, daß ich nie die Absicht haben konnte, dir weh zu tun.“

„Jone“, erwiderte Apäcides, indem er sie an sich zog und zärtlich anblickte, „soll ich denken, daß diese schöne Gestalt, dieses liebreiche Herz zu ewigen Qualen bestimmt seien?“

„Das mögen die Götter verhüten!“ rief Jone in der gewöhnlichen Formel, womit ihre Zeitgenossen ein böses Vorzeichen abwenden zu können glaubten.

Diese Worte und noch mehr der in ihnen ausgedrückte Glaube verletzten das Ohr des Apäcides, er stand auf und wandte sich nach der Tür, blieb aber auf halbem Weg wieder stehen, sah die Schwester traurig an und breitete die Arme aus.

Freudig flog Jone auf ihn zu, er küßte sie und sagte dann: „Leb wohl, Jone, wenn wir wieder zusammentreffen, bist du mir vielleicht nichts mehr. Nimm also noch diese Umarmung voll der Erinnerung der Kindheit, als Glaube und Hoffnung, Religion und Sitte, Ziel und Streben uns noch gemeinsam waren. Jetzt wird dieses Band zerrissen werden.“

Mit diesen seltsamen Worten verließ er das Haus.

6

Die Haustür Diomeds stand offen und Medon, der alte Sklave, saß am Fuß der Treppe, auf der man zu dem Gebäude emporstieg.

„Hast du die Neuigkeit gehört, alter Medon?“ fragte ein junges Mädchen mit einem Krug in der Hand, das den Weg an Diomeds Tür vorbei nahm, um einen Augenblick mit dem Sklaven zu plaudern, ehe sie sich in das benachbarte Wirtshaus begab.

„Die Neuigkeit? Welche Neuigkeit?“ fragte der Sklave und schlug den Blick trüb vom Boden auf.

„Ei, diesen Morgen, wahrscheinlich eh du noch recht aus den Augen sehen konntest, zog ein prächtiger Fremder durch das Tor nach Pompeji.“

„Was du nicht sagst!“ erwiderte der Sklave gleichgültig.

„Ja, ein Geschenk vom edlen Pomponianus.“

„Ein Geschenk? Glaubte ich doch, du sprächest von einem Fremden.“

„Es ist beides, ein Fremder und ein Geschenk. Ein herrlicher junger Tiger für die nächsten Spiele in der Arena! Hörst du wohl,

Medon! Oh, was wird das für eine Lust sein! Ich kann kein Auge zutun, bis ich ihn gesehen habe. Sie sagen, er brüllte greulich."

„Arme Närrin!" rief Medon traurig, ohne sich um die Regeln der Höflichkeit zu kümmern.

„Nenn mich keine Närrin, alter Grobian. Es ist ein hübsches Ding, ein Tiger, besonders, wenn wir ihm jemand zum Fraß auffinden könnten. Denk einmal, Medon, wir haben jetzt einen Löwen und einen Tiger und müssen vielleicht aus Mangel an zwei tüchtigen Übeltätern zusehen, wie beide einander selbst auffressen. Übrigens ist ja dein Sohn ein Gladiator, ein hübscher, starker Mensch: könntest du ihn nicht überreden, mit dem Tiger zu kämpfen? Tu es, du würdest ein Wohltäter für die ganze Stadt sein."

„Geh, geh", erwiderte der Sklave mit großer Bitterkeit, „denk an dein eigenes Unheil, ehe du so vom Tod meines armen Jungen schwatzest."

„Mein eigenes Unheil!" erwiderte das Mädchen erschrocken und sich hastig umsehend. „Wendet die Vorsehung ab, ihr Götter! Deine Worte mögen auf dein eigenes Haupt fallen!" Damit faßte sie einen an ihrem Hals hängenden Talisman. „Mein eigenes Unheil! Welche Gefahr bedroht mich denn?"

„Ist etwa das Erdbeben, das vor wenigen Nächten alles erschütterte, keine Warnung? Hat es keine Stimme? Sprach es nicht zu uns allen: bereitet euch auf den Tod vor, das Ende aller Dinge ist nah'."

„Unsinn!" rief das Mädchen und machte die Falten ihrer Tunika zurecht. „Jetzt schwatzest du gar, wie man's von den Nazarenern erzählt — ich denke wohl, du gehörst zu ihnen. Nun, ich kann nicht länger mit dir plaudern, alte Eule, du wirst schlimmer und schlimmer. Leb wohl! O Herkules, sende uns einen Menschen für den Löwen und einen anderen für den Tiger!"

Ein Liedchen singend und ihre Tunika wegen des Straßenstaubes emporhaltend, hüpfte das Mädchen in die von Menschen vollgedrängte Herberge hinüber.

Schwer sank das Haupt des alten Mannes auf seine Brust. Er blieb still und vertieft; nur dann und wann wischte er sich mit dem Ärmel die Augen. Sein Herz war bei seinem Sohn. Er bemerkte die Gestalt nicht, die jetzt mit schnellem Schritt und einer etwas trotzigen, unbekümmerten Haltung vom Tor her auf ihn zukam. Nicht eher schlug er den Blick auf, als bis der Herannahende ihm gegenüber stehen blieb und ihm mit sanfter Stimme zurief: „Vater!“

„Lydon, mein Sohn, bist du es wirklich!“ entgegnete freudig der alte Mann. „Ach, du warst bei mir in meinen Gedanken.“

„Das freut mich, Vater“, versetzte der Gladiator, indem er ehrerbietig die Knie und den Bart des Sklaven berührte. „Bald bin ich vielleicht immer bei dir, nicht bloß in Gedanken.“

„Ja, mein Sohn, aber nicht in dieser Welt“, erwiderte der Sklave traurig.

„Sprich nicht so, Vater, sei guten Mutes, denn ich fühle — ich bin gewiß, daß ich Sieger bleibe, und dann erkauft dir das Geld, das ich gewinne, die Freiheit. Vater, noch vor wenigen Tagen wurde ich gescholten wegen meiner Habsucht, als ich fragte, wie groß wohl der Siegespreis sein würde.“

„Mein Sohn, mein Sohn!“ rief der alte Sklave, indem er, die Stufen langsam hinaufsteigend, Lydon in sein eigenes kleines Gemach führte. „Edel, liebevoll, fromm sind deine Beweggründe“, fuhr Medon fort, „aber das Vorhaben selbst ist sündhaft; du willst dein Leben für die Freiheit deines Vaters wagen — das dürfte dir verziehen werden. Aber du erkaufst den Sieg mit dem Blut eines anderen. Das ist eine große Sünde, kein Zweck kann eine solche Tat entsühnen. Laß es! Lieber will ich immer ein Sklave bleiben, als meine Freiheit um solch einen Preis erkaufen!“

„Still, Vater“, erwiderte Lydon etwas ungeduldig. „Du hast mit diesem neuen Glauben, von dem ich nichts weiter hören mag, denn die Götter, die mir Stärke gegeben, haben mir Weisheit versagt und ich verstehe kein Wort von dem, was du mir oft predigst — du hast, sage ich, mit diesem neuen Glauben einige seltsame Vorstellungen von Recht und Unrecht mitbekommen. Verzeih mir, wenn ich dich beleidige, aber bedenk nur einmal: gegen wen werde ich fechten? Ach, kenntest du die Elenden, mit denen ich um deinetwillen umgehe, so würdest du sagen, ich reinige die Erde, wenn ich einen von ihnen aus dem Weg schaffe. Bestien, aus deren Lippen Blut träufelt, durchaus wilde, selbst in ihrem Mut von keiner Tugend geleitete Wesen, grimmig, ohne Herz und Gefühl. Zwar kennen sie keine Furcht, aber sie kennen auch keine Dankbarkeit, kein Erbarmen, keine Liebe. Nur für ihre eigene Laufbahn sind sie gemacht, und die ist, ohne Mitleid zu töten, ohne Schrecken zu sterben. Können die Götter, mögen sie sein, wer sie wollen, zornig auf einen Kampf mit solchen Wichten und für eine solche Sache blicken? Vater, wenn wirklich die Mächte da oben auf die Erde herabschauen, so sehen sie keinen so heiligen Dienst wie das Opfer, das einem bejahrten Vater durch die Liebe eines dankbaren Sohnes dargebracht wird!"

„Könntest du Olinth hören", seufzte der alte Mann, tiefer und tiefer von der Liebe seines Sohnes ergriffen, aber nicht weniger von der Sündhaftigkeit seines Entschlusses überzeugt.

„Die ganze Welt will ich hören, wenn du willst", antwortete der Gladiator heiter, „aber erst, wenn du kein Sklave mehr bist. Unter deinem eigenen Dach, Vater, sollst du diesem dumpfen Gehirn den ganzen Tag lang und die ganze Nacht noch dazu, wenn es dir Vergnügen macht, zusetzen. Ach, was für ein Plätzchen ich für dich ausgesucht habe! Es ist eine der neunhundertneunundneunzig Hütten der alten Julia Felix, im sonnigen Teil der Stadt, wo du den ganzen Tag über vor der Tür sitzen und dich wärmen kannst. Und dann will ich Öl und Wein für dich verkaufen, Vater, und wenn es der Venus gefällt, bekommst du vielleicht auch eine Tochter, um deine grauen Haare zu pflegen, und hörst kleine Stimmlein auf deinem Schoß, die dich Großvater nennen! Ach, wie glücklich werden wir sein! Der Siegespreis kann das alles erkaufen. Sei nicht verzagt, guter Vater, ich muß jetzt fort, es ist schon hoch am Tag, der Lanista wartet auf mich. Deinen Segen!"

„Sei gesegnet, mein wackerer Sohn", rief der Alte mit Inbrunst aus, „möge die große Macht, die alle Herzen leitet, den Edelmut des deinigen sehen und seinen Irrtum vergeben!"

Die hohe Gestalt des Gladiators eilte schnell die Straße hinab. Die Augen des Sklaven folgten den leichten, kräftigen Schritten nach, bis sie seinem Blick entschwanden.

„Darf ich eintreten?" fragte eine zarte Stimme, „ist deine Gebieterin Julia zu Hause?"

Der Sklave deutete dem Besuch mechanisch den Eintritt an, aber die Fragende konnte seine Gebärde nicht sehen. Sie wiederholte ihre Worte furchtsam, aber mit lauterer Stimme.

„Hab ich's dir nicht gesagt?" versetzte der Sklave mürrisch, „tritt ein!"

„Dank!" erwiderte Nydia mit traurigem Ton. Dadurch aufgeweckt, sah der Sklave empor und erkannte das blinde Blumenmädchen. Medon erhob sich und leitete ihr Schritte die Treppe hinauf.

7

Die elegante Julia saß in ihrem Gemach, ihre Sklavinnen um sie her. Auf dem Tisch, vor dem sie saß, stand ein kleiner, kreisförmiger Stahlspiegel von der höchsten Politur, um den in genauer Ordnung die Seifen und Salben, die Wohlgerüche und Schminken, die Bänder und goldenen Nadeln aufgereiht waren, welche den Zweck hatten, zu der natürlichen Anziehungskraft der Gestalt noch den Beistand der Kunst und der Reize der Mode zu fügen.

Müßig lehnte sich die reizende Julia auf ihrem Sitz zurück, während eine Sklavin langsam eine Masse von Löckchen übereinandertürmte, die falschen mit den echten kunstvoll durchflocht und schließlich das ganze Gebäude zu einer Höhe erhob, die den Kopf dann eher zur Mitte als zum Gipfel der menschlichen Gestalt zu machen schien.

Die Tunika von dunkler Bernsteinfarbe, die zu dem schwarzen Haar und der etwas gebräunten Gesichtsfarbe vortrefflich paßte, fiel in weiten Falten auf die Füße herab. Diese staken in Pantoffeln, die an den zarten Knöcheln durch weiße Bänder festhielten, während in die purpurne, etwas aufwärts gebogene Fußbedeckung selbst eine Fülle von Perlen eingestickt war. Eine alte Sklavin stand neben der Haarkräuslerin, den breiten, juwelenbesetzten Gürtel ihrer Gebieterin über den Arm geworfen, und gab von Zeit zu Zeit, untermengt mit wohlbedachten Schmeicheleien für die Herrin selbst, Belehrungen über den Bau des aufsteigenden Haarturms.

„Steck diese Nadel weiter rechts, tiefer, dummes Ding! Siehst du nicht, wie gleich diese schönen Brauen sind? Dächte man doch, du machtest der Korinna die Haare, deren Gesicht ganz auf der einen Seite sitzt. Jetzt steck die Blumen auf. Was, Einfalt, nicht diese dunkle Nelke, du hast die Farben nicht der bleichen Wangen der Chloris anzupassen, nur die hellsten Blumen schicken sich für die jugendliche Julia."

„Sachte!" rief die Dame, heftig mit dem kleinen Fuß stampfend, „du reißt an meinen Haaren, als ob du Unkraut ausrissest!"

„Gedankenloses Ding!" fuhr die Leiterin der Zeremonie fort,

„weißt du nicht, wie zart deine Gebieterin ist? Du hast nicht das rauhe Roßhaar der Witwe Fulvia unter dir. Jetzt das Band, so ist's recht. Schöne Julia, blick in den Spiegel — sahest du je etwas so Liebreizendes wie dich?"

Als nach unzähligen Erläuterungen, Schwierigkeiten und Verzögerungen der verwickelte Turm endlich fertig war, bestand die nächste Arbeit darin, den Augen den sanften, schmachtenden Ausdruck zu geben, der durch ein dunkles, auf Wimpern und Brauen aufgetragenes Pulver hervorgebracht wurde. Ein kleines, in Gestalt eines Halbmondes ausgeschnittenes und geschickt neben die rosigen Lippen gesetztes Pfläserchen lenkte die Aufmerksamkeit auf die Lippengrübchen und die Zähne, deren natürliche Weiße zu erhöhen bereits jede Kunst in Anwendung gebracht worden war.

Jetzt war die Toilette nach dem neuesten Geschmack Roms vollendet. Die schöne Julia warf einen letzten Blick wohlgefälliger Eitelkeit auf sich, lehnte sich dann wieder auf ihrem Stuhl zurück und befahl der jüngsten Sklavin in verdrossenem Ton, ihr einige Verse Tibulls zu lesen. Die Vorlesung dauerte noch fort, als eine andere Sklavin Nydia hereinführte.

„Sei gegrüßt!" sagte das Blumenmädchen, indem sie mit gekreuzten Armen einige Schritte vor Julias Stuhl stehenblieb. „Ich bin deinem Befehl nachgekommen."

„Du hast wohlgetan", erwiderte diese; „komm näher, du kannst dich setzen."

Ein Weilchen betrachtete Julia die Thessalierin unter beinahe verlegenem Stillschweigen. Dann winkte sie den Dienerinnen, sich zu entfernen und die Tür vorzuschieben. Mit Nydia allein, wandte sie sich mechanisch von ihr ab, vergessend, daß ihre Gesellschafterin ihre Züge nicht sehen konnte.

„Du dienst Jone aus Neapolis?"

„Ich bin jetzt bei ihr", erwiderte Nydia.

„Ist sie so schön, wie die Rede geht?"

„Ich weiß nicht, wie könnte ich hierüber urteilen?"

„Ach, ich vergaß! Aber wenn keine Augen, hast du doch Ohren. Halten sie deine Mitsklavinnen für schön? Im Gespräch untereinander vergessen die Dienerinnen doch wohl, ihrer Gebieterin zu schmeicheln."

„Sie sagen mir, sie sei schön."

„Hm — sagen sie, sie sei schlank?"

„Ja."

„Nun, das wäre ich auch. Schwarze Haare?"
„So hör' ich."
„Die hab' ich auch. Sieht sie Glaucus oft?"
„Täglich", erwiderte Nydia mit einem Seufzer.
„Wie, täglich? Findet er sie schön?"
„Ich denke wohl, da sie bald ihre Hochzeit feiern werden."
„Ihre Hochzeit?" rief Julia, bis unter die falschen Rosen ihrer Wangen erblassend.
„Man sagt mir, du seiest eine Thessalierin", sagte sie endlich, das Schweigen brechend.
„Das bin ich."
„Thessalien ist das Land der Magie und der Hexen — der Talismane und der Liebestränke."
„Es war stets wegen seiner Zauberer berühmt", erwiderte Nydia furchtsam.
„Kennst etwa du, blinde Thessalierin, einen Liebeszauber?"
„Ich?" versetzte das Blumenmädchen errötend, „ich, wie sollt' ich? Nein, gewiß nicht."
„Schlimm für dich, ich hätte dir, wärst du besser unterrichtet, Geld genug gegeben, um deine Freiheit zu erkaufen."
„Aber was kann die schöne, reiche Julia vermögen, diese Frage an ihre Dienerin zu tun? Sind nicht Geld, Jugend, Liebreiz in ihrem Besitz? Sind das nicht hinlänglich starke Zauber, um die Magie entbehren zu können?"
„Hinlänglich stark für jedermann, ausgenommen für eine Person", entgegnete Julia stolz.
„Und diese einzige Person?" fragte Nydia, ihre persönliche Anteilnahme wohl verbergend.
„Ist nicht Glaucus", erwiderte Julia mit der gewöhnlichen Verstellung ihres Geschlechts.
Nydia schöpfte freier Atem, und nach einer kurzen Pause begann Julia von neuem: „Aber über Glaucus und seiner Neigung für Jone fiel mir die Kraft der Liebeszauber ein, da sie so etwas wohl auch auf ihn angewandt haben mag. Blindes Mädchen, ich liebe, und — muß Julia leben, um so etwas auszusprechen? — werde nicht wiedergeliebt! Dies demütigt — nein, nicht demütigt — es verletzt meinen Stolz. Ich möchte den Undankbaren zu meinen Füßen sehen, nicht um ihn aufzuheben, sondern um ihn wegzustoßen. Als ich hörte, daß du eine Thessalierin seist, stellte ich mir vor, dein junger Geist sei vielleicht in den dunklen Geheimnissen deines Himmels bereits unterwiesen."

„Ach nein!“ flüsterte Nydia. „Wär er's doch!“

„Habe mindestens Dank für diesen freundlichen Wunsch“, versetzte Julia, ohne Ahnung von dem, was in dem Blumenmädchen vorging.

„Aber sag einmal, du hörst ja all das Geschwätz der Sklavinnen, die für diesen dunklen Glauben stets eingenommen sind, hast du nicht etwas von einem morgenländischen Magier in der Stadt gehört, der die Kunst, die dir unbekannt ist, besitzt? Ich meine keinen Scharlatan, keinen Quacksalber, sondern irgendeinen mächtigen Zauberer aus Indien oder Ägypten.“

„Aus Ägypten? Ja!“ antwortete Nydia schaudernd. „Welcher Pompejaner hätte nicht von Arbaces gehört?“

„Arbaces, ach ja!“ entgegnete Julia und klammerte sich fest an diesen Gedanken. „Man sagt, er sei ein Mann, der über dem kleinlichen Betrug bloßer Gedanken stehe, er könne in den Sternen lesen und sei erfahren in den Geheimnissen der Liebe.“

„Lebt ein Zauberer, dessen Kunst die der anderen übertrifft, so ist es dieser furchtbare Mann“, erwiderte Nydia und griff an ihren Talisman.

„Er ist zu reich, um für Geld wahrzusagen“, fuhr Julia fort. „Könnte ich ihn nicht besuchen?“

„Es ist ein böses Haus für Jugend und Schönheit“, erwiderte Nydia. „Überdies hörte ich, er sei krank —“

„Ein böses Haus!“ rief Julia, bloß den ersten Satz auffassend. „Wieso?“

„Die Orgien seiner Mitternächte sind unrein und befleckt — wenigstens sagt das Gerücht so.“

„Du erregst nur meine Neugier statt meine Furcht“, erwiderte die eigensinnige, üppige Julia. „Ich will ihn besuchen und über meine Liebe befragen.“

Nydia gab keine Antwort.

„Noch heute will ich zu ihm“, ergriff Julia das Wort, „ja warum nicht gleich jetzt?“

„Bei Tag und bei seinem gegenwärtigen Zustand hast du weniger zu fürchten“, erwiderte Nydia.

„Und wer würde es wagen, der Tochter Diomeds nahezutreten?“ rief Julia stolz.

„Darf ich dich später besuchen, um das Ergebnis zu erfahren?“ fragte Nydia ängstlich.

„Küß mich für deine Teilnahme an Julias Ehre“, antwortete Julia. „Komm morgen um dieselbe Stunde wieder und du sollst alles hören. Vielleicht kannst du mir sogar einen Dienst erweisen. Doch genug für jetzt. Da, nimm dieses Armband für den Gedanken, den du mir eingegeben hast, verlaß dich darauf, daß Julia dankbar und großzügig sein wird, wenn du dich ihr gefällig erweisest."

„Ich kann dein Geschenk nicht annehmen", entgegnete Nydia und legte das Armband beiseite, „aber so jung ich bin, kann ich die Empfindungen derer teilen, die lieben und — keine Gegenliebe finden."

„Sprichst du so?" versetzte Julia. „Du redest wie ein freies Mädchen und sollst auch noch frei werden. Leb wohl!"

8

Arbaces saß in einem Zimmer, das sich auf eine Art Vorbau nach dem Garten zu öffnete. Seine Wangen schienen bleich und durch die ausgestandenen Schmerzen abgemagert, aber sein eiserner Körper hatte sich bereits von den gefährlichsten Folgen des Unfalls erholt, durch den seine ruchlosen Absichten im Augenblick des Sieges vereitelt worden waren.

„So ist denn", dachte er, „der Sturm des Schicksals gebrochen und verweht. Das lebensbedrohende Übel, das mir meine Wissenschaft verkündete, ist eingetroffen und dennoch lebe ich. Geschehen ist, was die Sterne vorausgesagt, und die lange, strahlende glückliche Laufbahn, die dem Übel nachfolgen soll, falls ich es überlebe, lächelt jenseits davon. Ich bin hinüber — ich habe die letzte Gefahr meines Verhängnisses bewältigt. Jetzt bleibt mir nur, die Gärten meines künftigen Schicksals anzulegen, unbeängstigt und sicher! Als Erstling meiner Freuden — selbst vor der Liebe — möge denn die Rache kommen!"

Damit versank er in ein tiefes Sinnen, ohne daß sich ihm jedoch ein passender Einfall darzubieten schien. Unruhig wechselte er mehrmals seine Stellung, wälzte Plan auf Plan umher und verwarf jeden wieder. Während er so brütete, trat ein Sklavenknabe schüchtern ins Zimmer.

„Eine Dame, ihrer eigenen Kleidung und derjenigen des Sklaven nach, der sie begleitet, offenbar von Rang, wartet drunten und sucht Gehör bei Arbaces."

„Eine Dame?" Sein Herz schlug schneller. „Ist sie jung?"

„Ihr Gesicht ist durch den Schleier bedeckt, die Gestalt aber ist schlank und voll, wie die der Jugend."

„Bring sie her", rief der Ägypter. Einen Moment träumte sein eitles Herz, die Fremde könnte Jone sein.

Der erste Blick auf den jetzt eintretenden Besuch genügte, ihm eine so hochgesteckte Hoffnung zu nehmen. Allerdings hatte die Besucherin ungefähr dieselbe Größe und vielleicht auch dasselbe Alter; sie war allerdings schön und üppig geformt: aber die unbeschreibliche Anmut, die jeder Bewegung Jones eigen war, fehlte.

„Verzeih mir, ich kann nur langsam aufstehen", hob Arbaces mit einem Blick auf die Unbekannte an. „Noch leide ich an einem Übel, das mich vor kurzem betroffen."

„Mach dir doch keine Mühe, großer Ägypter", versetzte Julia. „Verzeih einem unglücklichen Mädchen, das Trost bei deiner Weisheit sucht."

„Tritt näher, schöne Fremde, und sprich ohne Furcht oder Rückhalt."

Julia setzte sich auf den Stuhl neben den Ägypter und sah sich verwundert in einem Zimmer um, dessen ausgesuchter, kostbarer Luxus selbst den reichen Schmuck im Haus ihres Vaters übertraf.

„Und was", fragte er mit leiser Stimme, „führt dich nach dem Haus des Fremdlings aus Osten?"

„Ach", entgegnete Julia, „fleht nicht der Gram zur Weisheit um Abhilfe und sind nicht die, die unerwidert lieben, die erwählten Opfer des Grams?"

„Könnte unerwiderte Liebe das Los einer so schönen Gestalt sein? Laß dich herab, Jungfrau, deinen Schleier zu lüften, damit ich sehe, ob dein Antlitz der Lieblichkeit deiner Körperformen entspreche."

Nicht ohne Neigung, ihre Reize darzustellen, und voll Hoffnung, sie möchte dem Magier wohl Anteil an ihrem Schicksal abgewinnen, hob Julia nach kurzem Zaudern den Schleier und enthüllte eine Schönheit, die, wäre nicht allzuviel Kunst darauf verwendet worden, den neugierigen Blick des Ägypters allerdings sehr angezogen haben würde.

„Du fragst mich um Rat wegen unglücklicher Liebe", sprach er. „Wende dieses Gesicht dem Undankbaren zu: welch mächtigeren Liebeszauber könnte ich dir geben?"

„Oh, hör auf mit solchen Schmeicheleien! Ein Liebeszauber eben ist es, um den ich deine Kunst bemühen wollte!"

„Schöne Unbekannte", erwiderte Arbaces etwas verächtlich, „Liebeszauber gehören nicht zu den Geheimnissen, die zu erlangen ich die Nächte durchwacht habe."

„Wirklich? Dann verzeih mir, großer Arbaces, und leb wohl!"

„Halt!" rief Arbaces, der trotz seiner Leidenschaft für Jone von den Reizen seines Gastes keineswegs ungerührt blieb. „Halt! Obwohl ich die Zauberei der Liebestränke denjenigen überlassen habe, die mit dergleichen Kenntnissen ein Gewerbe treiben, so kann ich dir wenigstens guten Rat erteilen, wenn du aufrichtig gegen mich sein willst. Sag mir denn zuerst, bist du unvermählt, wie deine Kleidung andeutet?"

„Ja."

„Und möchtest, ohne selbst mit Glücksgütern gesegnet zu sein, einen vermögenden Werber anlocken?"

„Ich bin reicher als der, der mich verachtet."

„Seltsam und immer seltsamer. Und du liebst den, der dich nicht liebt?"

„Ich weiß nicht, ob ich ihn liebe", erwiderte Julia stolz, „aber ich weiß, daß ich über eine Nebenbuhlerin triumphieren möchte."

„Ein natürlicher, dem Weib angemessener Ehrgeiz!" bemerkte der Ägypter in einem für Ironie fast zu ernstem Ton. „Aber noch mehr, schöne Jungfrau: willst du mir den Namen deines Geliebten vertrauen? Kann er ein Pompejaner sein und den Reichtum verachten, selbst wenn er blind gegen die Schönheit sein sollte?"

„Er ist aus Athen", erwiderte Julia mit gesenktem Blick.

„Wie!" rief der Ägypter ungestüm und das Blut schoß ihm in die Wangen. „Es gibt nur einen jungen Athener von Stand in Pompeji. Sollte es Glaucus sein, von dem du sprichst?"

„Ah, verrate mich nicht — dies ist wirklich sein Name."

Der Ägypter sank zurück, starrte unbewußt auf das abgewandte Gesicht der Kaufmannstochter. Mochte diese Unterredung, in der er bis jetzt bloß sein Spiel getrieben, da ihm die Eitelkeit und Leichtgläubigkeit seines Besuchs Unterhaltung gewährte, mochte sie ihm nicht den Weg zu seiner Rache bahnen?"

„Ich sehe, du kannst mir nicht helfen", sagte Julia, durch sein Stillschweigen beleidigt. „Bewahre wenigstens mein Geheimnis: noch einmal, leb wohl!"

„Jungfrau", erwiderte der Ägypter in ernstem Ton, „deine Bitte hat mich gerührt, ich will dir behilflich sein. Höre: Ich selbst habe mich zu diesen geringen Künsten nicht herabgelassen, aber ich kenne jemand, der darin erfahren ist. Am Fuße des Vesuvs, keine Meile von der Stadt, wohnt eine mächtige Hexe. Im wuchernden Tau des Vollmonds sucht sie die Kräuter, welche die Kraft besitzen, die Liebe in ewige Fesseln zu schlagen. Ihre Kunst vermag dir den Geliebten zu Füßen zu werfen. Wäre ich nur um drei Tage weiter in meiner Gesundheit", entgegnete der Ägypter, indem er aufstand und, wie um seine Kraft zu erproben, mit schwachen, unsicheren Schritten durch das Zimmer ging, „so wollte ich dich selbst begleiten. Nun, du mußt eben warten."

„Aber Glaucus heiratet die verhaßte Dame aus Neapolis schon bald!"

„Heiratet?"

„Ja, Anfang des nächsten Monats."

„So bald? Weißt du das gewiß?"

„Aus dem Mund ihrer eigenen Sklavin."

„Es soll nicht geschehen!" rief der Ägypter heftig. „Fürchte nichts, Glaucus soll dein sein. Wie aber kannst du ihm den Trank eingeben?"

„Mein Vater hat ihn, und ich glaube auch Jone, für übermorgen zu Tisch geladen, wo ich dann genug Gelegenheit dazu habe."

„Sei es so!" versetzte der Ägypter und in seinen Augen blitzte eine so wilde Freude, daß Julia von Angst ergriffen wurde.

„Halte denn für morgen abend deine Sänfte bereit. Es steht dir doch eine zu Gebot?"

„Freilich!" entgegnete die stolze Julia.

„Laß dich in der Sänfte nach dem Vergnügungsort, eine halbe Stunde von der Stadt, bringen, dort will ich bei der Statue des Silenus in dem den Garten umschließenden Wäldchen mit dir zusammentreffen und dich sofort selbst zu der Hexe führen. Warten wir jedoch, bis mit dem Abendstern die Ziegen der Hirten zur Ruhe gegangen sind, bis das dunkle Zwielicht uns verbirgt und niemand unsern Weg kreuzt. Geh heim und sei unbesorgt. Beim Hades schwört Arbaces, daß Jone sich nie mit Glaucus vermählen soll."

„Und daß Glaucus der meinige wird?" setzte Julia hinzu, den unvollständigen Satz ergänzend.

„Du hast es ausgesprochen", erwiderte Arbaces.

9

Die Mittagsglut war allmählich von der Erde gewichen, als Glaucus und Jone beschlossen, die angenehme Luft zu genießen. Der Weg führte zwischen Weingärten und Olivenwäldchen hin, wurde aber in der Folge, sich höher und höher am Vesuv hinaufwindend, ziemlich rauh. Langsam und mit Mühe bewegten sich die Maultiere, und bei jeder Öffnung in dem Gehölz erblickten sie die grauen, schauerlichen Höhlen in dem dürren, eingefressenen Gestein. Die Sonne warf bereits lange, dunkle Schatten über die Höhen.

Da machten sich die Anzeichen eines heraufziehenden Sturms bemerkbar. Zuerst warnte ein leiser, ferner Donner vor dem nahenden Kampf der Elemente und rollte dann über den dunklen Schichten gedrängter Wolken rasch dahin. Einige große Tropfen fielen schwer unter die Zweige, die den Weg halb überhingen, und gleich darauf zuckte ein rascher, blendender Gabelblitz hart vor den Augen der Reisenden auf.

„Schneller", rief Glaucus dem Wagenführer zu.

Der Sklave trieb die Maultiere an. Rasch ging es über die unebene, steinige Straße, die Wolken wurden dichter, näher und näher tönte der Donner und in Strömen stürzte der Regen herab.

„Ist dir bang?" flüsterte Glaucus, indem er das Gewitter zur Entschuldigung nahm, um näher an Jone zu rücken.

„In deiner Nähe nicht", erwiderte sie sanft.

In diesem Augenblick stieß der Wagen heftig in ein tiefes Geleise, über das ein gefallener Baumstamm lag. Der Führer trieb die Maultiere mit einem Fluch noch stärker gegen das Hindernis an, das Rad ging daraufhin aus der Nabe und das Gefährt schlug plötzlich um.

Glaucus wand sich schnell aus dem Wagen heraus und eilte Jone zu Hilfe, die glücklicherweise unverletzt war. Mit einiger Schwierigkeit richtete man das Gefährt wieder auf und fand, daß es selbst zum bloßen Obdach unbrauchbar geworden war. Die Bänder, welche die Decke festhielten, waren entzweigesprungen und der Regen drang ungehemmt in das Innere. Man befand sich noch in ziemlicher Entfernung von der Stadt; kein Haus, keine Hilfe schien nahe.

„Etwa eine Viertelstunde von hier wohnt ein Schmied", sagte der Sklave, „ich könnte ihn holen, er würde wenigstens das Rad befestigen, aber, Jupiter, meine Gebieterin wird ganz durchnäßt sein, bis ich wiederkomme."

„Lauf wenigstens hin", rief Glaucus, „wir müssen uns einstweilen so gut wir können, zu schützen suchen."

Der Weg war von Bäumen überschattet, unter deren größten Glaucus sich mit Jone stellte. Er suchte, indem er den eigenen Mantel auszog, sie besser gegen den strömenden Regen zu schirmen, aber dieser stürzte mit solcher Gewalt herab, die alle kleinen Hindernisse durchbrach, und während Glaucus seinem schönen Schützling noch Mut zuflüsterte, traf der Blitz jählings einen der Bäume unmittelbar vor ihnen und spaltete den gewaltigen Stamm unter lautem Krachen entzwei. Dieses furchtbare Ereignis mahnte sie an die Gefahr, der sie unter ihrem gegenwärtigen Obdach ausgesetzt waren, und Glaucus sah sich ängstlich nach einem weniger bedenklichen Zufluchtsort um. „Wir sind hier", sagte er, „auf halber Höhe des Vesuvs. In den Felsen muß wohl irgendeine Grotte oder Höhle sein."

Mit diesen Worten trat er unter den Bäumen vor und entdeckte nach angestrengtem Spähen, daß ein rotes, zitterndes Licht durch die zunehmende Finsternis schimmerte. „Das muß", rief er, „vom Herd eines Hirten oder Winzers kommen — es wird uns zu irgendeinem wirtlicheren Aufenthalt führen. Willst du hierbleiben, bis ich ... doch nein, das hieße, dich der Gefahr aussetzen."

„Mit Freuden will ich mit dir gehen", erwiderte Jone, „scheint der Ort auch unbedeckt, so ist er doch besser als das Dach dieser Zweige."

Jone halb führend, halb tragend, schritt Glaucus, von der zitternden Sklavin gefolgt, dem Licht zu. Immer verschlungener wurden die Weinstöcke; das rettende Licht war ihnen gänzlich entschwunden. Nichtsdestoweniger verblieb ein kleiner Pfad, den sie, nur die fortwährenden, langanhaltenden Blitze zu Führern, mit Mühe verfolgten. Plötzlich hörte der Regen für einen Augenblick auf. Steile, rauhe Klippen von erstarrter Lava standen ihnen schroff entgegen, durch das Wetterlicht noch schauriger hervorgehoben.

Unsere Freunde hielten an, als sie plötzlich ziemlich nah, aber hoch über sich das geheimnisvolle Licht wieder erblickten. Ein neuer Strahl, der Himmel und Erde taghell erleuchtete, zeigte ihnen die ganze Umgebung; kein Haus befand sich in der Nähe, aber eben wo sie das Licht bemerkt hatten, glaubten sie im Hintergrund einer Höhle den Umriß einer menschlichen Gestalt wahrzunehmen. Die Liebenden mußten ihren Weg durch große Felsstücke, hie und da von wildem Gebüsch überhangen, bahnen, aber sie gelangten näher und näher zu der Flamme und standen endlich einer Höhle gegenüber. Als sie jedoch in den Schlund hineinblickten, fuhren beide schaudernd zurück.

Ein Feuer brannte im Hintergrund — mit einem kleinen Kessel darüber. Auf einer dünnen eisernen Säule stand eine primitive Lampe. An demjenigen Teil der Wand, an dessen Fuß das Feuer brannte, hing eine Menge Kräuter in mehrfachen Reihen zum Trocknen. Ein vor der Flamme liegender Fuchs stierte die Fremdlinge mit seinen hellen, roten Augen an; sein Haar sträubte sich, und ein leises Knurren stahl sich zwischen den Zähnen hervor. Mitten in der Höhle stand eine irdene Statue mit drei Köpfen von seltsamer, phantastischer Art, denn sie wurden durch die wirklichen Schädel eines Hundes, eines Pferdes und eines Bären angedeutet. Ein niederer Dreifuß war vor diesem wilden Abbild der gefürchteten Hekate aufgestellt.

Nicht aber die Einrichtung und Szenerie der Grotte war es, was das Blut der Hineinschauenden erstarren ließ, sondern das Gesicht der Bewohnerin. Vor der Flamme, den vollen Widerschein des Lichts auf den Zügen, saß ein Weib von undefinierbarem Alter. Steinerne Augen stierten den Ankommenden entgegen — eine Sehkraft, die den fremden Blick zu bezaubern drohte, ja, das Bild einer Leiche trat in diesem furchtbaren Gesicht vor sie! Dieselben gläsernen, lichtlosen Augen, die blauen, eingeschrumpften Lippen, die herabhängenden hohlen Wangen, das strähnige, graue Haar, die blaugrüne Haut. Alles schien in die Farben des Grabes getaucht.

„Es ist etwas Totes“, sagte Glaucus.

„Nein, es bewegt sich, es ist ein Geist“, stammelte Jone und klammerte sich an die Brust des Atheners.

„Hinweg, hinweg!“ ächzte die Sklavin, „es ist die Hexe des Vesuvs.“

„Wer seid ihr?“ fragte eine hohle Stimme, „und was tut ihr hier?“

Der Ton, der ganz zu dem Gesicht der Sprecherin paßte, würde Jone in die erbarmungslose Wut des Sturms zurückgescheucht haben — Glaucus aber, obwohl nicht ohne böse Vorahnung, zog sie in die Höhle.

„Wir sind vom Gewitter verschlagene Reisende aus der benachbarten Stadt", sagte er, „und von diesem Licht herbeigelockt, bitten wir um Obdach an deinem Herd."

Während seiner Worte erhob sich der Fuchs vom Boden und nahte sich den Fremden. Der ganzen Länge nach zeigte er seine weißen Zähne und fuhr in seinem drohenden Knurren in noch tieferem Ton fort.

„Ruhig, Sklave!" rief die Hexe.

Beim Ton dieser Stimme legte sich das Tier sogleich nieder, bedeckte das Gesicht mit dem Schweif und hielt nur die wachsamen, regen Augen auf die Störer seiner Ruhe geheftet.

„Tretet ans Feuer, wenn ihr wollt", fuhr jene gegen Glaucus und dessen Begleiterin fort. „Ich heiße nie etwas Lebendes willkommen außer der Eule, dem Fuchs, der Kröte und der Schlange, darum kann ich euch keinen Willkomm bieten. Tretet aber ohne Willkomm ans Feuer!"

Die Sprache, worin sich die Alte an ihre Gäste wandte, war ein seltsames, barbarisches Latein, vermischt mit vielen Wörtern einer älteren, rauheren Mundart. Sie bewegte sich nicht von ihrem Platz, als Glaucus Jone den Mantel abnahm, sie einlud, sich auf ein Stück Holz, den einzigen Sitz, den er fand, niederzulassen, und mit seinem Atem die Glut zu stärkerer Flamme anfachte.

„Ich fürchte, wir stören dich", sagte Jone begütigend.

Die Hexe gab keine Antwort. Sie schien wie ein Wesen, das auf einen Augenblick vom Tod erwacht ist und dann wieder in den ewigen Schlummer zurücksinkt.

„Sagt mir", fragte sie plötzlich nach einer langen Pause, „seid ihr Bruder und Schwester?"

„Nein", entgegnete Jone errötend.

„Verheiratet?"

„Auch nicht", erwiderte Glaucus.

„Ein Liebespaar, hoho!" und die Hexe lachte so laut und lang, daß die Höhle widerhallte.

„Was lachst du, Alte?" fragte Glaucus streng.

„Lachte ich?" fragte die Hexe irr.

„Sie ist kindisch vor Alter", flüsterte Glaucus, bemerkte aber noch während seiner Worte, wie ihn die Alte boshaft und aufmerksam anstarrte.

„Du lügst“, rief sie plötzlich.

„Du bist eine unhöfliche Wirtin“, gab ihr Glaucus zurück.

„Still, reize sie nicht, lieber Glaucus!“ lispelte Jone.

„Ich will dir sagen, warum ich lachte bei der Entdeckung, daß ihr Liebende seid“, erwiderte das alte Weib. „Weil es für Alte und Verwelkte eine Lust ist, auf junge Herzen wie die eurigen zu blicken und zu wissen, daß die Zeit kommen wird, wo ihr einander anekeln werdet — anekeln, anekeln!“

Jetzt war es an Jone, gegen die schlimme Prophezeiung ein Gebet einzulegen.

„Die Götter mögen es verhüten!“ sprach sie. „Aber, alte Frau, du weißt wenig von Liebe oder du würdest wissen, daß sie sich nie ändert.“

„Meint ihr, ich sei nicht auch einmal jung gewesen?“ fragte die Hexe rasch.

Mit diesen Worten sank sie wieder in ein tiefes furchtbares Schweigen, als ob ihr Leben selbst aufhörte.

„Wohnst du schon lange hier?“ fragte Glaucus nach einer Pause, denn er fühlte sich in dieser Stille seltsam beklommen.

„O ja, lang!“

„Es ist ein trauriger Aufenthalt.“

„Ja, das kannst du wohl sagen — die Hölle ist unter uns“, antwortete die Alte und wies mit dem knöchernen Finger auf den Boden. „Und ich will dir ein Geheimnis sagen — das Dunkel da unten rüstet seinen Zorn gegen euch — euch, die Jungen, Gedankenlosen und Schönen.“

„Du sprichst bloß üble Worte, wie sie sich gegen den Gast nicht ziemen“, entgegnete Glaucus, „fortan will ich lieber den Sturm ertragen als dein Obdach.“

„Daran wirst du wohltun. Nur Unglückliche sollten zu mir kommen.“

„Und warum Unglückliche?“

„Ich bin die Hexe des Berges“, antwortete die Zauberin mit gespenstischem Grinsen, „mein Gewerbe ist, den Hoffnungslosen Hoffnung zu geben; für Ungeliebte habe ich Liebestränke; für den Geizigen Zusagen von Schätzen; für den Zornigen Rachetränke; für Glückliche und Gute habe ich nur, was das Leben selbst bietet — Flüche. Belästigt mich nicht weiter!“

Damit sank die grimmige Bewohnerin der Höhle in ein so hartnäckiges und verstocktes Schweigen, daß Glaucus' Versuche, sie in ein weiteres Gespräch zu ziehen, fruchtlos blieben. Als sich

Glaucus abermals gegen die Hexe wandte, bemerkte er plötzlich unter ihrem Sitz den funkelnden Blick und aufgeblähten Kopf einer großen Schlange. Glaucus griff schnell nach einem halbverbrannten Holzscheit im Feuer; gereizt über diese Bewegung schoß die Schlange unter ihrem Obdach hervor und richtete sich unter lautem Gezisch auf, bis ihre Höhe derjenigen des Griechen beinahe gleichkam.

„Hexe", rief Glaucus, „bändige dein Tier oder du siehst es tot zu deinen Füßen!"

„Es ist seines Giftes beraubt", erwiderte die Hexe, durch solche Drohung aufgeschreckt. Aber ehe diese Worte noch ganz aus ihrem Mund waren, war die Schlange auf Glaucus zugeschnellt. Behend und wachsam sprang der gelenkige Grieche leicht zur Seite und führte einen so gewandten, kräftigen Streich auf den Kopf des Ungetüms, daß es zu Boden fiel und sich in der Asche hin und her krümmte.

Die Hexe fuhr auf und stand Glaucus mit einem Gesicht gegenüber, das der grimmigsten Furie Ehre gemacht haben würde, so feindselig und zornerfüllt war sein Ausdruck.

„Du hast", sprach sie mit langsamer, fester Stimme, „Schutz unter meinem Dach und Wärme an meinem Herd genossen — du hast mir Böses für Gutes zurückgegeben, hast das Wesen, das mich liebte und mein war, ja noch mehr, das Geschöpf, das vor allen andern den Göttern geweiht ist und von den Menschen für verehrungswürdig gehalten wird, geschlagen und vielleicht getötet: höre jetzt deine Bestrafung. Beim Mond, dem Beschützer der Zauberinnen, beim Orkus, dem Hort der Rache, verfluche ich dich! Möge deine Liebe verdorren, möge dein Name geschändet werden, mögen die Unterirdischen ihr Malzeichen auf dich drükken, möge dein Herz verwelken und verbrennen. Und du", fügte sie hinzu, indem sie sich grimmig gegen Jone wandte und ihren rechten Arm erhob, aber Glaucus unterbrach ihre Rede:

„Hexe", rief er, „halt ein! Mich hast du verflucht, doch ich vertraue mich den Göttern — ich trotze dir und verachte dich. Aber sprich nur ein Wort gegen diese Jungfrau und ich verwandle den Fluch auf deinen Lippen zu deinem Todesgestöhn; hüte dich!"

„Ich bin fertig", erwiderte die Hexe mit wildem Gelächter, „denn in deinem Schicksal ist auch sie, welche dich liebt, verflucht. Und das um so gewisser, als ich ihre Lippen deinen Namen aussprechen hörte und weiß, durch welches Wort ich dich der Rache der Dämonen empfehlen soll. Glaucus, du bist deinem Schicksal verfallen!" — Damit wandte sie sich von dem Athener ab, kniete neben ihrem zuckenden Liebling nieder, hob ihn aus der Asche auf und kehrte jenen das Gesicht nicht mehr zu.

„Glaucus!" sagte Jone heftig erschreckt, „was haben wir getan? Laß uns von diesem Ort wegeilen! Der Sturm hat aufgehört. Gute Wirtin, verzeih ihm, widerrufe deine Worte — er wollte sich ja nur verteidigen. Empfange diese Friedensgabe und nimm das Gesagte zurück."

Damit bückte sie sich und legte ihre Börse in den Schoß der Hexe.

„Hinweg!" rief diese, „hinweg, den einmal ausgesprochenen Fluch können nur die Schicksalsgöttinnen lösen — hinweg!"

„Komm, Geliebte", rief Glaucus drängend. „Glaubst du, die Götter über oder unter uns hören das ohnmächtige Toben dieser verrückten Hexe? Komm!"

Die Liebenden atmeten freier, als sie ins Freie kamen, allein die Worte und das Gelächter der Hexe blieben noch mit Schrekken in Jones Seele, und selbst Glaucus vermochte den nachhallenden Eindruck nicht gänzlich abzuschütteln.

Der Sturm hatte sich gelegt. Mit einiger Schwierigkeit erreichten sie die Straße, wo sie den Wagen zur Weiterreise bereits hinlänglich hergestellt fanden.

Vergebens versuchte Glaucus die Lebensgeister Jones wieder aufzuheitern, und fast ebenso fruchtlos strebte er, seine gewohnte Fröhlichkeit wiederzugewinnen. Sie langten bald vor dem Stadttor an; während es sich öffnete, sperrte eine kleine, von Sklaven getragene Sänfte den Weg.

„Es ist zu spät, um hinausgelassen zu werden!" rief die Wache dem Inhaber der Sänfte zu.

„Nicht doch", entgegnete eine Stimme, bei deren Ton die Liebenden zusammenfuhren: sie war ihnen wohlbekannt. „Ich muß nach der Villa des Marcus Polybius und komme in kurzer Zeit zurück. Ich bin Arbaces, der Ägypter."

Die Bedenken der Wache waren behoben und die Sänfte zog hart an dem Gefährt der Liebenden vorüber.

„Arbaces, zu dieser Stunde! Überdies wohl kaum von seiner Wunde genesen — wohin und wozu kann er die Stadt verlassen?" fragte Glaucus.

„Ach“, erwiderte Jone und brach in Tränen aus, „meiner Seele drängt sich mehr und mehr das Vorgefühl eines Unglücks auf. Erhaltet uns, ihr Götter, oder wenigstens“, setzte sie im Innern hinzu, „erhaltet meinen Glaucus!“

10

Arbaces hatte nur auf das Ende des Sturms gewartet, um unter dem Mantel der Nacht die Hexe des Vesuvs zu besuchen. Auf einem so kurzen Weg bewegten sich die Sklaven nicht viel langsamer als der gewöhnliche Schritt der Maultiere, und bald langte Arbaces am Eingang eines schmalen Fußpfades an, den die Liebenden unglücklicherweise nicht entdeckt hatten. Dieser Weg führte am Rand der dichten Weinstöcke gerade nach der Höhle der Hexe hin. Der Ägypter ließ die Sänfte halten, befahl seinen Leuten, sich unter dem Weinlaub verborgenzuhalten, und stieg dann allein, mit einem langen Stab gestützt, an dem öden, schroffen Abhang empor.

Als er sich endlich der Mündung der Höhle näherte, hielt er an, um Atem zu schöpfen, und trat dann mit der gewohnten, festen, stolzen Haltung über die unheilige Schwelle.

Der Fuchs sprang beim Eintritt des neuen Ankömmlings auf und kündete seiner Gebieterin durch ein langes Geheul den abermaligen Besuch an.

Die Hexe hatte ihren Sitz wieder eingenommen und verharrte in totenähnlicher Ruhe. Zu ihren Füßen lag die verwundete Schlange auf einer Streu von trockenen Kräutern, die sie halb bedeckten.

„Nieder, Sklave!“ rief die Hexe wie zuvor dem Fuchs zu, und wie zuvor legte sich das Tier auf den Boden — stumm, aber wachsam.

„Auf, Dienerin der Nacht und des Erebus“, sagte Arbaces gebieterisch, „ein Höherer in deiner Kunst begrüßt dich! Auf und heiße ihn willkommen!“

Bei diesen Worten wandte die Hexe ihren Blick auf die hohe Gestalt und die dunklen Züge des Ägypters. Lang und fest sah sie ihn an, wie er in seiner morgenländischen Tracht mit gekreuzten Armen und hoheitsvoller Stirn vor ihr stand.

„Wer bist du“, fragte sie endlich, „der sich größer nennt in der

Kunst als die Seherin der brennenden Gefilde und die Tochter des untergegangenen etruskischen Geschlechts?"

„Ich bin der", antwortete Arbaces, „von dem alle Meister der Magie von Nord und Süd, von Ost und West, vom Ganges und Nil bis zu den Tälern Thessaliens und den Ufern des gelben Tibers in Demut gelernt haben."

„Es gibt nur einen solchen Mann in diesem Land", versetzte die Hexe, „den die Menschen der äußeren Welt, unkundig seiner höheren Eigenschaften und seines geheimen Rufes, Arbaces, den Ägypter, nennen; uns aber, Geistern von höherer Natur und tieferem Wissen, lautet sein rechtmäßiger Name Hermes vom flammenden Gürtel."

„Sieh mich noch einmal an", erwiderte Arbaces.

Mit diesen Worten schlug er den Mantel auseinander und zeigte einen Gürtel um seine Lenden, der wie von Feuer glühte und in der Mitte durch eine Platte zusammengehalten wurde, worin ein unverständliches Zeichen eingegraben stand, das jedoch der Hexe augenscheinlich nicht unbekannt war. Hastig sprang sie auf und warf sich ihm zu Füßen. „So habe ich denn", sprach sie mit dem Ton tiefer Unterwürfigkeit, „den Herrn des mächtigen Gürtels gesehen — empfange meine Huldigung."

„Steh auf", sagte der Ägypter, „ich bedarf deiner."

Die Hexe neigte das Haupt.

„So groß unsere Kunst in der Zauberei auch sein mag", fuhr Arbaces fort, „sind wir doch zuweilen zur Erreichung unserer Zwecke zu natürlichen Mitteln genötigt. Du bist, soviel ich weiß, in der Kunde der tödlichen Kräuter gut bewandert. Du kennst diejenigen, die das Leben anhalten, die Seele aus ihrer Feste durch glühende Versengung treiben oder die Kanäle des jungen Bluts zu jenem Eis erstarren, das keine Sonne zu schmelzen vermag. Überschätze ich deine Kunst? Sprich die Wahrheit!"

„Mächtiger Hermes, dies ist wirklich meine Wissenschaft. Wirf einen Blick auf diese geisterhaften, leichenähnlichen Züge; die Lebensfarben sind ihnen abgewelkt, bloß weil ich über den giftigen Kräutern wache, die Tag und Nacht in jenem Kessel sieden."

Bei diesen Worten rückte der Ägypter weiter von einer so ungesunden Nachbarschaft weg.

„Es ist gut", sprach er. „Mit den Sternen der morgigen Nacht wird ein eitles Mädchen zu dir kommen, das deine Kunst um einen Liebeszauber ansprechen wird, um die Augen, die nur zu den ihrigen reden sollten, von einer andern abzuziehen. Statt des Liebestrankes gib dem Mädchen eines deiner tödlichsten Gifte. Der Liebhaber möge seine Schwüre den Schatten darbringen."

Die Hexe zitterte vom Kopf bis zu den Füßen.

„Verzeihung, furchtbarer Meister", sprach sie mit wankender Stimme, „aber so etwas wage ich nicht. Das Gesetz in diesen Städten ist streng und wachsam, man wird mich fassen und töten."

„Wozu dann deine Kräuter und deine Tränke?" fragte Arbaces höhnisch.

Die Hexe bedeckte ihr grauenhaftes Gesicht mit den Händen.

„Vor Jahren", sprach sie mit einer Stimme, die durch das milde Klagende darin von ihrem gewöhnlichen Ton ganz abwich, „war ich nicht das Wesen, das ich jetzt bin. Ich liebte und glaubte mich geliebt."

„Und was hat deine Liebe mit meinem Befehl zu tun, Hexe?" fragte Arbaces gebieterisch.

„Geduld!" erwiderte sie. „Ich flehe dich an, Geduld! Ich liebte! Eine andere, eine minder Schöne als ich — ja bei der Nemesis, eine minder Schöne — lockte meinen Erkorenen von mir ab. Ich gehörte zu jenem dunklen etruskischen Stamm, der der kundigste von allen in der schwarzen Magie war. Meine Mutter selbst war eine Seherin. Aus ihren Händen empfing ich den Trank, der mir seine Liebe zurückführen sollte, und von ihr auch das Gift für meine Nebenbuhlerin. Zermalmt mich, ihr grauen Felsen, meine zitternden Hände verwechselten die Getränke. Wohl fiel mir mein Geliebter zu Füßen, aber tot. Was war seitdem das Leben für mich?"

Die dürre Gestalt der Hexe bebte.

Überrascht und fast verächtlich sah sie der Ägypter an. „Und dieses verwelkte Leben hat noch menschliche Empfindungen", dachte er.

Er gab keine Antwort, bis jene sich etwas erholt hatte. Endlich saß sie, obwohl noch immer hin und her nickend, wieder ruhiger auf ihrem Stuhl, die glasigen Augen auf das Feuer gerichtet und große Tränen auf den bleichen Wangen.

„Wirklich eine traurige Geschichte", sagte er, „aber dergleichen Empfindungen ziemen nur der Jugend. Das Alter sollte unsere Herzen gegen alles, was wir nicht selbst sind, verhärten. Denk nicht mehr an diese Verirrungen und hör wieder auf mich! Bei der Rache, die auch dir teuer war, befehle ich dir, mir zu gehorchen! Dieser Knabe, den ich mir aus dem Weg räumen will, ist meinen Plänen entgegengetreten. Dieser Glaucus — ich sage dir beim Orkus und bei der Nemesis —, er muß sterben!"

Mit jedem Wort hatte der Ägypter seinen Grimm gesteigert und durchmaß jetzt, alles vergessend außer seiner rachedürstenden Wut, mit großen, schnellen Schritten die düstere Höhle.

„Glaucus, sagst du, Herr?" fragte plötzlich die Hexe, und ihre Augen glühten bei diesem Namen voll Rachsucht.

„Ja, so heißt er, aber was kümmert dich der Name? Nach drei Tagen möge er keinem Lebenden mehr zugehören!"

„Höre!" rief die Hexe, aus einem kurzen Sinnen auffahrend, in das sie nach den letzten Worten des Ägypters gesunken war. „Ich bin dein Geschöpf und deine Sklavin. Gebe ich dem Mädchen, von dem du gesprochen hast, etwas, was das Leben des Glaucus zerstört, so werde ich gewiß entdeckt. Der Tod findet stets seine Rächer. Ja, du selbst, furchtbarer Mann, wenn dein Besuch bei mir bekannt wird, möchtest wohl deiner stärksten Zauberkunst bedürfen, um dich zu schützen. Aber, wenn ich statt dessen, was das Herz in seinem Gang anhält, das gäbe, was das Hirn versengt und verbrennt — was den, der es trinkt, unfähig für die Dinge des Lebens macht — zu einem tobenden, umnachteten Wesen —, wenn ich ihm gäbe, was den Verstand zum Wahnsinn, die Jugend zum kindischen Alter verwandelt — wäre dann nicht deine Rache ebenso befriedigt, dein Zweck in gleichem Grad erreicht?"

„Kluge Hexe, nicht länger Dienerin, sondern Schwester des Arbaces! Um wie viel schärfer als der unsrige ist doch Weiberwitz, selbst in der Rache! Um wie viel schrecklicher als der Tod ist ein solches Los! Du sollst dafür zwanzig Jahre länger leben, ich will das Zeitmaß deines Schicksals von neuem ins Angesicht der bleichen Sterne schreiben, nicht umsonst sollst du dem Herrn des flammenden Gürtels gedient haben. Und hier, grab dir mit diesen goldenen Werkzeugen eine wärmere Zelle in dieser Höhle!"

Mit diesen Worten warf er eine schwere Börse auf den Boden, ein Klang, der nicht unangenehm im Ohr der Hexe anschlug.

„Leb wohl", sagte Arbaces, „halt Wort! Kein Schlaf komme über dich, bis du den Trank gebraut hast. Morgen nacht sehen wir uns wieder."

Er wartete nicht auf den Dank der Alten. Mit schnellen Schritten trat er in die mondhelle Nacht hinaus.

In dieser Nacht, in derselben Stunde, die Zeugin der dunklen, unheiligen Unterredung zwischen Arbaces und der Hexe war, wurde Apäcides getauft.

11

„Und so hast du den Mut, Julia, die Hexe des Vesuvs diesen Abend zu besuchen, und in Gesellschaft dieses furchtbaren Mannes?"

„Wie, Nydia", erwiderte Julia erschrocken, „glaubst du, es sei wirklich etwas dabei zu fürchten? Diese alten Hexen mit ihren Zauberspiegeln und ihren im Mondschein gesammelten Kräutern sind, denke ich, nur listige Betrügerinnen, die vielleicht nichts verstehen als eben die Bereitung des Mittels, um dessentwillen ich mich an ihre Kunst wende, ein Geheimnis, das sie wohl nur ihrer Kenntnis der Kräuter verdanken. Was hätte ich also zu fürchten?"

„Fürchtest du deinen Begleiter nicht?"

„Arbaces? Bei Diana! Kein Liebhaber war je so wohlerzogen wie dieser Zauberer! Und wäre er nicht so schwarz, so würde er sogar hübsch sein."

„Laß mich mit dir gehen, edle Julia", sagte Nydia, „meine Gegenwart ist zwar kein Schutz, aber ich wäre gern bei dir, bis alles im reinen ist."

„Dein Anerbieten gefällt mir sehr", erwiderte Diomeds Tochter. „Aber wie fängst du es an? Wir können erst spät zurückkehren, man wird dich vermissen."

„Jone ist nachsichtig", entgegnete Nydia. „Wenn du mir erlaubst, unter deinem Dach zu schlafen, so will ich sagen, du, eine frühere Gönnerin und Freundin, habest mich eingeladen, den Tag bei dir zuzubringen und dir meine thessalischen Lieder zu singen. Ihre Gefälligkeit wird dir eine so geringe Forderung gern gewähren."

„Nein, bitte du für dich selbst", sagte die stolze Julia, „ich laß mich nicht herab, bei Jone um eine Gunst einzukommen."

„Gut, sei es so: ich will dich jetzt verlassen, meine Bitte vorbringen und in kurzer Zeit zurückkehren."

„Tu das. Dein Bett soll in meinem eigenen Zimmer bereitet werden.“

Damit schied Nydia von der schönen Pompejanerin.

Auf ihrem Rückweg zu Jone begegnete sie dem Wagen des Glaucus, dessen feurige Rosse alle Augen auf sich zogen. Freundlich hielt er einen Augenblick an, um mit dem Blumenmädchen zu sprechen.

„Sieh da! Blühend wie deine Rosen, meine holde Nydia! Und wie befindet sich deine schöne Gebieterin? Hoffentlich ganz erholt von dem gestrigen Ungewitter?“

„Ich habe sie heute noch nicht gesprochen, aber —“

„Aber was? Tritt weiter zurück, du bist den Pferden zu nahe.“

„Aber glaubst du, Jone werde mir erlauben, den Tag bei Julia, der Tochter des Diomed, zuzubringen? Diese wünscht es und war gütig gegen mich, als ich nur wenige Freunde hatte.“

„Mögen die Götter dein dankbares Herz segnen! Ich nehme die Erlaubnis auf mich.“

„Dann darf ich wohl die Nacht über ausbleiben und erst morgen zurückkehren?“ fragte Nydia weiter.

„Wie es dir und der schönen Julia gefällt. Empfiehl mich ihr!“

Als der Abend dunkelte, ließ sich Julia in ihrer Sänfte, die groß genug war, um auch ihrer blinden Gefährtin Raum zu geben, nach den von Arbaces bezeichneten Bädern vor der Stadt tragen. Julia betrat mit Nydia die Bäder und begab sich durch eine Seitentür in den hinten gelegenen Garten.

„Ich sehe den Magier nicht“, sagte Julia umschauend, als noch während ihrer Wort der Ägypter langsam aus einem nahen Gebüsch trat. Bleich fiel das Sternenlicht auf sein herabwallendes Gewand.

„Sei gegrüßt, holde Jungfrau! Aber wen hast du da bei dir? Wir dürfen keine Begleiter haben!“

„Es ist nur das blinde Blumenmädchen, weiser Magier, überdies eine Thessalierin.“

„Ah, Nydia“, entgegnete der Ägypter, „ich kenne sie.“

Mit diesen Worten zog er Julia sanft auf die Seite.

„Die Hexe“, sprach er, „sieht nicht gern viele Besuche zugleich. „Laß Nydia bis zu deiner Rückkehr hier. Helfen kann sie uns nicht und zum Schutz reicht deine eigene Schönheit hin, deine eigene Schönheit und dein Rang. Komm, vertrau dich mir an, reizende Nebenbuhlerin der jüngsten Najaden.“

Die eitle Julia war nicht leicht zu erschrecken; die Schmeichelei des Arbaces machte Eindruck auf sie und willig gab sie ihre Zustimmung, daß das Mädchen bis zu ihrer Rückkehr hier auf sie warte. Auch drängte Nydia ihre Gegenwart keineswegs auf. Kaum hatte sie die Stimme des Ägypters vernommen, als ihre ganze Angst vor ihm zurückzukehren schien. Sie ging nach dem Haus zurück und wartete auf die Wiederkunft der beiden. Vielfach und bitter waren ihre Gedanken, als sie hier in ihrer ewigen Dunkelheit saß. Frühzeitig in die Sklaverei verkauft, einem habsüchtigen Zuchtmeister zugewiesen, endlich ihre äußeren Verhältnisse nur wechselnd, um ihr Los noch mehr zu verbittern, trug Nydia in ihrem von Natur so edlen Gemüt nur geknickte und verwelkte Gefühle. Ihr Sinn für Recht und Unrecht war durch die Leidenschaft verwirrt.

Die Zeit verging; ein leichter Schritt trat in das Gemach, wo Nydia noch immer ihren düsteren Betrachtungen nachhing.

„Dank sei den unsterblichen Göttern!" rief Julia, „ich bin zurück, ich habe diese schreckliche Höhle hinter mir; komm, Nydia, wir brechen sogleich auf."

Erst als sie wieder in der Sänfte Platz genommen, hob Julia von neuem an:

„Ach", sprach sie zitternd, „welch ein Anblick! Welche furchtbaren Beschwörungen! Und das Totengesicht der Hexe! Aber reden wir nicht davon, ich habe den Trank erhalten — sie verbürgt sich für die Wirkung. Meine Nebenbuhlerin wird seinem Aug' plötzlich gleichgültig werden und ich, ich allein, werde der Abgott des Glaucus sein!"

„Glaucus?" rief Nydia.

„Ja, Mädchen, ich sagte dir anfangs, es sei nicht der Athener, den ich liebe, aber jetzt sehe ich, daß ich dir trauen darf — es ist der schöne Grieche!"

Was waren Nydias Gefühle! Sie hatte zugelassen, sie hatte mitgewirkt, daß Glaucus Jone entrissen werde, aber nur, um mit der ganzen Kraft der Magie seine Neigung, noch hoffnungsloser für sie, auf eine andere zu übertragen! In der dunklen Sänfte bemerkte Julia die Bewegung ihrer Begleiterin nicht. Begeistert sprach sie sich über die versprochene Wirkung des errungenen Schatzes und ihren bevorstehenden Triumph über Jone.

Unterdessen gewann Nydia ihre Fassung wieder; ein Gedanke durchblitzte sie: sie schlief in Julias Zimmer — konnte sie sich da des unheilbringenden Trankes nicht bemächtigen?

Sie langten vor Diomeds Haus an und stiegen nach Julias Gemach hinunter, wo die Nachtmahlzeit ihrer wartete.

„Trink, Nydia, dir muß kalt sein. Die Luft war heute abend schneidend; was mich betrifft, so ist mein Blut noch wie Eis."

Und ohne zu zaudern, tat Julia tiefe Züge von dem gewürzten Wein.

„Du hast den Zaubertrank", sagte Nydia, „laß mich ihn in den Händen halten. Wie klein das Fläschchen ist! Welche Farbe hat die Flüssigkeit?"

„Sie ist klar wie Kristall", erwiderte Julia, indem sie das Zaubermittel zurücknahm. „Du könntest es von diesem Wasser nicht unterscheiden. Auch versicherte mir die Hexe, es sei geschmacklos. So klein das Fläschchen ist, fesselt es doch für das ganze Leben."

„Und der Liebestrank ist gleich wirksam, von wessen Händen er auch gereicht werden mag?"

„Seine Kraft ist so groß, daß Glaucus, wenn selbst die häßlichste Hexe unter der Sonne ihn reichte, sie, und niemand als sie für schön halten würde!"

Vom Wein erwärmt, war jetzt Julia voll Leben und Munterkeit; sie lachte laut, sprach über hunderterlei Dinge, und erst als die Nacht sich bereits stark dem Morgen näherte, rief sie ihre Sklavinnen und ließ sich entkleiden.

Als die Dienerinnen entlassen waren, sagte sie zu Nydia: „Dieser heilige Trank soll nicht aus meiner Nähe kommen bis zum Augenblick seiner Anwendung. Liege unter meinem Kissen, strahlender Geist, und gib mir glückliche Träume!"

Damit legte sie das Fläschchen unter ihren Polster. Nydias Herz schlug heftig.

„Warum trinkst du dieses lautere Wasser, Nydia? Nimm von dem Wein daneben."

„Ich bin erhitzt", erwiderte das blinde Mädchen, „das Wasser kühlt mich; ich will die Flasche neben mein Bett stellen. Sie erfrischt in diesen Sommernächten, wenn der Tau des Schlafes nicht auf unsere Wimpern fällt. Schöne Julia, ich muß dich zu sehr früher Stunde verlassen — so befiehlt mir Jone —, vielleicht noch ehe du wach bist: empfange daher schon jetzt meinen Glückwunsch."

„Danke, wenn wir das nächste Mal zusammentreffen, triffst du vielleicht Glaucus zu meinen Füßen."

Beide hatten sich zu Bett gelegt, und Julia, ermüdet von der

Aufregung des Tages, schlief bald ein; aber sehnsüchtige, brennende Gedanken wälzten sich durch den Geist der wachen Thessalierin. Sie horchte auf den ruhigen Atem Julias, und ihr Ohr, an die feinsten Abstufungen der Töne gewöhnt, vergewisserte sich bald vom tiefen Schlaf ihrer Gefährtin.

„Jetzt steh mir bei, Venus!" sprach sie sanft.

Leise stand sie auf und fand sofort Julias Bett, denn Nacht und Tag waren ihr ja gleich, schlüpfte mit zitternder Hand unter das Kissen und ergriff den Liebestrank. Julia rührte sich nicht; ihr Atem fächelte regelmäßig die brennende Wange der Blinden. Nydia öffnete die Phiole, goß ihren Inhalt in ein Fläschchen, das hinlänglich Raum dafür bot, füllte dann das leere Gefäß mit Wasser, dem der Liebestrank nach Julias Versicherung so sehr glich, und brachte es wieder an seinen früheren Ort. Dann stahl sie sich auf ihr Lager zurück und harrte auf das Grauen des Tages.

Die Sonne war aufgegangen, Julia schlief noch; Nydia kleidete sich geräuschlos an, steckte ihren Schatz sorgfältig zu sich, nahm ihren Stab und eilte, das Haus zu verlassen.

VIERTES BUCH

1

Als Apäcides von dem unterbrochenen, fieberhaften Schlaf erwachte, der seiner Annahme eines Glaubens gefolgt war, welcher so auffallend und schneidend von den Ansichten abwich, in denen seine Jugend erzogen worden war, konnte er sich kaum überzeugen, daß er nicht noch immer träume. Er hatte den verhängnisvollen Strom überquert; seine Vergangenheit sollte fortan keine Verwandtschaft mit der Zukunft haben. Beide Welten — das, was geschehen war, was geschehen sollte — waren deutlich voneinander getrennt. An welches kühne, gewagte Unternehmen hatte er sein Leben gesetzt! Er wollte die Geheimnisse enthüllen, an denen er selbst mitgewirkt, die Göttin anklagen, deren Priestergewand er trug! Allmählich wurde ihm klar, welchen Haß und welches Grauen er, selbst wenn ihm sein Unternehmen gelänge, bei den Frommen erregen würde. Mißlang ihm dagegen sein kecker Versuch, welcher Strafe setzte er sich nicht für einen bisher unerhörten Frevel aus? Seine Freunde, seine Schwester — konnte er Gerechtigkeit von ihnen erwarten? Ihren heidnischen Augen mochte diese tapfere, heldenhafte Tat vielleicht als eine gehässige Abtrünnigkeit, im besten Fall als eine erbarmungswürdige Verrücktheit erscheinen.

Er wagte alles und entsagte allem in dieser Welt, in der Hoffnung, in der zukünftigen jene Ewigkeit zu gewinnen, die ihm so plötzlich enthüllt worden war. Während diese Gedanken von der einen Seite in seine Brust eindrangen, vereinigten sich auf der anderen sein Stolz, sein Mut, seine Rechtlichkeit, verbunden mit einem zurückbleibenden Gefühl der Rache für erlittene Täuschung — einem Gefühl des empörten Ekels an dem Betrug, dessen Werkzeug er bis jetzt gewesen —, um ihn zu erheben und aufrecht zu halten.

Da der Reihe nach jeder Priester mehrere Nächte hintereinander in den Gemächern des Tempels schlafen mußte, so war die dem Apäcides gesetzte Zeit noch nicht ganz zu Ende. Somit fand er sich, sobald er von seinem Lager aufgestanden, wie gewöhnlich seine Priesterkleidung angelegt und sein kleines Zimmerchen verlassen hatte, wieder vor den Altären.

In der Erschöpfung seiner in den letzten Tagen so aufgewühlten Gefühle hatte er weit in den Morgen hinein geschlafen und die Sonne warf bereits ihre glühenden Strahlen senkrecht auf die heilige Stätte.

„Sei gegrüßt, Apäcides", sprach eine Stimme, deren natürliche Rauheit durch lange Kunst zu einer beinahe unangenehmen Milde gedämpft worden war. „Du stehst spät auf. Hat sich dir die Göttin in Traumgesichten enthüllt?"

„Könnte sie ihr wahres Selbst dem Volk enthüllen, Kalenus, wie wenig Weihrauch würde auf diesen Altären verbrannt werden!"

„Das möchte wahr sein, aber die Göttin ist weise genug, sich nur mit den Priestern in Verkehr zu setzen."

„Vielleicht kommt eine Zeit, wo sie ohne ihre eigene Zustimmung entschleiert wird."

„Nicht wahrscheinlich, sie hat zahllose Jahrhunderte hindurch ihre Herrschaft behauptet, und was so lange die Probe der Zeit gehalten hat, unterliegt selten der Lust zur Neuerung. Übrigens sind dergleichen Behauptungen ganz außer deiner Befugnis, mein junger Bruder."

„Es kommt nicht dir zu, ihnen Stillschweigen zu gebieten", erwiderte Apäcides stolz.

„So hitzig! Doch ich will nicht mit dir streiten. Hat dich der Ägypter nicht von der Notwendigkeit überzeugt, daß wir in Eintracht zusammen leben müssen? Hat er dich nicht von dem Recht überzeugt, dem Volk etwas weiszumachen und unser Leben zu genießen?"

„So hast du denn auch seine Belehrungen empfangen?" fragte Apäcides mit hohlem Lächeln.

„Ja, aber ich hätte sie weniger nötig als du. Die Natur hatte mich bereits mit der Liebe zum Genuß und dem Wunsch nach Gewinn und Macht ausgerüstet. Lang ist der Weg, der den Freund der Lust zu einem strengen Leben führt; aber es ist nur ein Schritt von den Freuden der Sünde zum Schutzdach der Heuchelei. Hüte dich vor der Rache der Göttin, wenn die Kürze dieses Schrittes der Menge entdeckt werden sollte!"

„Hüte dich vor der Stunde, wo das Grab birst und die innere Fäulnis an den Tag kommt!" erwiderte Apäcides feierlich. „Leb wohl!"

2

Er wandte sich um und schlug langsam den Weg zu Jones Haus ein; denn ehe das letzte Band, das ihn mit ihr vereinigte, vielleicht zerschnitten würde, trieb es ihn, noch einmal seine einzige Verwandte, seine zärtlichste, früheste Freundin, zu sehen. Er fand sie mit Nydia im Garten.

Nydia, froh, allein sein zu können, zog sich an das entgegengesetzte Ende des Gartens zurück.

„Jone, liebe Schwester", sagte der junge Neubekehrte, „leg deine Hand auf meine Stirn, laß mich deine kühle Berührung fühlen. Sprich auch mit mir, denn deine sanfte Stimme ist wie der Hauch der Luft, in dem Frische wie Wohllaut liegen. Sprich mit mir, aber hüte dich, mich zu segnen! Kein Wort von jenen Redeformen, die man uns als Kinder heilig zu achten lehrte."

„Ach, was soll ich dann sagen? Die Sprache unseres Herzens ist so verwoben mit der Sprache unserer Andacht, daß die Worte kalt und gemein werden, wenn ich den Hinweis auf unsere Götter aus ihnen verbanne."

„Unsere Götter!" flüsterte Apäcides schaudernd, „bereits setztest du meine Bitte hintan."

„Soll ich denn bloß von Isis zu dir sprechen?"

„Dem bösen Geist! Nein, lieber sei stumm auf ewig, du müßtest denn etwa . . . doch weg mit solchem Gespräch! Wir wollen jetzt nicht miteinander streiten, wir wollen jetzt nicht hart über einander urteilen, mögest du mich nicht als einen Abtrünnigen betrachten und ich voll Schmerz und Scham über dich sein, weil du eine Götzendienerin bist. Nein, meine Schwester, laß uns solche Gegenstände und solche Gedanken vermeiden. Wenn ich so meine Schläfen an deine Brust lege, wenn ich mich so von deinem zarten Arm umschlungen fühle, ist es mir, als wären wir noch Kinder, als lächelte der Himmel noch mit gleicher Freundlichkeit auf uns beide. Erinnerst du dich, wie wir Hand in Hand miteinander in den Fluren bei Baiae wandelten, um die Blüten des Lenzes zu brechen? Ebenso wollen wir Hand in Hand in den ewigen Garten eintreten und uns mit unvergänglichen Blumen bekränzen!"

Erstaunt und geängstigt durch Worte, die sie nicht zu fassen vermochte, aber zu Tränen gerührt durch den milden, klagenden Ton, in dem sie vorgebracht wurden, hörte Jone auf diese Ergüsse eines bedrückten Herzens.

„Jone“, sagte Apäcides und drückte ihre Hand, „solltest du hören, daß mein Name angeschwärzt und verleumdet wird, würdest du dann solcher Befleckung glauben?“

„Nie, mein Bruder, nie!“

„Hast nicht auch du die Überzeugung, daß der Übeltäter in einem späteren Dasein bestraft, der Gute belohnt werde?“

„Kannst du daran zweifeln?“

„Glaubst du also, daß der, welcher wahrhaft gut ist, in seinem Eifer für die Tugend jedes selbstsüchtige Interesse opfern solle?“

„Wer so denkt, ist das Ebenbild der Götter.“

„Und du glaubst, daß das Maß seiner Seligkeit jenseits des Grabes im Verhältnis zu der Reinheit und dem Mut stehen werde, mit dem er handelt?“

„So lehrt man uns zu hoffen.“

„Küß mich, meine Schwester! Noch eine Frage: Du stehst im Begriff, dich mit Glaucus zu vermählen, vielleicht trennt uns diese Heirat noch hoffnungsloser. Doch nicht hievon spreche ich jetzt. Du stehst im Begriff, dich mit Glaucus zu vermählen: liebst du ihn?“

„Ja“, flüsterte Jone errötend.

„Fühlst du, daß du um seinetwillen dem Stolz entsagen, der Schande trotzen und dich in den Tod stürzen könntest? Ich habe gehört, wenn ein Weib wirklich liebe, so gehe es bis zu diesem Letzten.“

„Mein Bruder, all dies könnte ich für Glaucus tun und dabei fühlen, daß es kein Opfer wäre.“

„Genug! Soll das Weib für den Mann so fühlen und der Mann weniger Hingebung für seinen Gott in sich tragen?“

Er sprach nicht weiter, sein ganzes Gesicht schien von einem göttlichen Leben durchdrungen und angehaucht. Zärtlich küßte er sie, drückte sie an seine Brust und hatte im nächsten Augenblick das Haus verlassen.

Lang blieb Jone an derselben Stelle, stumm und gedankenvoll. Zu wiederholten Malen erinnerten sie ihre Mädchen, daß der Mittag vorrücke und sie zu Diomeds Fest geladen sei. Endlich erwachte sie aus ihren Träumen und kleidete sich — nicht mit dem Stolz der Schönheit, sondern achtlos und schwermütig — zu der Lustbarkeit an. Nur ein Gedanke versöhnte sie mit dem versprochenen Besuch: sie sollte Glaucus treffen. Ihm konnte sie die Unruhe und Besorgnisse um ihren Bruder anvertrauen.

3

Unterdessen schlenderten Sallust und Glaucus gemächlich dem Hause Diomeds zu. Trotz seiner Lebensweise fehlte es Sallust nicht an vielen schätzenswerten Eigenschaften. Er wäre ein tätiger Freund, ein nützlicher Bürger, kurz, ein trefflicher Mensch gewesen, hätte er sich nicht in den Kopf gesetzt, ein Philosoph zu sein. Immerhin besaß er jedoch ein gutes Teil Verstand und frohe Laune, und die ungeschminkte Offenheit in seinen Ausschweifungen schien noch eine Tugend neben der vollendeten Verdorbenheit eines Clodius und der schamlosen Art eines Lepidus. Deshalb war ihm Glaucus unter seinen Gefährten am meisten gewogen und er seinerseits schätzte die edlen Eigenschaften des Atheners.

„Ein gemeiner, alter Kerl, dieser Diomed“, sagte Sallust, „aber er hat einige gute Eigenschaften — in seinem Keller!“

„Und eine reizende — in seiner Tochter.“

„Gewiß, Glaucus, aber du scheinst mir nicht sonderlich davon gerührt. Ich glaube, Clodius möchte gern dein Nachfolger werden.“

„Er ist willkommen beim Fest, das ihre Schönheit gibt!“

„Ziemlich streng! Wir sind wahrhaftig sehr gutmütig, daß wir die Gesellschaft dieses Taugenichtses von Spieler dulden!“

„Du hast schon oft darauf hingedeutet, daß er falsch spiele. Glaubst du das wirklich?“

„Mein lieber Glaucus, ein römischer Edler hat seine Würde aufrechtzuerhalten; und die Würde ist etwas gewaltig Kostspieliges — Clodius muß betrügen wie ein Spitzbube, um leben zu können wie ein vornehmer Mann.“

„Nun, neuerdings habe ich den Würfeln entsagt! Sallust, bin ich erst mit Jone vermählt, so glaube ich, noch eine ganze Jugend voller Torheiten wiedergutmachen zu können. Wir beide, Freund, sind für etwas Besseres geboren als das, was uns jetzt zusammenhält!“

„Ach“, erwiderte Sallust in beinahe schwermütigem Ton, „was

wissen wir denn mehr! Das Leben ist kurz — jenseits des Grabes ist Nacht, keine Weisheit geht über den Spruch: Genieße!"

„Na, Sallust, bei all deinen Sünden bist du der herrlichste Taugenichts, der mir je vorgekommen; und wahrhaftig, geriete ich in Lebensgefahr, so wärst du der einzige Mensch in ganz Italien, der zu meiner Rettung einen Finger ausstrecken würde."

„Vielleicht, daß ich's nicht täte, wenn ich gerade mitten in einem Schmaus begriffen wäre! Aber Scherz beiseite, wir Italier sind wirklich furchtbar selbstsüchtig."

„Wie alle Menschen, die nicht frei sind", erwiderte Glaucus mit einem Seufzer. „Nur die Freiheit kann uns dazu führen, Opfer füreinander zu bringen."

„So müßte denn die Freiheit etwas Ermüdendes für Epikuräer sein", versetzte Sallust. „Ah, wir sind bereits da!"

In der Vorhalle empfing jetzt Diomed seine Gäste.

Der Kaufmann spielte mit aller Macht den Mann von Bildung und trug mithin eine Leidenschaft für alles, was griechisch war, zur Schau, weshalb er Glaucus ganz besondere Aufmerksamkeit erwies.

„Du wirst sehen, mein Freund", sprach er, sich die Hände reibend, „daß auch ich einiges zu bieten habe. Die Halle, worin wir essen werden, ist den Griechen entlehnt. Edler Sallust, man sagt mir, diese Art von Gemächern gebe es in Rom nicht!"

„Oh", erwiderte Sallust mit halbem Lächeln, „ihr Pompejaner verbindet das Ausgesuchteste von Griechenland und Rom: mögest du, Diomed, deine Gerichte so gut verbinden wie die Architektur."

„Sollst sehen, sollst sehen, Sallust", versetzte der Kaufmann. „Wir haben einigen Geschmack in Pompeji, und wir haben auch Geld."

„Zwei vortreffliche Dinge", rief Sallust. „Doch, sieh da, Domina Julia!"

In ein weißes, mit Perlen und Goldfäden durchwirktes Gewand gekleidet, trat die schöne Julia ein.

Kaum hatte sie den Gruß der beiden Gäste empfangen, als Pansa und dessen Frau, Lepidus, Clodius und der römische Senator beinahe zugleich eintraten, gleich darauf kam die Witwe Fulvia; dann der Dichter Fulvius, der mit der Witwe, wenn nichts anderes, wenigstens den Namen gemein hatte. Nach ihm schritt ein Krieger aus Herkulaneum, begleitet von seinem Schatten, herein; hierauf die weniger vornehmen Gäste. Jone ließ noch auf sich warten.

Bei den höflichen Alten war es Sitte zu schmeicheln, wo es nur immer in ihrer Macht lag, und so galt es denn als ein Zeichen schlechter Erziehung, wenn man sich gleich nach dem Eintritt in das Haus des Wirtes niedersetzte. Unsere Gesellschaft verbrachte deshalb nach dem ersten Gruß mehrere Minuten in Betrachtung des Zimmers und Bewunderung der Bronzen, Gemälde und des Gerätes, die es schmückten.

„Eine reizende Statue des Bacchus!“ rief der römische Senator.

„Eine Kleinigkeit!“ erwiderte Diomed.

„Was für allerliebste Malereien!“ bemerkte Fulvia.

„Kleinigkeiten!“ antwortete der Besitzer.

„Herrliche Kandelaber!“ rief der Krieger.

„Herrlich!“ hallte sein Schatten nach.

„Kleinigkeiten, Kleinigkeiten!“ wiederholte der Kaufmann.

Mittlerweile stand Glaucus an einem Fenster der Galerie, die sich auf die Terrasse öffnete, die schöne Julia an seiner Seite.

„Ist es eine athenische Tugend, Glaucus“, fragte die Tochter des Kaufmanns, „diejenigen zu meiden, die man einst gesucht hat?“

„Schöne Julia — nein!“

„Doch ist es, dünkt mich, eine Eigenschaft des Glaucus.“

„Niemals meidet Glaucus seine Freunde“, erwiderte der Grieche.

„Darf sich Julia unter die Zahl seiner Freunde rechnen?“

„Für den Kaiser selbst müßte es eine Ehre sein, eine so liebenswürdige Freundin zu finden.“

„Du weichst meiner Frage aus“, erwiderte die verliebte Julia; „aber sag mir, ist es wahr, daß du Jone bewunderst?“

„Nötigt uns die Schönheit nicht Bewunderung ab?“

„Ah, hinterlistiger Grieche, immer entfliehst du dem Sinn meiner Worte. Doch sprich: wird dir Julia wirklich eine Freundin sein?“

„Will sie mir diese Gunst erweisen, so seien die Götter gepriesen! Der Tag, an dem ich also geehrt werde, soll mir immer mit einem weißen Strich bezeichnet sein.“

„Doch während du hier noch sprichst, sind deine Augen unruhig, deine Farbe kommt und geht, du bewegst dich unwillkürlich weg; du kannst es nicht erwarten, neben Jone zu kommen.“

In diesem Moment war nämlich Jone eingetreten und Glaucus

hatte wirklich die innere Bewegung verraten, welche die eifersüchtige Schöne andeutete.

„Kann Bewunderung für eine Schönheit mich der Freundschaft der anderen unwürdig machen? Bestätige nicht also, Julia, die Vorwürfe der Dichter gegen dein Geschlecht."

„Ja, du hast recht; wenigstens will ich mich bemühen, so zu denken. Glaucus, noch einen Augenblick! Du heiratest Jone, nicht wahr?"

„Wenn es die Götter gestatten."

„Empfange denn von mir als Zeichen unserer Freundschaft ein Geschenk für deine Braut; du weißt ja, es ist Sitte unter Freunden, der Braut und dem Bräutigam solche kleine Zeichen der Achtung zu geben."

„Julia, von jemand wie dir kann ich ein Freundschaftspfand nicht ablehnen. Ich will die Gabe als ein Omen Fortunas selbst annehmen."

„So mögest du denn nach dem Fest, wenn die Gäste weggehen, mit mir in mein Zimmer hinabsteigen und das Geschenk aus meinen Händen empfangen. Vergiß es nicht!" Damit trat Julia zu der Frau des Pansa und ließ Glaucus allein.

Die Witwe Fulvia und die Ehehälfte des Ädils waren in einer hochwichtigen Erörterung begriffen.

„Fulvia, ich versichere dir, nach der letzten Nachricht aus Rom ist die gekräuselte Frisur ganz aus der Mode gekommen; man trägt das Haar jetzt bloß turmförmig aufgerichtet, wie hier Julia, oder in Gestalt eines Helms, wie du es bei mir siehst; es steht, denke ich, nicht übel."

„Und trägt niemand das Haar wie jene Dame aus Neapolis nach griechischer Art?"

„Was? Auf der Stirn gescheitelt, mit einem Knoten hinten! Nein! Wie lächerlich! Er erinnert an die Statue der Diana! Ist diese Jone hübsch?"

„Die Männer behaupten's, aber freilich ist sie auch reich. Sie heiratet den Athener, ich wünsche ihr Glück. Er wird ihr wohl nicht lange treu bleiben, fürchte ich. Diese Fremden sind gar unbeständig."

„Julia", fragte Fulvia, als die Tochter des Kaufmanns zu ihnen trat, hast du schon den Tiger gesehen?"

„Nein."

„Alle Damen haben ihm schon ihren Besuch gemacht, er ist so hübsch!"

„Hoffentlich bekommen wir einen Verbrecher oder sonst jemand für ihn und den Löwen", erwiderte Julia. „Dein Gemahl", zu Pansas Frau gewandt, „läßt sich die Sache nicht so angelegen sein, wie er soll."

„Wahrhaftig, die Gesetze sind auch zu mild", entgegnete die behelmte Dame; „es gibt nur wenige Verbrechen, gegen die man die Strafe in der Arena verfügen kann. Zudem werden die Gladiatoren nach und nach weichlich. Die stämmigen Tierkämpfer erklären, sie wollten wohl gegen einen Bären oder Bullen kämpfen, aber gegen einen Löwen oder Tiger meinen sie, könnte der Spaß zu ernst werden."

„Feiglinge", erwiderte Julia verächtlich.

„Hast du das neue Haus des Fulvius, unseres werten Dichters, gesehen?" fragte Pansas Frau.

„Nein, ist es schön?"

„Sehr vortrefflicher Geschmack! Doch sagt man, meine Teure, er habe sehr unschickliche Gemälde. Er will sie den Frauen nicht zeigen; wie ungezogen!"

„Diese Dichter sind immer wunderliche Köpfe", bemerkte die Witwe. „Aber er ist ein interessanter Mensch, was für hübsche Verse er macht! Wir schreiten in der Poesie gewaltig voran; es ist jetzt unmöglich, das alte Zeug noch zu lesen."

Der Krieger kam auf die Damen zugeschlendert.

„Es versöhnt mich mit dem Frieden", sprach er, „wenn ich solche Gesichter sehe."

„Ah, ihr Helden seid immer Schmeichler!" gab ihm Fulvia zurück, beeilt, das Kompliment auf sich zu beziehen.

„Wie findest du die Damen Pompejis im allgemeinen?" fragte Julia.

„Bei der Venus, sehr schön! Freilich begünstigen sie mich ein wenig und das verleitet vielleicht mein Auge, sie doppelt so schön zu finden —"

„Wir haben die Krieger gern", sagte Pansas Frau.

„Ich sehe es, beim Herkules! Allzuviel Ruhm kann einem in diesem Städtchen ordentlich widrig werden. Die Bewunderung unserer Mitbürger ist anfangs recht angenehm, in der Folge aber wird sie lästig."

„Gewiß, gewiß, Vespius!" rief der Poet, indem er zu der Gruppe trat, „so finde ich es auch."

„Du?" erwiderte der stattliche Krieger, indem er die kleine

Gestalt des Dichters mit unsäglicher Verachtung maß. „In welcher Legion hast du gedient?“

„Du kannst meine Siegesbeute sogar auf dem Forum sehen“, entgegnete der Poet mit einem bedeutsamen Blick auf die Frauen.

„Welchen Feldzug hast du mitgemacht?“

„Den Zug auf den Helikon.“

„Von diesem habe ich nie gehört.“

„Nein, Vespius, er scherzt nur“, rief Julia lachend.

„Scherzt! Beim Mars, bin ich ein Mann, mit dem man scherzen darf?“

„Ja, Mars selbst liebte die Mutter der Scherze“, erwiderte der Poet ein wenig erschrocken. „Wisse, Vespius, daß ich der Dichter Fulvius bin. Ich bin es, der die Krieger unsterblich macht.“

„Die Götter seien vor!“ flüsterte Sallust Julia zu. „Würde Vespius unsterblich, welch ein Exemplar von einem langweiligen Prahlhans käme auf die Nachwelt!“

Der Krieger sah verlegen aus, als zu seiner und der Gesellschaft Erleichterung das Zeichen zur Tafel gegeben wurde.

Der Tisch war aus drei nach Hufeisenart aneinandergerückten Tafeln angeordnet. Nur an der Außenseite dieser Tafeln befanden sich die Gäste. Der innere Raum blieb zur Bedienung frei. Die äußerste Ecke des einen Flügels wurde Julia als der Dame des Hauses zugewiesen, der Platz neben ihr dem Diomed. Bei feierlichen Gastmählern saßen die Frauen auf Stühlen, während die Männer lagen. Nur innerhalb der Familie war die gleiche Bequemlichkeit auch dem schönen Geschlecht gestattet.

Jones Stuhl war neben dem Ruhebett des Glaucus. Die Sitze waren mit Schildkrötenschalen ausgelegt und mit Polstern bedeckt, die mit Federn gefüllt und den köstlichen Stickereien Babylons geschmückt waren. Das heilige Salzfaß und die Schutzgeister fehlten nicht. Über Tisch und Sitze hing von der Zimmerdecke ein reicher Baldachin herab. An jeder Ecke des Tisches standen hohe Kandelaber, denn obwohl es noch hoch am Mittag war, war das Gemach verdunkelt. Von Dreifüßen, die an verschiedenen Gegenden des Saales aufgestellt waren, erhob sich der Duft von Myrrhe und Weihrauch. Die Stelle des Tischgebets nahm unabänderlich eine Trankspende für die Götter ein.

Nachdem diese Zeremonie vorüber war, streuten die Sklaven Blumen auf die Ruhebetten und den Boden und krönten jeden Gast mit Rosenkränzen, die mit Bändern durchflochten, auf Lindenbast geheftet und mit Efeu und Amethyst, den Schutzmitteln gegen die Wirkung des Weines, verbunden waren. Nur in die Kränze der Damen hatte man keinen Efeu gewunden, denn bei diesen war es nicht Sitte, öffentlich Wein zu trinken. Jetzt hielt es der Vorsitzer für ratsam, den König des Festes zu ernennen — ein wichtiges Amt, über welches bisweilen das Los, bisweilen, wie hier, der Wirt des Hauses entschied.

Diomed befand sich in nicht geringer Verlegenheit über die Wahl. Der invalide Senator war zu ernst und zu schwach für die Erfüllung dieser Pflicht. Der Ädil Pansa wäre der Aufgabe gewachsen gewesen, aber einen Gast zu wählen, der seinem amtlichen Rang nach unter dem Senator stand, war eine Beleidigung gegen den Senator selbst. Während der Kaufmann über die Verdienste der übrigen noch zu Rat ging, fiel ihm der muntere Blick Sallusts ins Auge und plötzlich hatte er die Idee, den jovialen Epikuräer zur Ehre des Königs zu berufen.

Sallust nahm die Stelle mit geziemender Bescheidenheit an.

„Ich werde“, sprach er, „ein gnädiger König für diejenigen sein, welche tiefe Züge tun. Gegen einen Unerbittlichen aber werde ich mich unerbittlicher erweisen als Minos selbst. Nehmt euch in acht!“

Sofort reichten die Sklaven Becken mit wohlriechendem Wasser umher, denn das Fest begann damit, daß man sich die Hände wusch.

Das anfangs flüchtige und vereinzelte Gespräch gestattete Jone und Glaucus jenes süße Geflüster, das alle Beredsamkeit in der Welt aufwiegt. Julia überwachte sie mit blitzenden Augen.

„Wie bald werde ich ihren Platz einnehmen!“ dachte sie

Clodius jedoch, der an dem mittleren Tisch lag, so daß er Julias Gesicht genau beobachten konnte, bemerkte ihren Verdruß und beschloß, sich denselben zunutze zu machen. Er redete sie über die Tafel hinüber mit den herkömmlichen Ausdrücken der Galanterie an, und da er von hoher Geburt und schmuckem Äußeren war, blieb die eitle Julia trotz der Liebe keineswegs unempfindlich gegen seine Aufmerksamkeiten.

Mittlerweile wurden die Sklaven von dem wachsamen Sallust beständig in Atem gehalten. Er jagte Becher auf Becher mit einer Schnelligkeit, als wäre er entschlossen, all die geräumigen Keller Diomeds zu erschöpfen. Die Sklaven schienen Sallusts Eifer zu teilen, die Gäste wurden gesprächiger und lauter. Der letzte Gang stand bereits auf dem Tisch und die Sklaven boten Wasser und Myrrhe, um sich zum Schluß zu waschen. Im selben Augenblick schien sich ein rundes Tischchen, das den Gästen gegenüber stand, plötzlich wie durch Zauberei in der Mitte zu öffnen und goß einen duftenden Staubregen über die Tafel. Als dieser nachließ, wurde der oben schwebende Baldachin weggezogen, die Gäste sahen ein Seil unter der Zimmerdecke gespannt und einer von jenen behenden Tänzern, um derentwillen Pompeji so berühmt war, begann einen lustigen Reigen gerade über den Köpfen der Anwesenden. Unsere pompejanischen Schmauser schienen das Schauspiel mit Wohlgefallen zu betrachten und klatschten im Verhältnis zu der Schwierigkeit, mit der der Seiltänzer dem Sturz auf den Kopf desjenigen Gastes zu entgehen schien, über welchem er gerade tanzte.

Die Musiker, die draußen auf der Terrasse standen, spielten eine sanfte, weiche Melodie.

„Eine hübsche Melodie“, bemerkte Fulvius mit Gönnermiene.

„Ah, wenn du eine zu hören geben wolltest“, flüsterte Pansas Frau.

„Wünschest du, daß Fulvius singe?“ fragte der König des Festes, der der Gesellschaft gerade befohlen hatte, auf die Gesundheit des römischen Senators zu trinken, und zwar einen Becher auf jeden Buchstaben seines Namens.

„Kannst du fragen?“ erwiderte die Matrone mit einem schmeichelnden Blick auf den Dichter.

Sallust schnippte mit dem Finger und flüsterte dem Sklaven, der nach seinem Befehl fragte, etwas zu. Er verschwand und kehrte nach wenigen Minuten mit einer kleinen Leier in der einen Hand und einem Myrtenzweig in der anderen zurück.

Er näherte sich dem Dichter und überreichte ihm mit einer tiefen Verbeugung das Instrument.

„Aber ich kann nicht spielen“, erwiderte Fulvius.

„Dann mußt du zu der Myrte singen. Es ist ein griechischer Brauch. Diomed liebt die Griechen — ich liebe die Griechen — du liebst die Griechen — wir alle lieben die Griechen. Unter uns gesagt, dieser Brauch ist nicht das einzige, was wir von ihnen gestohlen haben. Übrigens sei dem, wie ihm wolle, ich führe die Sitte ein — ich, der König. Singe, Untertan, singe!“

Mit verschämtem Lächeln nahm der Poet die Myrte in die Hand und sang nach einem kurzen Vorspiel mit einer angenehmen, wohltönenden Stimme.

Sein Lied wurde mit großem Applaus aufgenommen. Die Witwe bestand darauf, daß man ihren Namensvetter mit demselben Myrtenzweig kröne, zu welchem er gesungen hatte. Der Zweig wurde zu einem Kranz umgebogen und Fulvius unter Händeklatschen gekrönt.

Die Sonne neigte sich nunmehr zum Untergang, obwohl die Tischgesellschaft, die bereits mehrere Stunden fröhlich hingebracht hatte, es in dem verdunkelten Zimmer nicht bemerkt hatte. Der Senator aber, der müde war, und der Krieger, der nach Herkulaneum zurückzukehren hatte, erhoben sich und gaben dadurch das Zeichen zum Aufbruch.

„Verweilt noch einen Augenblick, meine Freunde", rief Diomed; wollt ihr so bald weggehen, so müßt ihr wenigstens noch an unserem Schlußspiel teilnehmen."

Mit diesen Worten winkte er einem der Sklaven und sagte ihm etwas ins Ohr. Der Diener eilte hinaus und kehrte sogleich mit einem kleinen Becher zurück, der mehrere sorgfältig versiegelte und dem Anschein nach ganz kleine Täfelchen enthielt. Jeder Gast mußte eines derselben um den Preis der geringsten Silbermünze kaufen, und der Spaß dieser Lotterie bestand in der Ungleichheit, ja bisweilen Ungereimtheit der Gewinste, deren Beschaffenheit und Wert in dem Täfelchen näher angegeben war. So zog zum Beispiel der Dichter mit verdrießlichem Gesicht eines seiner eigenen Gedichte. Der Krieger zog eine Nadelbüchse, was zu einigen Witzeleien über Herkules und den Spinnrocken Anlaß gab. Die Witwe Fulvia erhielt einen großen Trinkbecher. Julia eine Männerschnalle und Lepidus eine Damenschminkdose. Das passendste Los wurde von dem Spieler Clodius gezogen, der, rot vor Zorn, mit einem Paar falscher Würfel beschenkt wurde. Ein Schatten sank auf die frohe Laune, welche die verschiedenen Ziehungen hervorgerufen hatte, durch einen Unfall, der als ein übles Zeichen angesehen wurde: Glaucus nämlich zog den wertvollsten Gewinn, eine kleine marmorne Statue der Fortuna von einem griechischen Künstler. Indem der Sklave ihm dieselbe reichte, ließ er sie fallen und sie brach in Stücke. Ein Schauder ging durch die Anwesenden und die Stimme eines jeden rief aus eigenem Antrieb: „Die Götter mögen es verhüten!"

Glaucus allein, obwohl vielleicht so abergläubisch wie die übrigen, stellte sich unerschüttert.

„Holde Liebste", flüsterte er zärtlich Jone zu, die so bleich geworden war wie der zerbrochene Marmor selbst, „ich nehme das Vorzeichen an. Sein Sinn ist, daß über dich hinaus Fortuna nichts mehr zu geben vermag. Sie zerbricht ihr Bild, indem sie mich mit dem deinigen beglückt."

Um den Eindruck zu verwischen, welchen dieser Vorfall in der Gesellschaft verursacht, bekränzte Sallust seinen Becher mit Blumen und trank auf die Gesundheit des Wirtes. Dieser folgte die gleiche Artigkeit für den Kaiser, worauf man, nach einem Abschiedsbecher für Merkur, das Gelage durch eine letzte Trankspende schloß und auseinanderging.

Unterdessen wurde Glaucus, nachdem er von Jone Abschied genommen und sich auf die zu Julias Zimmer führende Treppe begeben hatte, von einer Sklavin in ein Gemach gewiesen, wo er die Tochter des Kaufmanns bereits vorfand.

„Glaucus", sprach sie mit gesenktem Blick, „ich sehe, daß du Jone wirklich liebst. In der Tat, sie ist schön."

„Julia ist reizend genug, um großmütig zu sein", erwiderte der Grieche. „Ja, ich liebe Jone; mögest du unter den vielen jungen Männern, die dir ihre Huldigung bringen, einen ebenso aufrichtigen Verehrer finden!"

„Bitte die Götter, daß sie mir diese Gunst gewähren! Sieh, Glaucus, diese Perlen sind das Geschenk, das ich deiner Braut bestimme. Möge ihr Juno Gesundheit geben, um diesen Schmuck zu tragen."

Damit gab sie ein Futteral in seine Hände, das eine Reihe Perlen von ziemlicher Größe und Kostbarkeit enthielt. Es war Sitte, daß Personen, deren Vermählung bevorstand, dergleichen Geschenke erhielten, daß Glaucus keine Bedenken hatte, das Halsband anzunehmen. Julia, ohne seinen Dank zu Wort kommen zu lassen, goß etwas Wein in einen kleinen Becher.

„Du hast manche Gesundheit mit meinem Vater getrunken", sprach sie lächelnd; „trink jetzt eine mit mir. Glück und langes Leben deiner Braut."

Sie berührte den Becher mit den Lippen und reichte ihn sofort Glaucus. Die Sitte forderte, daß Glaucus den ganzen übrigen Inhalt austrank, und er beeilte sich, derselben nachzukommen. Julia, ohne Ahnung von dem Streich, den ihr Nydia gespielt hatte, beobachtete den Trinkenden mit funkelnden Augen. Trotz der Voraussagung der Hexe, daß die Wirkung vielleicht nicht augenblicklich eintreten werde, hoffte sie auf einen unmittelbaren Erfolg. Enttäuscht sah sie daher Glaucus den Becher wieder hinstellen und das Gespräch mit ihr in dem vorigen höflichen, aber leidenschaftslosen Ton fortsetzen. Obwohl sie den Gast so lange zurückhielt, als sie anstandshalber tun konnte, trat doch kein Wechsel in seinem Benehmen ein.

„Aber morgen", dachte sie und erhob sich triumphierend.

4

Unruhig hatte sich Apäcides den Rest des Tages über auf den menschenleeren Wegen in der Nachbarschaft der Stadt herumgetrieben. Die Sonne ging langsam unter, als er an einem einsamen Ort am Sarnus stehenblieb. Indem Apäcides gedankenvoll auf die Wellen niedersah, vernahm er neben sich das Winseln eines Hundes.

„Still, armer Freund", sagte eine nahe Stimme, „der Tritt des Fremden tut deinem Herrn kein Leid."

Dem Neubekehrten klang die Stimme bekannt. Er wandte sich und erblickte den geheimnisvollen Mann, den er in der Versammlung der Nazarener gesehen. Der Greis saß auf einem mit Moos bedeckten Steinblock; neben ihm Stab und Tasche; zu seinen Füßen ein kleiner, zottiger Hund, sein Gefährte auf mancher Pilgerfahrt.

Das Gesicht des Alten war wie Balsam für den aufgeregten Geist des Neubekehrten. Er trat hinzu und setzte sich neben ihm nieder, nachdem er ihn um seinen Segen angesprochen.

„Bist du doch wie zu einer Reise gerüstet, Vater", sprach er, „willst du uns schon verlassen?"

„Mein Sohn", erwiderte der Greis, „der Tage, die mir noch auf Erden bleiben, sind wenige. Ich wende sie an, wie mir gebührt, um von Ort zu Ort zu wandern, diejenigen zu trösten, welche Gott versammelt hat in seinem Namen, und die Herrlichkeit seines Sohnes zu verkünden, die in seinem Diener offenbar geworden ist."

„Du hast, sagt man mir, das Antlitz Christi geschaut?"

„Und dies Antlitz erweckte mich von den Toten. Wisse, junger Verehrer des wahren Glaubens, daß ich der bin, von welchem du in der Schrift des Apostels liesest. Im fernen Judäa, in der Stadt Naim, wohnte eine Witwe, demütigen Geistes und traurigen Herzens, denn von allen Angehörigen des Bluts war ihr bloß ein einziger Sohn geblieben. Sie liebte ihn mit wehmutsvoller Liebe, denn er war das Ebenbild derer, die sie verloren. Der Sohn starb. Das Rohr, auf das sie sich gelehnt, war zerbrochen, vertrocknet das Öl im Krug der Witwe. Sie trugen den Toten auf der Bahre hinaus, und nahe beim Tor der Stadt, wo sich die Menge gesammelt hatte, kam ein Schweigen über die Töne des Schmerzes, denn der Sohn Gottes ging vorbei. Die Mutter, die der Bahre nachfolgte, weinte nicht laut, aber alle, die auf sie blickten, sahen, daß ihr Herz gebrochen war. Und der Herr hatte Erbarmen mit ihr und berührte die Bahre und sprach: ‚Ich sage dir, steh auf!" Und der Tote erwachte und sah in das Angesicht des Herrn. Oh, diese ruhige, heilige Stirn. Dieses unbeschreibliche Lächeln. Dieses schmerzensbleiche, traurige Gesicht, aufgehellt durch das Erbarmen eines Gottes. Er verscheuchte die Schatten des Grabes. Ich richtete mich auf. Ich sprach, ich lebte und lag in den Armen meiner Mutter. Ja, ich bin der wiederbelebte Tote. Die Menge schrie. Die Leichenflöten klangen fröhlich. Allgemein erhob sich der Ruf: ‚Gott hat sein Volk heimgesucht!' Ich hörte es nicht, ich fühlte, ich sah nichts — als das Antlitz des Erlösers!"

Der Greis schwieg tief bewegt, und den Jüngling überlief es kalt. Er war in der Gegenwart eines Menschen, der das Geheimnis des Todes geschaut hatte!

„Bis zu jener Zeit", nahm der Sohn der Witwe wieder das Wort, „war ich gewesen wie andere Menschen, gedankenlos, doch nicht verworfen; um nichts mich kümmernd als um Liebe und Leben. Von jener Zeit an entsagte ich jedem irdischen Gedanken. Ein Prediger und Pilger, habe ich die fernsten Winkel der Erde durchzogen, seine Gottheit verkündend und neue Bekehrte seiner Herde zuführend. Sohn, auf Erden werden wir nicht wieder zusammentreffen. Vergiß nicht diese Stunde. Was sind die Freuden und Herrlichkeiten des Lebens? Wie die Lampe schimmert, glimmt das Leben eine Stunde lang, aber das Licht der Seele ist der Stern, der ewig flammt.

Und jetzt", sprach er, sich erhebend, als endlich der letzte Strahl der Sonne hinabsank, „jetzt in der Kühle der Dämmerung, setze ich meinen Weg nach dem kaiserlichen Rom fort. Dort wohnen noch einige heilige Männer, die gleich mir das Antlitz Christi geschaut haben. Diese möchte ich vor meinem Tod noch sehen."

Mit diesen Worten drückte der alte Mann Apäcides an seine Brust und nahm Stab und Tasche, der Hund sprang lustig vor ihm her und mit langsamen Schritten und gesenkten Augen ging der Pilger seines Wegs.

Der Neubekehrte sah der gebeugten Gestalt nach, bis sie die Bäume seinem Gesicht entzogen hatten. Er fuhr aus seinem Sinnen auf und gedachte der mit Olinth getroffenen Verabredung.

5

Als Glaucus in seine Wohnung zurückkehrte, fand er Nydia unter dem Säulengang des Gartens sitzen. Sie hatte beschlossen, den Liebestrank bei der ersten Gelegenheit anzuwenden. Er trat neben sie, eben als die ersten Sterne aufgingen und der Himmel sich in den tiefsten Purpur gehüllt hatte.

„Ah, mein Kind, wartest du auf mich?"

„Nein, ich habe die Blumen begossen und blieb nur noch ein wenig, um auszuruhen."

„Es war heute warm", sagte Glaucus, indem er ebenfalls auf einem der Sitze in dem Säulengang Platz nahm.

„Sehr warm!"

„Willst du Davus rufen? Der Wein, den ich getrunken, erhitzt mich. Ich dürste nach etwas Kühlendem."

Hier bot sich denn plötzlich und unerwartet die von Nydia gesuchte Gelegenheit. Der Geliebte selbst bahnte ihr aus eigener freier Entschließung den Weg. Ihr Atem ging schnell. „Ich will dir", sprach sie, „aus Honig und in Schnee gekühltem Wein einen Sommertrank bereiten, wie ihn Jone liebt."

„Dank", erwiderte der ahnungslose Glaucus; „wenn ihn Jone liebt, so ist es gut. Er wird mir angenehm sein, und wenn es Gift wäre."

Nydia entfernte sich auf ein paar Augenblicke und kehrte sofort mit dem Becher, der das Getränk enthielt, zurück. Glaucus nahm ihn aus ihrer Hand. Was hätte Nydia jetzt nur auf eine Stunde lang für das Vorrecht der Sehkraft gegeben, um Zeugin zu sein, wie ihre Hoffnungen zur Erfüllung reiften, wie die erste Morgendämmerung der versprochenen Liebe anbrach. Von Liebe, dem innersten Quell ihres Lebens, durchdrungen — wie konnte sie der Gelegenheit widerstehen, Gegenliebe zu gewinnen?

Hilfesuchend lehnte sie sich an die Wand. Ihr vorher so glühendes Gesicht war weiß wie Schnee. Die Hände krampfhaft ineinander gepreßt, die Lippen geöffnet, die Augen auf den Boden gesenkt, harrte sie, welches Wort Glaucus zunächst sprechen würde.

Dieser hatte den Becher an die Lippen gesetzt, hatte bereits etwa den vierten Teil des Inhalts geleert, als er bei einem zufälligen Blick auf Nydias Gesicht von der Veränderung, von dem tiefen, schmerzlichen, wunderbaren Ausdruck desselben so ergriffen war, daß er plötzlich anhielt und, den Becher noch an den Lippen, ausrief: „Nydia, bist du krank oder tut dir etwas weh? Leugne nicht, dein Gesicht spricht zu deutlich. Was fehlt meinem armen Kind?"

Er setzte den Becher nieder und stand auf, um sich ihr zu nähern, als ein plötzlicher Stich kalt durch sein Herz fuhr, dem sogleich eine wilde, wirre, schwindelnde Empfindung im Gehirn folgte. Der Boden schien unter ihm zu weichen — es war ihm, als erhöben sich seine Füße in die Luft; eine mächtige, überirdische Freudigkeit durchbrauste seinen Geist. Er fühlte sich zu stürmisch bewegt für die Erde, er sehnte sich nach Flügeln, ja, im wonnigen Sturm seines neuen Daseins dünkte es ihn, er habe Flügel. Aber schnell, wie es gekommen, verlor sich dieses unnatürliche Entzücken wieder; doch nur zum Teil. Laut und rasch fühlte er jetzt das Blut durch die Adern strömen. Es schien zu schwellen, zu toben, sich zu bäumen wie ein Strom, der seine Ufer durchbohrt hat und dem Ozean zustürmt. In seinen Ohren klang es wie ein mächtiges Brausen, er fühlte es zur Stirn emporsteigen, fühlte, wie die Adern an seinen Schläfen sich dehnten und schwollen, als vermöchten sie die brausende, wachsende Flut nicht länger in sich zu halten. Dann kam eine Art Finsternis über seine Augen, doch keine gänzliche, denn durch dämmrigen Schatten sah er die gegenüberliegende Wand glühen und die darauf gemalten Figuren schienen sich wie Geister zu regen und zu bewegen. Was am seltsamsten war, er erlag dem furchtbaren Wahnsinn nicht. Die neue Empfindung schien hell und lebhaft in ihm zu sein. Es war ihm, als ob eine frischere Gesundheit in seinen Körper gegossen worden wäre. Er eilte der Verrücktheit zu — und er wußte es nicht!

Nydia sah seine wilde Gebärde nicht, konnte seinen wankenden, unsicheren Schritt nicht wahrnehmen, aber hörte die abgebrochenen, unzusammenhängenden Worte, die seinen Lippen entströmten. Schreck und Bestürzung ergriffen sie. Sie eilte auf ihn zu, fühlte mit den Armen umher, bis sie seine Knie zu fassen bekam, warf sich vor ihm nieder und umschlang unter Tränen der Angst und Liebe seine Füße.

„O sprich zu mir! Sprich! Du hassest mich nicht? Sprich, sprich!“

„Bei der hellen Göttin, ein schönes Land, dieses Zypern! Jetzt öffnen sie jenem Faun die Adern, um zu zeigen, wie es braust und schäumt. Komm her, lustiger, alter Gott! Du reitest auf einem Bock, he? Was er für langes Seidenhaar hat! Er wiegt alle Rosse Parthiens auf. Aber ein Wort zu dir: Dein Wein ist zu stark für uns Sterbliche. Wie schön, die Zweige sind ruhig! Die grünen Wellen des Waldes haben den Zephyr gefangen und ertränkt! Kein Lüftchen rührt das Laub und ich sehe die Träume mit gesenkten Flügeln auf der regungslosen Eiche schlummern. Ich schaue umher und sehe einen blauen Strom im stillen Mittag funkeln; ein Springquell steigt hoch empor. Und was für eine Gestalt schleicht dort durch das Gebüsch? Sie gleitet dahin wie ein Mondstrahl! Sie hat einen Kranz von Eichenlaub auf dem Kopf. Schaut auf dieses Gesicht! Die Menschen sahen seinesgleichen nie zuvor. Sieh, wir sind allein, nur ich und sie im weiten Wald. Auf ihren Lippen ist kein Lächeln. Sie geht ernsthaft und süß trauernd. He, fliehe, es ist eine Nymphe. Wer sie erblickt, wird wahnsinnig. Fliehe!“

„Glaucus, Glaucus, kennst du mich nicht? Rase nicht so wild oder deine Worte töten mich.“

Ein neuer Wechsel schien jetzt über den aus den Fugen geratenen Geist des unglücklichen Atheners zu kommen. Er legte die Hand auf Nydias Haar, er streichelte ihre Locken, sah ihr sehnsuchtsvoll ins Gesicht; und da in der zerbrochenen Kette seiner Gedanken ein oder zwei Ringe noch zusammenhielten, so schienen die Züge der Blinden ihm das Bild Jones hervorzurufen. Bei dieser Erinnerung wurde sein Wahnsinn noch tobender, und, gesteigert von der Leidenschaft des Herzens, rief er aus: „Ich schwöre bei der Venus, bei Diana und bei Juno, daß ich die Welt, die ich jetzt auf den Schultern trage, wie mein Landsmann Herakles. Ha, stumpfsinniges Rom! Was wirklich groß war, stammt aus Griechenland; nicht einmal Götter hättest du, wären wir nicht gewesen! Ich sage, die Welt, die ich wie mein Landsmann Herakles trage, wollte ich für ein einziges Lächeln Jones in das Chaos fallen lassen. Ah, Schöne, Angebetete“, fügte er mit unaussprechlich zärtlicher, klagender Stimme hinzu, „du liebst mich nicht. Du bist unfreundlich gegen mich. Der Ägypter hat mich bei dir verleumdet. Du weißt nicht, wie viele Stunden ich unter deinem Fenster zugebracht, nicht, wie ich gewacht habe, hoffend, du, meine Sonne, werdest endlich aufgehen, und du liebtest mich nicht! Ich fühle, daß mein Leben nicht lange dauern wird, laß mich wenigstens bis zum letzten Augenblick in dein Antlitz schauen. Du sollst mich nicht verlassen, denn deine Väter waren Brüder der meinigen. Und wohl sagen sie, dieses Land sei lieblich und dieser Himmel heiter, aber ich will dich mit mir nehmen. Ha! dunkle Gestalt, was erhebst du dich wie eine Wolke zwischen mir und ihr? Der Tod sitzt in ruhigem Schrecken auf deiner Stirn; auf deinen Lippen schwebt das Lächeln, das mordet. Dein Name ist Orkus, aber auf Erden nennen dich die Menschen Arbaces. Sieh, ich kenne dich. Flieh, düsterer Schatten, deine Zauber helfen dir nichts."

„Glaucus, Glaucus!" flüsterte Nydia, indem sie ihn losließ und, überwältigt von Angst, Reue und Schmerz, ohnmächtig auf den Boden fiel.

„Wer ruft?" fragte er mit lauter Stimme, „es ist Jone, sie haben sie weggeschleppt; wir wollen sie retten. Wo ist mein Dolch? Ha, da hab' ich ihn! Ich komme, Jone! Ich komme, ich komme!"

Mit diesen Worten setzte der Athener mit einem einzigen Sprung aus der Säulenhalle, eilte durch das Haus und stürzte mit schnellen Schritten die sternenhellen Straßen hinab. Der furchtbare Trank brannte wie Feuer in seinen Adern. Gewöhnt an die Exzesse nächtlicher Schwelger, wichen die Einwohner dem Dahinstürmenden aus. Er eilte durch die belebten Straßen, kam, den Weg nach Jones Haus mechanisch verfolgend, in einen weniger bewohnten Stadtteil und betrat jetzt den einsamen Hain der Kybele, wo Apäcides die Unterredung mit Olinth gehalten hatte.

6

Ungeduldig, zu erfahren, ob der grauenhafte Trank seinem verhaßten Nebenbuhler von Julia bereits gegeben worden war und welche Wirkung derselbe hervorgebracht habe, beschloß Arbaces, mit Herannahen des Abends Jone in ihrem Haus aufzusuchen. Nachdem er also Mantel und Gürtel angelegt hatte, verließ Arbaces sein Haus und machte sich auf den Weg.

In mildem Glanz fiel das Mondlicht auf den alten Hain der

Kybele. Die stattlichen Bäume, deren Alter keine Überlieferung anzugeben vermochte, warfen ihre langen Schatten auf den Boden, während durch die Öffnungen in ihrem Gezweig die Sterne still herabschienen.

Mit schnellem Diebesschritt war Kalenus durch die Nacht der Bäume hingeschlichen, hatte den Tempel erreicht, die Zweige, welche die Hinterseite des Gebäudes rings umgaben, leise auf die Seite geschoben und sich in sein Versteck eingenistet; ein Versteck, das durch den Tempel vorn und die Bäume hinten so vollkommen abgeschlossen war, daß ein Vorübergehender ihn nicht entdecken konnte, er müßte schon im voraus einen Verdacht gehabt haben. Abermals war dem Schein nach tiefe Einsamkeit im Hain. Fernher erschollen schwach die Stimmen einiger lauter Abendschwärmer oder die Musik, die fröhlich aus der Menschenmenge hervorhallte.

Da trat die hohe Gestalt des Arbaces auf seinem Weg in den Saum des Wäldchens, und im selben Moment kreuzte Apäcides den Pfad des Ägypters.

„He, Apäcides!" rief Arbaces, der den Priester auf den ersten Blick erkannt hatte. „Als wir zuletzt zusammentrafen, warst du mein Feind. Seit der Zeit wünschte ich dich stets zu sehen, denn stets möchte ich dich noch zu meinem Zögling und Freund haben."

Apäcides hielt, bestürzt über die Stimme des Ägypters, jählings an und blickte auf ihn mit einem Gesicht, worauf sich Haß und Verachtung stritten.

„Elender Betrüger", sprach er endlich, „so bist du denn dem Rachen des Todes entronnen. Glaube jedoch nicht, aufs neue dein sündhaftes Gewebe um mich ziehen zu können! Ich bin gegen dich gewappnet."

„Still!" flüsterte Arbaces; aber der Stolz, der in diesem Abkömmling von Königen nicht gering war, verriet die Wunde, die ihm die Schmähworte des Priesters geschlagen, durch das Zittern seiner Stimme.

„Still, leiser! Man könnte dich hören, und vernähme ein anderes Ohr als das meine ein solches Wort . . . so . . ."

„Drohst du mir? Was wäre denn, wenn mich die ganze Stadt gehört hätte?"

„Dann würden die Geister meiner Väter nicht dulden, daß ich dir vergäbe. Aber warte und hör mich an. Du bist ergrimmt, daß ich Gewalt gegen deine Schwester gebrauchen wollte. Du hast recht, es war der Wahnsinn der Liebe und Eifersucht. Bitter habe ich meine Verrücktheit bereut — vergib mir! Ich, der nie einen Menschen um Vergebung bat, flehe dich jetzt an, mir zu verzeihen. Ja, ich will die Schmach wiedergutmachen. Ich fordere deine Schwester zur Ehe. Erschrick nicht, überleg — was ist die Verbindung mit jenem griechischen Glückspilz, verglichen mit mir? Unermeßlicher Reichtum, eine Abstammung, die durch ihr hohes Alter eure griechischen und römischen Namen zu Dingen von gestern niederdrückt. Gib mir deine Schwester, und mein ganzes Leben soll den Fehler eines Augenblicks wiedergutmachen."

„Ägypter, wollte ich auch einwilligen, so ist selbst die Luft, die du atmest, meiner Schwester verhaßt. Doch auch ich habe Unrecht von dir erlitten. Zittere, schon bereite ich die Stunde vor, wo du und deine falschen Götter enthüllt werden sollen. Zutage kommen wird dein verbuhltes Leben, entschleiert soll der Tempel der abgöttischen Isis, der königliche Name des Arbaces ein Ziel für Hohn und Spott werden. Zittere!"

Der Ägypter blickte nach allen Seiten, ob nicht ein Zuhörer da sei, und heftete dann die dunklen, weit offenen Augen so grimmig drohend auf den Priester, daß vielleicht nur ein Mensch, der wie Apäcides von der Glut heiligen Eifers getragen wurde, diesem furchtbaren Blick standzuhalten vermochte.

„Apäcides", sagte der Ägypter mit bebender, tief aus dem Innern tönender Stimme, „sieh dich vor! Sprachst du nur aus, was dir augenblicklicher Zorn eingegeben, ohne daß das Gesprochene auf einen festen Entschluß deutet, oder zeigt es einen überlegten Plan an?"

„Ich spreche, wie es mir der wahre Gott eingibt, dessen Diener ich jetzt bin", erwiderte Apäcides kühn. „Ich sprach im Bewußtsein, daß durch seine Gnade menschlicher Mut deiner Heuchelei und deinem Götzendienst bereits das Endziel gesteckt hat. Ehe die Sonne dreimal aus der Dämmerung gestiegen ist, wirst du alles erfahren! Dunkler Zauberer, zittere!"

All die wilden, grimmigen Eigenschaften, die er von seinem Volk und Land geerbt und unter listiger Sanftmut und philosophischer Kälte jederzeit nur übel verbarg, waren in der Brust des Ägypters entfesselt. Er faßte seinen bronzenen Schreibgriffel — der Feind war in seiner Gewalt. Eben standen sie vor dem Tempel. Rasch warf er noch einen Blick umher. Er bemerkte niemand in der Umgebung; Stille und Einsamkeit ermutigten ihn.

„Stirb denn in deiner Tollheit", murmelte er; „hinweg, du Hindernis meines Glückes!"

Und eben, als Apäcides sich zum Weitergehen anschickte, erhob Arbaces die Hand hoch über dessen linke Schulter und stieß die scharfe Waffe zweimal in seine Brust.

Apäcides stürzte mit durchbohrtem Herzen nieder; stumm, ohne einen Seufzer.

Arbaces betrachtete ihn einen Augenblick mit der wilden, tierischen Freude des Siegers über einen Feind. Aber unvermutet durchzuckte ihn das volle Bewußtsein der Gefahr, der er ausgesetzt war. Sorgfältig wischte er seine Waffe im langen Gras und an den Kleidern seines Opfers selbst ab, hüllte sich in seinen Mantel und wollte eben weggehen, als er die Gestalt eines jungen Mannes mit seltsam wankenden Schritten seinen Weg gerade daherkommen sah. Das Mondlicht strömte voll auf das Gesicht, das weiß wie Marmor erschien. Der Ägypter erkannte Züge und Gestalt des Glaucus. Der unglückliche, wahnsinnige Grieche sang ein unzusammenhängendes Lied, aus Bruchstücken heiliger Oden und Hymnen bunt durcheinandergewoben.

„Ha!" dachte der Ägypter, diesen Zustand und seine furchtbare Ursache sogleich erratend, „so hat das Schicksal dich hierher gesandt, damit ich zwei meiner Feinde zerschmettere!"

Schnell, noch ehe dieser Gedanke ihm gekommen war, hatte er sich auf eine Seite des Tempels zurückgezogen und unter den Zweigen versteckt. Von diesem Schlupfwinkel aus lauerte er, wie der Tiger in seinem Lager, auf das Herannahen seines Opfers. Er bemerkte das irre, unruhige Feuer in den hellen, schönen Augen des Atheners, er sah, daß der Wankende gänzlich von Sinnen war. Als Glaucus sich jedoch dem Leichnam des Apäcides näherte, aus welchem der dunkelrote Strom langsam über das Gras floß, verfehlte gleichwohl ein so überraschender, schauderhafter Anblick seinen Eindruck auf das umnachtete Gemüt nicht. Er hielt an, legte die Hand an die Stirn, wie um sich zu besinnen, und sagte dann: „Heda, Endymion, schläfst du so fest? Was hat Selene zu dir gesagt? Du machst mich eifersüchtig; es ist Zeit zum Erwachen." Er bückte sich, um den Körper aufzuheben.

Da stürzte der Ägypter aus dem Versteck hervor und schlug den Gebeugten mit mächtiger Faust zu Boden, so daß er neben dem Leichnam niederfiel. Dann ließ er seine kräftige Stimme mit aller Macht ertönen: „Holla, Bürger, zu Hilfe! Daher — daher! Ein Mord, ein Mord vor der Schwelle eures Tempels! Zu Hilfe, oder der Mörder entrinnt!"

Zugleich zog er aus dem Gürtel des Griechen den Griffel hervor, tauchte ihn in das Blut des Ermordeten und legte ihn neben die Leiche.

Schnell und atemlos kamen jetzt die Einwohner in Haufen herbeigerannt.

„Hebt den Leichnam auf", rief der Ägypter, „und bewahrt den Mörder wohl."

Sie hoben den Körper auf, und groß war das Grauen und die fromme Entrüstung, als sie in dieser leblosen Hülle einen Priester der Isis entdeckten, aber größer vielleicht noch ihr Staunen, als sie in dem Angeklagten den Athener erkannten.

„Glaucus!" riefen die Umstehenden, „ist es möglich?"

„Eher wollte ich glauben", flüsterte einer seinem Nachbar zu, „daß der Ägypter selbst der Täter wäre."

Hier drängte sich ein Zenturio mit gestrenger Haltung in die Menge.

„Wie? Blut vergossen? Wer ist der Mörder?"

Das Volk zeigte auf Glaucus.

„Der? Beim Mars, der sieht eher aus, als ob er der Erschlagene wäre! Wer klagt ihn an?"

„Ich", entgegnete Arbaces, sich stolz emporrichtend, und die Edelsteine, die sein Kleid schmückten, überzeugten durch ihr Gefunkel den würdigen Kriegsmann alsogleich von der Achtbarkeit des Anklägers.

„Verzeih mir! Dein Name?"

„Arbaces; ein, wie ich glaube, wohlbekannter Name in Pompeji. Ich kam durch den Hain daher und bemerkte den Griechen und den Priester in lebhaftem Gespräch vor mir. Die schwankenden Bewegungen des ersten, seine heftigen Gebärden, seine laute Stimme fielen mir auf; er schien mir entweder betrunken oder verrückt zu sein. Plötzlich sah ich ihn etwas Blitzendes erheben, ich stürzte hinzu, jedoch zu spät, den Streich aufzuhalten. Zweimal hatte er sein Opfer durchbohrt und beugte sich jetzt eben über dasselbe, als ich in Grauen und Entrüstung den Mörder zu Boden schlug. Er fiel ohne Widerstand, was die Vermutung, daß er bei der Begehung des Verbrechens nicht ganz bei Sinnen gewesen war, noch mehr in mir bestärkte; denn kaum erst von einer heftigen Krankheit genesen, führte ich einen ziemlich schwachen Streich, und Glaucus ist, wie ihr seht, von kräftigem, jugendlichem Körperbau."

„Seine Augen und seine Lippen öffnen sich!" rief der Krieger. „Sprich, Gefangener, was sagst du zu der Anschuldigung?"

„Der Anschuldigung? Ich sage euch, es ging ganz lustig her, als die alte Hexe ihre Schlange auf mich hetzte und Hekate danebenstand und von einem Ohr zum andern lachte. Was konnte ich tun? Aber ich bin krank, mir wird schwach, die feurige Zunge der Schlange hat mich gestochen. Bringt mich zu Bett und schickt nach dem Arzt. Der alte Äskulap wird Sorge für mich tragen, wenn ihr ihm zu wissen tut, daß ich ein Grieche bin. Erbarmen, Erbarmen, ich brenne — Mark und Bein verbrennen mir."

Und mit einem gräßlichen Gestöhn sank der Athener in die Arme der Umstehenden zurück.

„Er rast", sagte der Hauptmann mitleidig, „und in der Tollheit hat er den Priester erschlagen."

„Auf jeden Fall muß der Angeklagte vor den Prätor. Schade, so jung und so reich; aber das Verbrechen ist furchtbar; einen Priester der Isis in seinem heiligen Gewand und auf der Schwelle unseres ältesten Tempels!"

Diese Worte erinnerten das Volk kräftiger an die Verruchtheit einer Tempelschändung.

„Fort mit ihm ins Gefängnis — fort!" schrien alle.

Und scharf und freudig hörte man eine weibliche Stimme aus allen heraus: „Die wilden Tiere haben jetzt keinen Gladiator nötig!"

„Ja, ja! Das kommt zur rechten Zeit für die Spiele!" riefen mehrere, und mit dieser Vorstellung schien alles Mitleid für den Angeklagten zu schwinden. Seine Jugend, seine Schönheit machten ihn nur um so geeigneter für die Arena.

„Bringt Bretter her", sagte Arbaces, „oder eine Sänfte, wenn sie zur Hand ist. Ein Isispriester darf nicht von gemeinen Händen in seinen Tempel geschleppt werden wie ein hingeschlachteter Gladiator."

Auf diese Mahnung legten die Nächststehenden den Leichnam des Apäcides ehrfurchtsvoll auf die Erde und einige entfernten sich, um eine Bahre herbeizuschaffen.

In diesem Augenblick wich die Menge zu beiden Seiten vor einer stämmigen Gestalt, die sich mitten durch sie drängte, und Olinth stand unmittelbar der Stirn des Ägypters gegenüber. Im ersten Moment ruhten jedoch seine Augen mit unaussprechlichem Schmerz nur auf der blutigen Brust und dem emporgerichteten Antlitz, in welchem die Qual eines gewaltsamen Todes noch sichtbar war.

„Ermordet!" sprach er. „Hat dich dein Eifer dahin gebracht?

Haben sie deinen Vorsatz entdeckt? Sind sie durch deinen Tod ihrer Schande zuvorgekommen?"

Plötzlich wandte er das Haupt und seine Augen fielen auf die stolzen Züge des Ägypters. Bei diesem Anblick konnte man in seinem Gesicht, ja in einem leichten Schauder, der über seinen ganzen Körper hinlief, den Widerwillen und Abscheu bemerken, den er einem Menschen gegenüber empfand, den er als so gefährlich und sündhaft kannte. Aber das plötzliche Grauen, das ihn beschlichen hatte, abschüttelnd, streckte Olinth den Arm gegen Arbaces aus und sprach mit lauter Stimme: „Mord ist geschehen? Wo ist der Mörder? Steht mir Rede, Ägypter, denn so wahr der Herr lebt, ich glaube, du bist der Mann!"

Für einen Augenblick konnte man auf den dunklen Zügen des Arbaces einen ängstlichen, unruhigen Wechsel wahrnehmen, der jedoch bald dem Ausdruck der Entrüstung wich, als erschreckt und lautlos festgehalten von einer so plötzlich vorgebrachten Beschuldigung, die Zuschauer sich näher und näher um die zwei Hauptpersonen drängten.

„Ich kenne meinen Ankläger", entgegnete Arbaces stolz, „und vermute, warum er mich beschuldigt."

„Ich kenne ihn, ich kenne den Hund", riefen verschiedene Stimmen; „es ist Olinth, der Christ, oder vielmehr der Gottesleugner!"

„Ruhig, Brüder, und hört mich", erwiderte Olinth mit Würde. „Dieser ermordete Isispriester hat vor seinem Tod den christlichen Glauben angenommen. Er enthüllte mir die dunklen Sünden, die Zauberkünste des Ägypters, die Gaukeleien und Täuschungen des Isistempels. Er stand im Begriff, sie öffentlich bekanntzumachen. Ihn, einen harmlosen Fremden — wer sollte sein Blut vergießen als einer von denen, die seine Angabe fürchteten? Wer mußte sein Zeugnis am meisten fürchten? Arbaces, der Ägypter!"

„Ihr hört ihn!" rief Arbaces. „Ihr hört ihn! Er lästert die Götter!"

Der Zenturio drängte sich wieder vor: „Vor allem hast du, Olinth, oder wie du sonst heißen magst, einen weiteren Beweis als deinen unbestimmten Verdacht für die gegen Arbaces erhobene Beschuldigung?"

Olinth blieb still, der Ägypter lachte verächtlich.

„Forderst du den Leichnam eines Isispriesters, weil er zur Sekte der Nazarener oder Christen gehörte?"

„So ist es."

„Schwöre denn bei jenem Tempel, jener Bildsäule der Kybele, daß der Ermordete deinen Glauben angenommen habe!"

„Ich verleugne eure Götter, ich verabscheue eure Tempel! Wie kann ich also bei Kybele schwören?"

„Weg, weg mit dem Gottesleugner, weg! Die Erde verschlingt uns, wenn wir diese Lästerungen in einem heiligen Tempel dulden! Fort mit ihm zum Tod!"

„Für die wilden Tiere!" fügte eine weibliche Stimme in dem Haufen hinzu. „Jetzt haben wir gar ein Stück für den Löwen und eines für den Tiger!"

„Wenn du, Nazarener, an Kybele nicht glaubst", begann der Kriegsmann aufs neue, unbewegt von dem Geschrei um ihn her, „welche von unseren Gottheiten erkennst du an?"

„Keine!"

„Hört ihn, hört ihn!" rief die Menge.

„Ihr Eitlen und Blinden", fuhr der Christ mit lauter Stimme fort, „könnt ihr an Bilder von Holz und Stein glauben? Ist jenes stumme, durch Menschenkunst geschnitzte Ding eine Göttin? Seht, überzeugt euch selbst von seiner Nichtigkeit, von eurer Torheit!"

Mit diesen Worten schritt er auf das Heiligtum zu, und ehe einer der Anwesenden sein Vorhaben ahnen konnte, schlug er in seinem Eifer das hölzerne Bild von seinem Fußgestell herab.

„Sehet", rief er, „eure Göttin vermag sich selbst nicht zu rächen. Ist dies ein Ding, das Anbetung verdient?"

Weiter zu sprechen war ihm nicht gegönnt. Ein so grober, kecker Frevel, obendrein an einem der heiligsten Andachtsorte, erfüllte selbst den Lauesten mit Wut und Abscheu. Wie durch Verabredung stürzte der Haufen auf ihn zu und würde ihn ohne das Dazwischentreten des Zenturio in Stücke gerissen haben.

„Ruhig", rief der Krieger gebieterisch. „Bringen wir diesen ruchlosen Lästerer vor das gehörige Gericht. Schaffen wir beide Verbrecher vor die Obrigkeit. Legt den Körper des Priesters auf die Sänfte und tragt ihn in sein eigenes Haus."

In diesem Augenblick trat ein Priester der Isis hervor: „Ich fordere die Überreste nach der Regel unserer Priesterschaft."

„Ihr könnt ihn haben", erwiderte der Zenturio. „Wie steht es mit dem Mörder?"

„Er ist ohnmächtig oder schläft."

„Wäre sein Verbrechen nicht so groß, ich könnte Mitleid mit ihm haben. Vorwärts!"

Als er sich umwandte, begegnete Arbaces dem Kalenus. In seinen Augen lag etwas so Bedeutungsvolles und Übelkündendes, daß der Ägypter vor sich hinmurmelte: „Sollte er Zeuge der Tat gewesen sein?"

Ein Mädchen drängte sich aus dem Volk und sah Olinth fest ins Gesicht: „Beim Jupiter, ein stämmiger Kerl! Jetzt haben wir einen Menschen für den Löwen und einen andern für den Tiger. Was für ein Glück!"

7

Schon war die Nacht etwas vorgeschritten, aber noch immer füllten Menschen die heiteren Lustorte der Pompejaner.

Ein junger Mann bog rasch um den anmutigen Säulengang des Fortunatempels, so rasch, daß er mit nicht geringem Anprall gegen den runden, stattlichen Leib des ehrenwerten Diomed stieß, der eben in seine vorstädtische Villa zurückkehrte.

„Holla!" stöhnte der Kaufmann, indem er sich mit einiger Schwierigkeit wieder ins Gleichgewicht setzte, „hast du keine Augen oder glaubst du, ich habe kein Gefühl? Beim Jupiter, beinahe hättest du mir den göttlichen Lebensfunken ausgetrieben. Noch ein solcher Stoß und meine Seele sitzt im Hades."

„Ah, Diomed, bist du es? Verzeih meine Unachtsamkeit! Ich war ganz in Gedanken vertieft über die Wechselfälle des Lebens. Unser armer Freund Glaucus! Wer hätte das gedacht!"

„Ach ja! Aber sag mir, Clodius, wird er wirklich vom Senat gerichtet werden?"

„Ja, das Verbrechen ist, sagt man allgemein, so außerordentlicher Art, daß der Senat selbst darüber richten muß."

„So wurde er denn öffentlich angeklagt?"

„Es herrscht kein Zweifel über seine Schuld", bemerkte Clodius, die Achseln zuckend, „und da dergleichen Verbrechen allen kleineren Strafsachen vorgehen, so wird man das Urteil wohl noch vor den Spielen fällen."

„Den Spielen! Gute Götter", erwiderte Diomed mit leichtem Schauder. „Man wird ihn doch nicht zum Tierkampf verurteilen — so jung, so reich?"

„Wohl wahr! Aber er ist ein Grieche. Wäre er ein Römer, so hätte es an Erbarmen nicht gefehlt. Diese Fremden hingegen kann man wohl dulden, solang es ihnen gutgeht. Im Unglück aber dürfen wir nicht vergessen, daß sie eigentlich Sklaven sind."

„Und jener Gottesleugner — der Christianer oder Nazarener oder wie er sonst heißt?"

„Ah, der arme Hund! Wenn er der Kybele oder Isis opfert, wird er begnadigt. Wenn nicht, so hat ihn der Tiger. Doch genug von dieser traurigen Sache. Wie geht es der schönen Julia?"

„Gut, denke ich."

„So lebe wohl, alter Herr, wir sehen uns bald wieder."

Clodius schritt davon, ein griechisches Liedchen summend.

Plötzlich wurde er von jemand angefaßt. Er wandte sich um und erblickte die dunklen Augen des Ägypters.

„Willkommen, edler Clodius! Verzeih, daß ich dich aufhalte; sag mir doch, wenn ich bitten darf, wo ist das Haus des Sallust?"

„Nur wenige Schritte von hier, weiser Arbaces. Aber gibt Sallust heute abend ein Fest?"

„Ich weiß es nicht und gehöre auch nicht zu denen, die er sich zur Gesellschaft wählen würde. Aber du weißt, sein Haus dient dem Mörder Glaucus als Gewahrsam."

„Ach ja, der gutherzige Epikuräer glaubt an die Unschuld des Griechen. Er ist ja Bürge für ihn geworden und haftet bis zur gerichtlichen Verhandlung für seine Person. Nun, Sallusts Haus ist immer besser als ein Gefängnis, besonders als das elende Loch auf dem Forum. Aber welches Anliegen kannst du an Glaucus haben?"

„Hm, edler Clodius, könnten wir ihn vom Tod des Verbrechers retten, so wär's immer gut. Die Verurteilung eines Reichen ist ein Schlag für die ganze Gesellschaft. Ich möchte gern mit ihm sprechen, denn ich hörte, er sei wieder bei Sinnen, um mich über die Gründe seiner Tat zu unterrichten. Vielleicht sind sie entschuldigend genug, daß ich als sein Verteidiger auftreten kann."

„Du bist sehr mitleidig."

„Mitleid ist die Pflicht dessen, der nach Weisheit strebt", erwiderte der Ägypter bescheiden. „Wo also ist Sallusts Haus?"

„Ich will es dir zeigen, wenn du mir erlaubst, dich einige Schritte zu begleiten. Aber sag doch, was ist aus dem unglücklichen Mädchen geworden, das im Begriff stand, den Athener zu heiraten — der Schwester des ermordeten Priesters?"

„Es ist nur gut, daß die von der Religion vorgeschriebenen

Pflichten für den Verstorbenen bis jetzt ihre Aufmerksamkeit von Glaucus und von ihr selbst größtenteils abgezogen haben. In ihrer Trauer scheint sie sich kaum zu erinnern, daß Glaucus festgenommen ist und des Richterspruches harrt. Sind aber die Begräbnisfeierlichkeiten einmal vorüber, so wird ihre Angst zurückkehren, und dann fürchte ich sehr, ihre Freunde dürften den empörenden Anblick haben, daß sie dem Mörder ihres Bruders zu Hilfe eilt und zu seinen Gunsten aussagt."

„Einem solchen Skandal muß vorgebeugt werden!"

„Ich glaube, die gehörigen Maßregeln dagegen unternommen zu haben. Ich bin ihr gesetzlicher Vormund und habe mir soeben die Erlaubnis erwirkt, sie nach dem Begräbnis des Apäcides in mein Haus zu schaffen."

„Wohlgetan, weiser Arbaces! Und siehe, hier ist Sallusts Haus. Die Götter mögen dich schützen."

Durch die enge Gasse hinschreitend, war Arbaces jetzt eben Sallusts Haus näher gekommen, als er eine dunkle, in einen Mantel gehüllte Gestalt der Länge nach auf der Türschwelle ausgestreckt sah.

„Auf!" sprach er, die Gestalt mit dem Fuß anstoßend, „du versperrst mir den Weg!"

„Ha, wer bist du?" rief jene in kreischendem Ton. Sie erhob sich vom Boden und das Sternenlicht schien voll auf das bleiche Antlitz Nydias.

„Wer bist du? Ich kenne deine Stimme."

„Was machst du hier zu dieser späten Stunde. Pfui! Schickt sich das für dein Geschlecht und Alter? Nach Hause, Mädchen."

„Ich kenne dich", sprach Nydia mit leiser Stimme, „du bist Arbaces, der Ägypter." Und wie von einem plötzlichen Gedankenblitz durchzuckt, warf sie sich ihm zu Füßen, umklammerte seine Knie und rief in leidenschaftlichem Ton: „O furchtbarer, mächtiger Mann, rette ihn! Er ist unschuldig. Ich bin's. Er liegt da drin, krank, sterbend, und ich, ich bin die Ursache und sie wollen mich nicht zu ihm lassen, sie stoßen das blinde Mädchen aus der Halle. Heile ihn! Du kennst ja wohl ein Kraut, ein Zaubermittel, ein Gegengift, denn es ist ein Trank, der diesen Wahnsinn hervorgebracht hat!"

„Still, Kind! Ich weiß alles — du vergißt, daß ich Julia zu der Höhle der Hexe begleitete. Ohne Zweifel hat ihre Hand ihm den Trank gereicht, aber ihre Ehre fordert dein Stillschweigen. Mach dir keine Vorwürfe! Was geschehen muß, geschieht. Einstweilen begebe ich mich zu dem Verbrecher. Vielleicht kann er noch gerettet werden. Hinweg!"

Mit diesen Worten riß sich Arbaces los und klopfte laut an das Tor. Nach wenigen Sekunden hörte man die schweren Riegel langsam zurückschieben, und der Pförtner fragte aus der halbgeöffneten Tür, wer da sei.

„Arbaces — wichtige Geschäfte mit Sallust in bezug auf Glaucus. Ich komme vom Prätor."

Der Pförtner ließ die hohe Gestalt des Ägypters ein. Nydia stürzte hervor. „Wie geht es ihm?" rief sie, „sprich!"

„Verrücktes Ding, bist du's noch immer? Schäm dich! Sie sagen, er sei wieder bei Verstand."

„Die Götter seien gepriesen! Willst du mich nicht einlassen?"

„Dich einlassen? Nein. Geh nach Hause."

Die Tür schloß sich, und mit einem tiefen Seufzer legte sich Nydia wieder auf die kalten Steine, hüllte das Gesicht in den Mantel und setzte ihre traurige Nachtwache fort.

Unterdessen hatte Arbaces das Speisezimmer erreicht, wo Sallust mit seinem Lieblingsfreigelassenen noch spät beim Mahl saß.

„Was, Arbaces? Und zu solcher Stunde! Auf dein Wohl!"

„Nein, edler Sallust, um eines Geschäftes, nicht um des Vergnügens willen wag ich's, dich zu stören. Wie befindet sich dein Schützling? In der Stadt heißt es, er sei wieder zu sich gekommen."

„Ach ja", erwiderte Sallust, indem er sich die Tränen aus den Augen wischte. „Aber seine Nerven sind so erschüttert, daß ich den lustigen Zechkumpan, der er sonst war, kaum wiedererkenne. Seltsamerweise kann er gar keinen Grund für den plötzlichen Wahnsinn angeben, der über ihn kam. Er hat nur eine undeutliche Erinnerung von dem, was vorfiel, und behauptet, trotz deinem Zeugnis, weiser Ägypter, feierlich seine Unschuld an dem Tod des Apäcides."

„Sallust", entgegnete Arbaces ernst, „in der Sache deines Freundes liegt manches, was zu besonderer Nachsicht auffordert, und könnten wir aus seinem Mund das Geständnis und die Ursache seines Verbrechens erfahren, so ließe sich von der Gnade des Senats noch viel für ihn hoffen, denn der Senat hat die Macht, das Gesetz zu mildern oder zu schärfen. Deswegen habe ich mich mit der höchsten Behörde der Stadt besprochen und die Erlaubnis bekommen, noch diese Nacht eine Unterredung mit dem Athener zu halten."

„Gut", erwiderte Sallust, „du machst deinem ägyptischen Namen und Ruf alle Ehre, wenn du etwas weiteres von ihm herauszubringen vermagst; aber versuch's nur einmal. Der arme Glaucus! Er hatte einen so trefflichen Appetit! Jetzt ißt er nichts."

Der gutmütige Epikuräer war über diese Vorstellung sichtbar gerührt. Er seufzte und befahl dem Sklaven, seinen Becher von neuem zu füllen.

„Die Nacht schwindet", bemerkte der Ägypter, „erlaube mir jetzt, deinen Gefangenen zu sehen."

Sallust nickte und führte jenen zu einem kleinen Zimmer, das von außen durch zwei Sklaven bewacht wurde. Die Tür ging auf; Sallust entfernte sich auf Arbaces' Bitte. Der Ägypter war mit Glaucus allein.

Auf einem hohen Kandelaber brannte eine einzige Lampe neben dem Bett. Bleich fielen die Strahlen auf das Gesicht des Atheners. Die blühende Farbe war weg, die Wangen eingesunken, die Lippen verzerrt und bleich. Grimmig war der Kampf gewesen zwischen Vernunft und Wahnsinn! Aber die Frische des Blutes und der Seele waren dahin.

Still setzte sich der Ägypter neben das Lager; Glaucus lag stumm und ohne seine Anwesenheit zu bemerken. Nach einer langen Pause hob Arbaces zu sprechen an: „Glaucus, wir sind Feinde gewesen. Ich komme allein und im Dunkel der Nacht zu dir — als dein Freund, vielleicht dein Erretter!"

Bestürzt fuhr Glaucus auf bei der jäh ertönenden Stimme, der plötzlichen Erscheinung seines Feindes. Beider Augen begegneten sich, und einige Sekunden lang hatte keiner die Kraft, den Blick zurückzuziehen. Röte flog über das Antlitz des Atheners und die dunklen Wangen des Ägypters erbleichten. Endlich wandte sich Glaucus mit einem tiefen Seufzer ab, fuhr mit der Hand über die Stirn, sank zurück und murmelte: „Träum' ich noch immer?"

„Nein, Glaucus, du wachst. Bei dieser rechten Hand, bei meines Vaters Haupt, du siehst einen Mann vor dir, der dein Leben retten kann. Höre, ich weiß, was du getan hast, aber ich kenne auch die Entschuldigungsgründe deiner Tat, die dir selbst unbekannt sind. Du hast zwar einen Mord begangen — diese Augen haben es gesehen —, aber ich kann dich retten. Ich kann beweisen, daß du deiner Sinne beraubt und kein frei denkender, frei handelnder Mensch warst. Um dich aber retten zu können, mußt du dein Verbrechen eingestehen. Unterzeichne dieses Papier, daß du wirklich an Apäcides' Tod schuldig gewesen, und du entgehst dem Tod."

„Was sind das für Worte? Mord und Apäcides! Sah ich ihn nicht blutend als eine Leiche auf dem Boden ausgestreckt? Und du willst mich überreden, ich habe die Tat vollbracht? Mensch, du lügst! Hinweg!"

„Sei nicht vorschnell, Glaucus! Die Tat ist bewiesen. Freilich läßt sich begreifen, daß dir eine im Wahnsinn vollbrachte Handlung, die du ungestörten Sinnes nicht einmal mitanzusehen vermocht haben würdest, nicht erinnerlich ist; aber gestatte mir, dein erschöpftes Gedächtnis aufzufrischen. Lies dieses Papier, es enthält die Angabe, wie ich sie hier ausgesprochen. Unterzeichne, und du bist gerettet."

„Barbar! Gib mir die geschriebene Lüge, daß ich sie zerreiße! Ich der Mörder von Jones Bruder? Ich mich dazu bekennen, einem Wesen, das ihr teuer war, auch nur ein Haar gekrümmt zu haben? Tausendmal lieber will ich zugrunde gehen!"

„Bedenk es wohl! Du hast nur eine Wahl! Dein Geständnis und die Unterschrift — oder die Arena und den Löwenrachen!"

Der Ägypter hatte den Blick auf den Leidenden geheftet und begrüßte freudig die Zeichen der sichtbaren Bewegung, in die Glaucus bei diesen Worten geriet. Ein leichter Schauder zuckte über den Körper des Atheners, sein Kinn sank herab.

„Große Götter!" sprach er leise, „welche Verwandlung! Noch dünkt es mich kaum ein Tag, seit mir das Leben aus Rosen lachte. Jone mein — Gesundheit, Jugend, Liebe ihre Schätze auf mich ausströmend, und jetzt Schmerz, Wahnsinn, Schande, Tod! Und wofür, was habe ich getan? Oh, immer noch bin ich verrückt!"

„Unterzeichne, und du bist gerettet", ließ sich die sanfte Stimme des Ägypters vernehmen.

„Nimmermehr, Verruchter!" rief Glaucus, und sein voriger Zorn ergriff ihn wieder: „Du kennst mich nicht, kennst nicht die stolze Seele des Atheners! Wer wird seinen Namen schänden, um sein Leben zu retten? Wer ein reines Bewußtsein opfern, um befleckte Tage zu gewinnen? Wer eine Schande lügenhaft auf sich laden und gebrandmarkt in den Augen der Ehre und der Liebe dastehen? Gibt es einen solchen Feigling, der so etwas auf sich nimmt, um ein paar Jahre eines schimpflichen Lebens zu gewinnen, so glaube nicht, dumpfer Barbar des Ostens, du werdest ihn in einem Menschen finden, der auf demselben Boden stand, dieselbe Luft geatmet wie Sokrates. Geh! Laß mich ohne Gewissensbisse leben und ohne Furcht sterben!"

„Überlege wohl! Die Klauen des Löwen, der Hohn des rohen Pöbels, das Gaffen der Menge auf deine Todesqual und deine verstümmelten Glieder; dein Name entehrt, dein Körper unbeerdigt, die Schande, der du entgehen willst, auf ewig an dich geheftet!"

„Du rasest, du bist der Verrückte, nicht ich; Schande liegt nicht im Verlust des Wertes, den uns andere, sondern den wir uns selbst beilegen. Geh! Dein Anblick ekelt mich an. Bisher haßte, jetzt verachte ich dich."

„Ich gehe!" erwiderte Arbaces verletzt und erbittert, aber nicht ohne Bewunderung für sein Opfer.

Langsam stand er auf, hüllte sich fester in seinen Mantel und verließ das Zimmer. Für einen Moment begab er sich noch einmal zu Sallust: „Noch immer ist er nicht bei Bewußtsein oder noch immer verstockt. Es gibt keine Hoffnung für ihn."

„Sag das nicht", erwiderte Sallust, der nur wenig Ingrimm gegen den Ankläger des Atheners empfand, denn er war nicht sonderlich streng in seinen Grundsätzen und eher vom Unglück seines Freundes gerührt als von dessen Unschuld überzeugt. „Sag das nicht, mein Ägypter. Ein so wackerer Trinker muß, wenn immer möglich, gerettet werden. Bacchus gegen Isis!"

„Wir werden sehen", erwiderte der Ägypter.

Jählings wurden die Riegel zurückgeschoben — das Tor geöffnet. Arbaces stand auf der offenen Straße und die arme Nydia fuhr von der langen Wache auf.

„Wirst du ihn retten?" rief sie, die Hände faltend.

„Kind, geh mit mir nach Hause. Ich möchte mit dir sprechen. Ich fordere es um seinetwillen."

„Und du wirst ihn retten?"

Keine Antwort drang an das Ohr der Blinden. Arbaces war bereits weit in der Straße fortgegangen. Sie zögerte einen Augenblick und folgte dann seinen Schritten schweigend nach.

„Ich muß mich dieses Mädchens versichern", sprach er nachdenklich, „damit sie nichts von dem Liebestrank ausplaudert. Was die eitle Julia betrifft, so wird sie sich nicht verraten."

8

Jone und ihre Mädchen waren auf dem Heimweg vom Begräbnis des Apäcides. Jetzt, nachdem die letzte Pflicht für den Bruder vollzogen war, dachte sie an ihren Verlobten und die furchtbare Beschuldigung gegen ihn. Da sie der Anklage nicht den geringsten Glauben schenkte, wohl aber den schwärzesten Verdacht gegen Arbaces hegte, so fühlte sie, daß die Gerechtigkeit gegen ihren Geliebten und gegen ihren ermordeten Bruder sie verpflichte, sich zum Prätor zu begeben und diesem ihre Ansicht, so wenig sie dieselbe auch mit Beweisen belegen konnte, mitzuteilen. Sie befragte ihre Mädchen, die bis jetzt in liebevoller Fürsorge, ihr weitere Qual zu ersparen, nichts von dem Zustand des Glaucus erwähnt hatten, und erfuhr, daß er gefährlich krank gewesen, daß er sich im Haus Sallusts in Gewahrsam befinde und der Tag seiner gerichtlichen Einvernahme bereits angesetzt sei.

„Schützende Götter", rief sie aus, „konnte ich ihn so lange vergessen! Laßt mich eilen, ihm sein Recht zu erweisen, ihm zu sagen, daß ich, die nächste Angehörige des Ermordeten, ihn für unschuldig halte. Schnell, schnell, laßt uns eilen! Laßt mich ihn trösten und pflegen! Und wenn man mir nicht glaubt, wenn man sich meiner Überzeugung nicht fügt, wenn man ihn zur Verbannung oder zum Tod verurteilt, so will ich das Urteil mit ihm teilen!"

Sie beeilte ihren Schritt, kam durch das Tor und befand sich in der langen Straße, die durch die Stadt hinführt. Die Häuser standen offen, aber niemand regte sich noch. Da stieß sie plötzlich auf eine Gruppe Menschen um eine geschlossene Sänfte. Eine hohe Gestalt trat aus ihrer Mitte hervor, und Jone schrie laut auf, denn sie erblickte Arbaces.

„Schöne Jone", sprach er sanft, „vergib mir, wenn ich störend in deine frommen Schmerzen eingreife, aber der Prätor, besorgt für deine Ehre und im Wunsch, daß du dich nicht vorschnell in die bevorstehende gerichtliche Untersuchung verwickeln mögest, überdies gerührt von deiner schutz- und freundlosen Lage, hat dich weise und väterlich der Obhut deines gesetzmäßigen Vormunds zugewiesen. Sieh hier den Erlaß, welcher dich meiner Aufsicht überantwortet."

„Dunkler Ägypter“, rief Jone und trat stolz zurück, „hinweg! Du bist es, der meinen Bruder erschlagen hat! Deiner Obhut, deinen noch vom Blut des Bruders rauchenden Händen will man die Schwester übergeben? Hinweg, und laß mich in meinem Schmerz allein!“

„Der Schmerz verwirrt deine Sinne, Jone“, entgegnete Arbaces. „Ich verzeihe dir. Auch jetzt wirst du mich, wie immer, als deinen zuverlässigen Freund finden. Aber die Straße ist nicht der passende Ort für eine Unterredung. Herbei, Sklaven! Komm, mein holder Schützling, die Sänfte wartet auf dich.“

Die erschreckten Dienerinnen drängten sich um Jone und umfaßten ihre Knie.

„Arbaces“, rief die älteste, „das ist wahrhaftig gegen das Gesetz. Ist nicht befohlen, daß die Angehörigen eines Verstorbenen neun Tage lang nach dem Begräbnis in ihrem Haus nicht gestört, in ihrem einsamen Gram nicht unterbrochen werden dürfen?“

„Mädchen“, entgegnete Arbaces und streckte gebieterisch die Hand aus, „ein Mündel unter das Dach ihres Vormundes zu bringen, verstößt nicht gegen die Leichengesetze. Ich habe die Vollmacht des Prätors.“

Mit diesen Worten schlang er den Arm fest um die bebende Jone und hatte sie im nächsten Augenblick in die Sänfte gehoben. Schnell schritten die Träger von dannen und bald war die unglückliche Jone dem Gesicht der weinenden Dienerinnen entschwunden.

9

Nydia war dem Ägypter in sein Haus nachgefolgt, und hier gestand sie ihm in ihrer Verzweiflung und Reue, daß ihre Hand, nicht Julias, dem Athener den verhängnisvollen Trank gereicht hatte. Als nach ihrem Bekenntnis die arme Nydia sich ihm zu Füßen warf und ihn anflehte, die Gesundheit des Glaucus wiederherzustellen und sein Leben zu retten, nahm der Ägypter bloß die neue Notwendigkeit wahr, Nydia so lange als Gefangene zurückzuhalten, bis über das Schicksal des Angeklagten entschieden wäre. Denn hatte er schon damals, als er sie nur für Julias Mitschuldige in dem Plan eines Liebestrankes hielt, gefühlt, daß es für das völlige Gelingen seiner Rache gefährlich sei, wenn sie frei bleibe, wie viel wahrscheinlicher wurde es nun erst, daß sie aus eigenem Antrieb ihr Zeugnis vorbringen würde.

„Tochter", sprach Arbaces, aus seinem Nachdenken aufwachend, „du mußt hierbleiben. Es ziemt sich nicht für dich, durch die Straßen zu wandern und vom rauhen Fuß der Sklaven von der Tür gestoßen zu werden. Ich habe Mitleid mit dir. Harre hier einige Tage in Geduld, und Glaucus soll wiederhergestellt werden."

Mit diesen Worten und ohne ihre Erwiderung abzuwarten, eilte er aus dem Zimmer, schob den Riegel vor die Tür und empfahl die Bedürfnisse seiner Gefangenen dem Sklaven, unter dessen Obhut dieser Teil des Hauses stand.

10

Als Nydia merkte, daß Arbaces nicht mehr zu ihr zurückkehrte, als sie Stunde um Stunde der ganzen Qual einer furchtbaren Ungewißheit hingegeben blieb, fing sie an, mit ausgestreckten Armen nach irgendeinem Ausweg ihres Kerkers umherzufühlen, und da sie den einzigen Zugang verschlossen fand, schrie sie laut, mit der ganzen Heftigkeit eines von Natur leidenschaftlichen Gemütes.

„Ha, Mädchen!" rief der beaufsichtigende Sklave, indem er die Tür öffnete, „hat dich ein Skorpion gebissen oder glaubst du, wir stürben hier am Stillschweigen und könnten wie der kleine Jupiter nur durch Geschrei gerettet werden?"

„Wo ist dein Herr und warum bin ich hier eingesperrt? Ich brauche Luft und Freiheit. Laß mich fort!"

„Kennst du den Arbaces noch nicht genug, um zu wissen, daß sein Wille soviel ist wie der des Kaisers? Er hat befohlen, daß du hier eingesperrt werden sollst, darum bist du eingesperrt, und ich bin dein Hüter. Luft und Freiheit kannst du nicht haben, aber wohl Besseres — Speise und Wein."

„O Jupiter", entgegnete das Mädchen, die Hände ringend, „warum bin ich eingekerkert? Wozu kann der große Arbaces ein so unbedeutendes Geschöpf wie mich nötig haben?"

„Das weiß ich nicht, es müßte denn sein, um deine neue Gebieterin zu bedienen, die heute hierhergebracht wurde."

„Was, Jone hierher?"

„Ja, die Arme! Sie hatte keine sonderliche Freude daran. Doch ist Arbaces ein gar artiger Mann gegen die Frauen. Jone ist, wie du weißt, sein Mündel."

„Willst du mich zu ihr führen?"

„Sie ist krank — verrückt vor Zorn und Ärger. Überdies habe ich keinen Befehl hiezu, und in eigener Person denke ich nie etwas."

„Aber was kann es schaden, wenn ich Jone sehe?"

„Das weiß ich nicht. Wenn es dir aber um Gesellschaft zu tun ist, so bin ich bereit, mit dir zu plaudern, Kleine. Denn ich bin einsam genug in meinem finsteren Schlafraum; und, beiläufig gesagt, bist du ja eine Thessalierin. Verstehst du dich nicht ein bißchen darauf, wahrzusagen, wie es die meisten von deinem Volk zum Zeitvertreib tun?"

„Still, Sklave, halte deine Zunge im Zaum oder, wenn du sprechen willst, sag mir, was du von Glaucus gehört hast."

„Mein Herr ist zu der gerichtlichen Verhandlung über den Athener gegangen. Glaucus wird es büßen müssen!"

„Was büßen müssen?"

„Die Ermordung des Priesters Apäcides."

„Davon hörte ich auch", rief Nydia und drückte beide Hände gegen die Stirn, verstand es aber nicht. „Wer wird es wagen, ihm ein Haar zu krümmen?"

„Der Löwe, fürchte ich."

„Schützende Götter, was für greuliche Dinge sprichst du?"

„Nun, daß, wenn er schuldig befunden werden sollte, der Löwe oder vielleicht der Tiger das Urteil an ihm vollstrecken wird."

Nydia fuhr auf, als wäre ein Pfeil in ihr Herz gedrungen. Sie stieß einen furchtbaren Schrei aus, fiel dem Sklaven zu Füßen und rief in einem Ton, der selbst sein hartes Herz rührte: „Ach, sag mir, du habest gescherzt, du habest nicht die Wahrheit gesprochen —"

„Nun, meiner Treu, ich verstehe mich nicht auf das Gesetz, blindes Mädchen. Vielleicht geht es nicht so schlimm, wie ich meine. Arbaces ist sein Ankläger, und das Volk wünscht ein Opfer für die Arena. Beruhige dich. Was hat das Schicksal eines Atheners mit dem deinigen zu tun?"

„Er ist freundlich gegen mich gewesen. Du weißt also nicht, wie es ausgehen wird? Arbaces sein Ankläger? O Schicksal! Das Volk — das Volk! Doch diese Menschen können ja sein Gesicht sehen! Wer wird grausam gegen ihn sein? Aber war nicht selbst die Liebe grausam gegen ihn?“

Mit diesen Worten sank ihr Kopf auf ihre Brust und sie war still. Heiße Tränen flossen ihr die Wangen herab und all die freundlichen Bemühungen des Sklaven vermochten sie nicht zu trösten.

Als seine Geschäfte für das Haus jenen endlich nötigten, das Zimmer zu verlassen, fing Nydia an, ihre Gedanken wieder zu sammeln. Arbaces war der Ankläger des Glaucus, Arbaces hielt sie hier eingekerkert; bewies das nicht, daß ihre Freiheit dem Glaucus förderlich sein konnte? Oh, wie schmachtete sie nach Befreiung! Zum Glück für sie verschlang der Wunsch nach Flucht jede andere Schmerzempfindung. Sie besaß viel von der List ihres Geschlechts, die durch ihre frühere Sklaverei noch vermehrt worden war. So beschloß sie denn, sich an ihrem Hüter zu versuchen, und da ihr seine abergläubische Frage nach ihren thessalischen Künsten plötzlich in Erinnerung kam, hoffte sie an dieser Handhabe ihr Entwischen auf irgendeine Art zu bewerkstelligen. Unter solchen Betrachtungen verflossen ihr der Rest des Tages und die langen Stunden der Nacht, und als sich Sosia am folgenden Morgen bei ihr einfand, beeilte sie sich, seine Geschwätzigkeit in den Kanal zu leiten, nach dem sich bereits eine natürliche Strömung gezeigt hatte. Übrigens sah sie wohl ein, daß die Nacht die einzige Möglichkeit des Entkommens für sie darbot und war daher, so bitter der Verzug sie auch schmerzte, genötigt, ihren Versuch bis dahin zu verschieben.

„Die Nacht“, sprach sie, „ist die einzige Zeit, wo wir den Willen des Schicksals entziffern können. Bei Nacht mußt du zu mir kommen. Aber was wünschest du eigentlich zu erfahren?“

„Tu mir zu wissen, ob ich mir genug ersparen werde, um meine Freiheit zu kaufen, oder ob sie mir dieser Ägypter vielleicht umsonst gibt. Er hat zuweilen so großmütige Launen. Sodann, gesetzt, dieses Glück werde mir zuteil, ob ich wohl die schöne Taverne bekomme, auf die ich schon lange ein Auge habe. Es ist ein feiner Handel um den Verkauf von Spezereien und schickt sich für einen zurückgezogenen Sklaven, der etwas von einem Herrn an sich hat.“

„Ja, wenn du auf diese Fragen bestimmte Antworten wünschest, so gibt es verschiedene Wege, um dich zu befriedigen. Da ist zum Beispiel die Lithomanteia oder der sprechende Stein, der auf deine Anfragen mit der Stimme eines Kindes antwortet. Aber wir haben diesen kostbaren Stein nicht zur Hand. Dann gibt es die Hydromanteia, wo der Dämon bleiche, gespenstische Bilder ins Wasser zeichnet, welche die Zukunft verkünden; aber diese Kunst erfordert Gläser von besonderer Art, um die geweihte Flüssigkeit, die wir ebenfalls nicht zur Hand haben, darin aufzunehmen. Ich glaube daher, der leichteste Weg, deinen Wunsch zu erfüllen, ginge durch den Zauber der Luft."

„Hoffentlich", erwiderte Sosia, „unterläuft uns bei dieser Operation nichts besonders Schreckliches? Ich liebe die Erscheinungen nicht."

„Fürchte nichts, du wirst nichts sehen, sondern hörst an dem Wallen des Wassers, ob dein Wunsch in Erfüllung geht oder nicht. Sorge zunächst dafür, daß, sobald der Abendstern aufgegangen ist, das Gartentor ein wenig offenstehe, damit der Geist sich zum Eintritt angelockt fühle, und setze als Zeichen der Gastfreundschaft Früchte und Wasser neben das Tor. Drei Stunden nach der Dämmerung stell dich dann mit einem Becher des kältesten, frischesten Wassers bei mir ein und du sollst alles erfahren, wie mich's meine thessalische Mutter gelehrt hat. Aber vergiß die Gartentür nicht. Sie muß, wenn du zu mir kommst, bereits seit drei Stunden offenstehen."

„Verlaß dich auf mich", erwiderte der arglose Sosia; „ich weiß, was ein Mann von Stand empfindet, wenn man ihm die Tür vor der Nase zuschließt, und ich weiß auch, daß eine angesehene Person, wie ein Geist es doch ist, anderseits das kleine Zeichen von gastfreundlicher Höflichkeit mit Vergnügen sehen wird. Einstweilen, liebe Kleine, ist hier dein Frühstück."

„Und was hörtest du von der gerichtlichen Verhandlung?"

„Oh, die Anwälte sind noch an der Arbeit. Das ist ein Gerede! Es wird dauern bis morgen."

„Bis morgen? Weißt du das gewiß?"

„So sagt man wenigstens."

„Und Jone?"

„Sie muß ziemlich gesund sein, denn sie war stark genug, meinen Herrn heute früh so in Zorn zu bringen, daß er auf den Boden stampfte und sich in die Lippen biß. Ich sah ihn mit einer Stirn wie ein Donnerwetter aus ihrem Zimmer kommen."

„Ist er hier in der Nähe?"

„Nein, im oberen Geschoß. Aber ich kann nicht länger hier plaudern. Leb wohl!"

11

Der Abend des zweiten Gerichtstages war hereingebrochen, als durch das Gartenpförtchen, das der Sklave offen gelassen hatte, allerdings keiner von den geheimnisvollen Geistern der Erde oder Luft, wohl aber die schwere und sehr menschliche Gestalt des Isispriesters Kalenus eintrat. Er begab sich durch den offenen Hof in den Innenhof und stieß unversehens auf den Ägypter, der aus einem der Zimmer zur Seite des Säulengangs herauskam.

„Ha, Kalenus — suchst du mich?" fragte er mit etwas verlegener Stimme

„Ja, weiser Arbaces. Hoffentlich kommt mein Besuch nicht zu unrechter Zeit?"

„Nein — noch in diesem Augenblick nieste mein Freigelassener Kallias dreimal auf meiner rechten Seite. Ich wußte also, daß mir etwas Gutes bevorstehe, und siehe, die Götter senden mir Kalenus."

„Wollen wir in dein Zimmer gehen, Arbaces?"

„Wie du willst. Aber die Nacht ist hell und würzig. Ich bin von meiner neulichen Krankheit noch etwas geschwächt und die Luft erfrischt mich; gehen wir im Garten auf und ab, wir sind dort ebenso allein."

„Von Herzen gern", erwiderte der Priester, und die beiden Freunde wandelten langsam nach einer der Terrassen, die, von Marmorvasen und Blumen eingefaßt, den Garten durchschnitten.

„Eine liebliche Nacht!" sprach Arbaces. „Lau und schön wie die, in welcher vor zwanzig Jahren Italias Ufer zuerst vor meinen Blicken aufstiegen. Mein Kalenus, das Alter fängt an, uns zu beschleichen. Laß uns wenigstens empfinden, daß wir gelebt haben."

„Du kannst das", entgegnete Kalenus, „dir wurde unendlicher Reichtum zuteil. Ein Körper, der von Krankheit verschont blieb, glückliche Liebe, unerschöpflicher Genuß — und selbst in dieser Stunde der Triumph der Rache."

„Du meinst wegen des Atheners. Ja, morgen wird sein Tod ausgesprochen werden. Aber du irrst dich. Sein Tod gibt mir keine andere Befreiung, als daß er mich von einem Nebenbuhler in Jones Herzen befreit. Weiter fühle ich keine feindliche Empfindung gegen diesen unglückseligen Totschläger."

„Totschläger!" wiederholte Kalenus langsam und bedeutungsvoll und heftete, nachdem er gesprochen, die Augen fest auf Arbaces. „Totschläger! Es ist gut, daß du ihn dieses Verbrechens anklagst; aber niemand weiß besser als du, daß er unschuldig ist."

„Erklär dich", erwiderte Arbaces kalt, denn er hatte sich für diese Gefahr, die er im stillen vorausgeahnt hatte, vorbereitet.

„Arbaces", versetzte Kalenus und dämpfte seine Stimme zum Geflüster, „ich war in dem heiligen Hain, gedeckt durch den Tempel und das umgebende Gebüsch. Ich sah, wie deine Waffe dem Apäcides ins Herz fuhr. Ich tadle die Tat nicht — sie bereitete einem Feind und Abtrünnigen den Untergang."

„Du sahst das Ganze?" versetzte Arbaces trocken. „Das dachte ich. Du warst allein?"

„Allein!" erwiderte Kalenus, erstaunt über die Ruhe des Ägypters.

„Und weshalb warst du zu dieser Stunde hinter dem Tempel versteckt?"

„Weil ich eine Unterredung des Apäcides mit dem Nazarener angehört hatte; weil ich wußte, daß er an diesem Ort mit dem fanatischen Olinth wieder zusammenkommen wollte; weil sie hier zusammenkamen, um den Plan zu besprechen, wie sie die heiligen Mysterien unserer Göttin dem Volk enthüllen könnten."

„Hast du eines Menschen Ohr anvertraut, was du gesehen?"

„Nein, mein Gebieter, das Geheimnis ist in der Brust deines Dieners verschlossen."

„Und warum hast du dieses Geheimnis bis jetzt vor mir verborgen? Warum hast du bis zum Abend vor der Verurteilung des Atheners zugewartet, ehe du mir zu sagen wagtest, daß Arbaces ein Mörder ist? Und warum teilst du mir dein Wissen jetzt mit?"

„Weil —" stammelte Kalenus verlegen.

„Weil", unterbrach ihn Arbaces mit sanftem Lächeln, „weil du, mein Kalenus, wünscht, ich möchte mich in die gerichtliche Verhandlung so verflechten und verfangen, daß mir kein Weg zur Rettung offen bliebe, falls du gegen mich aufträtest; ich möchte in diesem Fall des Meineids und der Hinterlist so gut wie des Totschlags überführt sein; weder Reichtum noch Ansehen möchten, nachdem ich einmal den Blutdurst des Volkes gereizt, hindern können, daß ich das Opfer dieses Durstes würde. Und du teilst mir dein Geheimnis jetzt mit, ehe die Verhandlung noch ganz zu Ende ist, um mir im letzten Augenblick den Wert deines Stillschweigens desto begreiflicher zu machen — um mir nachzuweisen, daß die Kunst, womit ich den Zorn des Volkes gesteigert habe, durch deine Aussage auf mein eigenes Haupt zurückfallen und der Rachen des Löwen sich statt für Glaucus für mich öffnen würde! Ist es nicht so?"

„Arbaces", entgegnete Kalenus, indem ihn seinige sonstige Kühnheit gänzlich verließ, „wahrhaftig, du bist ein Zauberer. Du liest in den Herzen der Menschen, als ob es ein Buch wäre."

„Es ist mein Beruf", antwortete der Ägypter mit mildem Lächeln. „Wohlan denn, schweige, und wenn alles vorüber ist, will ich dich reich machen."

„Verzeih mir", erwiderte der Priester, von der Habsucht, seiner Hauptleidenschaft, geleitet, die sich auf keine künftige Freigebigkeit vertrösten lassen wollte. „Willst du, daß ich schweige, so mußt du etwas im voraus bezahlen. Soll die Rose, das holde Sinnbild der Verschwiegenheit, feste Wurzeln schlagen, so begieße sie in dieser Nacht mit einem Strom von Gold."

„Witzig und poetisch!" erwiderte Arbaces immer noch in jenem sanften Ton, der seinen gierigen Gefährten beruhigte und kühn machte, obwohl er ihn im Gegenteil hätte erschrecken und zurückhalten sollen. „Willst du nicht warten bis morgen?"

„Warum diesen Verzug? Kann ich mein Zeugnis erst dann ablegen, wenn die Schande auf mir lastet, daß ich durch diese Ablegung nicht dem Tod eines unschuldigen Menschen zuvorgekommen sei, so vergißt du vielleicht mein Anrecht auf Belohnung, und in der Tat ist dein jetziges Zaudern ein böses Vorzeichen für deine künftige Dankbarkeit."

„Gut, Kalenus; was soll ich dir also bezahlen?"

„Dein Leben ist sehr kostbar und dein Reichtum ist sehr groß", erwiderte der Priester lachend.

„Immer witziger! Was soll die Summe sein?"

„Arbaces, ich habe gehört, du bewahrst in deiner geheimen Vorratskammer unter den oskischen Säulen, die deine prächtigen Hallen stützen, Haufen von Gold und Juwelen, die mit den Schätzen des Nero wetteifern könnten. Leicht kannst du da so viel wegnehmen, um Kalenus zum reichsten Priester in Pompeji zu machen, ohne daß du den Verlust spürst."

„Komm, Kalenus", versetzte Arbaces in schmeichelndem Ton, „du bist ein alter Freund und warst mir ein treuer Diener. Es kann weder dein Wunsch sein, mir das Leben zu nehmen, noch der meinige, dir deinen Lohn zu kürzen. Du sollst mit mir in die Schatzkammer hinuntersteigen, von der du gesprochen hast. Du sollst deine Augen am Glanz von Haufen von Gold und dem Funkeln unschätzbarer Edelsteine weiden und schon heute abend zu deiner Belohnung so viel wegtragen, als du unter deinen Kleidern verbergen kannst. Noch ein Gang und wir steigen zu den oskischen Bögen hinab."

12

Ungeduldig wartete Nydia auf die Ankunft Sosias. Nachdem der leichtgläubige Sklave seinen Mut durch tüchtige Züge gestärkt hatte, schlich er in das Zimmer der Blinden.

„Nun, Sosia, bist du vorbereitet? Hast du den Becher mit frischem Wasser?"

„Jawohl! Aber ich zittere ein wenig. Du bist doch gewiß, daß ich den Geist nicht zu sehen bekomme?"

„Sei ohne Sorge. Und hast du die Gartentür etwas offen gelassen?"

„Ja, und ich habe einige schöne Nüsse und Äpfel auf ein Tischchen daneben gelegt."

„Gut. Und das Pförtchen steht jetzt offen, so daß der Geist eintreten kann?"

„Allerdings."

„Gut, so öffne die Zimmertür; so — nur wenig. Und jetzt Sosia, gib mir die Lampe."

„Was? Du wirst sie doch nicht auslöschen wollen?"

„Nein; aber ich muß meinen Zauber über ihren Strahl aussprechen. Setz dich."

Der Sklave gehorchte, und nachdem sich Nydia ein Weilchen schweigend über die Lampe niedergebeugt, stand sie auf und sang mit leiser Stimme ein Lied.

„Jetzt kommt das Gespenst gewiß", sagte Sosia, „ich fühle, wie es über mein Haar hinläuft."

„Setz deinen Becher mit Wasser auf den Boden. So, jetzt gib mir dein Tuch und laß mich dir Gesicht und Augen verbinden."

„Ho, ho! Das ist doch immer derselbe Brauch bei solchen Zauberkünstlern. Nicht so fest, etwas lockerer!"

„So! Kannst du sehen?"

„Sehen? Nein, nichts als Dunkelheit."

„Nun sprich die Fragen, die du an das Gespenst stellen willst, mit leiser Stimme dreimal aus. Folgt eine bejahende Antwort, so wirst du das Wasser sieden und wallen hören. Wird die Frage aber verneint, so bleibt das Wasser ganz still."

„Aber du wirst mir hoffentlich keinen Betrug mit dem Wasser begehen, he?"

„Ich will den Becher zwischen deine Füße setzen — so! Jetzt wirst du selbst einsehen, daß ich ihn nicht berühren kann, ohne daß du es sogleich merkst."

„Gut, gut! Nun also, Bacchus, steh mir bei! Du weißt, daß ich dich stets mehr geliebt habe als alle anderen Götter, und ich will dir den silbernen Becher schenken, den ich voriges Jahr von dem dicken Carptor gestohlen habe, wenn du mir bei diesem wasserliebenden Geist das Wort redest. Und du, Geist, merke auf und höre; werde ich im nächsten Jahr imstande sein, meine Freiheit zu kaufen? Du weißt, daß ich seit drei Jahren alles gestohlen habe, worauf ich in ehrlicher, das heißt in sicherer Weise die Hand legen konnte, und doch fehlen mir noch zweitausend Sesterze zu der ganzen Summe. Werde ich imstande sein, guter Geist, das Fehlende im Laufe dieses Jahres zuzuschießen? Sprich! Ha! Wallt das Wasser auf? Nein, alles still wie ein Grab. Gut denn, wenn nicht in diesem Jahr, in zwei Jahren? In zwei Jahren, mein guter Kerl; laß dich erbitten, in zwei; das ist doch eine hübsche Zeit. Was, immer noch still! In dritthalb Jahren — in drei — in vier? Daß dich der Henker, Freund Geist! In fünf — in sechs — in sechzig Jahren: Oh, möge dich Pluto holen!"

Voll Wut stieß Sosia das Wasser um. Dann wand er unter langem Herumtappen und vielem Fluchen den Kopf aus dem Tuch los, in das er gänzlich eingewickelt war, stierte umher und entdeckte, daß er im Finstern saß.

„Heda, Nydia, die Lampe ist fort! Und du bist auch weg! Aber ich werde dich schon fangen — dafür sollst du mir büßen!"

Er tastete seinen Weg bis zu der Tür. Sie war von außen verriegelt. Er statt Nydia war ein Gefangener. Was konnte er tun? Er wagte nicht, laut zu klopfen oder zu rufen, damit nicht Arbaces entdecken möchte, wie man ihn zum Narren gehalten; auch war Nydia wahrscheinlich bereits zur Gartentür hinaus und setzte ihre Flucht eifrig fort. „Aber", dachte er, „sie wird nach Hause gehen oder doch irgendwie in der Stadt sein. Morgen mit Tagesanbruch, wenn die Sklaven im Innenhof beschäftigt sind, wird man mich hören. Dann kann ich heraus und sie aufsuchen. Ich bin überzeugt, daß ich sie aufspüre und zurückbringe, ehe Arbaces ein Wort von der Sache erfährt. Kleine Verräterin, die Finger jucken mich nach dir; und mir nur einen Becher Wasser zu lassen! Wenn's noch Wein wäre, so hätte ich doch einigen Trost."

Während Sosia also in der Falle sein Schicksal beklagte, war das blinde Mädchen mit jener wunderbaren Sicherheit und Schnelligkeit, die wir schon an ihr kennen, leicht über den Innenhof weggeschritten, hatte den Weg nach dem Garten zurückgelegt und stand mit klopfendem Herzen eben im Begriff, auf die Gartentür zuzugehen, als sie plötzlich Schritte herannahen hörte und die gefürchtete Stimme des Ägypters vernahm: In Zweifel und Schrecken hielt sie einen Augenblick inne; dann besann sie sich plötzlich, daß es noch einen anderen Gang gäbe, der sich längs dem Fundament des Hauses gegen die Tür hinzog, die sich ebenfalls in den Garten öffnete. Vielleicht stand dieselbe offen. Bei diesem Gedanken kehrte die Flüchtige hastig um, stieg die kleine Treppe hinab und befand sich bald an der Mündung des Ganges. Die Tür in den Gang war verschlossen. Noch suchte sie sich über diesen Umstand zu vergewissern, als sie die Stimme des Kalenus und einen Augenblick nachher die leise Erwiderung des Arbaces hinter sich vernahm. Stehenbleiben konnte sie nicht. Wahrscheinlich schritten beide eben auf jene Tür zu. Sie eilte vorwärts und fühlte sich auf unbekanntem Boden. Die Luft wurde dumpf und kalt. Das beruhigte sie. Sie vermutete, in einem Kellergewölbe zu sein, wohin der vornehme Gebieter des Hauses sich nicht verirren würde, als ihr feines Ohr abermals Schritte und Stimmen vernahm. Mit ausgestreckten Armen drang sie immer weiter und stieß jetzt häufig auf Pfeiler von dicker, massiver Form. Allein, sooft sie stehenblieb, um Atem zu schöpfen, vernahm sie auch wieder die nahenden Schritte und das undeutliche Geflüster von Stimmen. Plötzlich fühlte sie sich von einer Wand angehalten, welche die Grenze des Pfades zu bilden schien. War kein Versteck für sie da? Keine Öffnung? Keine Nische? Sie hielt an und rang verzweiflungsvoll die Hände; dann, durch die nahenden Laute wieder aufgeschreckt, eilte sie an der Wand hin und fiel, indem sie plötzlich gegen einen der hie und da hervorragenden Strebepfeiler stieß, zu Boden. Obwohl es ziemlich schmerzte, stieß sie doch keinen Schrei aus, ja, sie segnete den Unfall, der sie hinter eine Art Schirm geführt hatte, und indem sie sich fest in den von einem Pfeiler gebildeten Winkel schmiegte, erwartete sie atemlos ihr Schicksal.

Unterdessen schritten Arbaces und der Priester dem geheimen Gemach zu, dessen Schätze ersterer so sehr gerühmt hatte. Sie befanden sich in einer großen unterirdischen Halle. Die niedrige Decke wurde von kurzen, dicken Pfeilern getragen, deren Architektur von der griechischen Anmut sehr weit abstand. Die einzige schwache Leuchte in Arbaces' Hand warf nur ein unvollkommenes Licht auf die nackten, rauhen Wände, deren gewaltige Steine auf eine seltsam kunstlose Art ineinandergefügt waren.

Kalenus schauderte, als er umherblickte und die dumpfe, ungesunde Luft einatmete.

„Gleichwohl", bemerkte Arbaces, der sein Grauen wahrnahm, mit einem Lächeln, „gleichwohl sind es diese rauhen Verliese, welche den Stoff zu den Herrlichkeiten da oben liefern."

„Und wohin führt jene dunkle Galerie zur Linken?" fragte Kalenus. „Sie scheint in dieser Finsternis eine Grenze, als ob sie sich nach dem Hades hinwende."

„Im Gegenteil, sie führt zum Tageslicht empor", erwiderte Arbaces leichthin, „wir müssen unseren Weg nach der rechten Seite hin nehmen."

Die Halle teilte sich am Ende in zwei Gänge. Gegen den rechten dieser Flügel lenkten die beiden jetzt ihre Schritte.

„Der lustige Glaucus wird morgen in kein viel trockeneres und ein viel weniger geräumiges Gemach quartiert werden", sagte Kalenus, als sie an dem Ort vorbeikamen, wo die Thessalierin im Schatten des breiten, vorspringenden Pfeilers kauerte.

„Ja, aber ein um so viel trockeneres und größeres Zimmer wird er am folgenden Tag in der Arena haben. Und wenn ich denke", fuhr Arbaces langsam und bedächtig fort, „wenn ich nun denke, daß ein Wort von dir ihn retten und den Arbaces seinem Schicksal übergeben könnte!"

„Dieses Wort soll nie gesprochen werden!" entgegnete Kalenus.

„Recht, mein Kalenus!" gab ihm Arbaces zurück, indem er den Arm vertraulich auf die Schulter des Priesters legte, „es soll nie gesprochen werden; und jetzt halt — wir stehen vor der Tür."

Das Licht flackerte gegen ein tief in die Mauer gedrücktes und durch viele eiserne Platten und Bänder wohlverwahrtes kleines Tor. Arbaces zog einen kleinen Ring aus dem Gürtel, woran drei oder vier kurze Schlüssel hingen. Oh, wie schlug das gierige Herz des Priesters, als er die rostigen Schlösser knarren hörte.

„Hinein, mein Freund“, hob Arbaces an, „ich will die Lampe in die Höhe halten, damit du deine Augen an den gelben Haufen weiden kannst.“ Der Ungeduldige ließ sich die Einladung nicht zweimal sagen. Schnell eilte er auf das Pförtchen zu.

Kaum hatte er die Schwelle hinter sich, als der starke Arm des Ägypters ihn vorwärtsstieß. „Das Wort soll nie gesprochen werden“, rief er mit triumphierendem Gelächter und schloß die Tür hinter dem Priester ab.

Kalenus war mehrere Stufen hinabgestürzt, aber ohne die Schmerzen seines Falles im Augenblick zu spüren, sprang er wieder zu dem Pförtchen empor, schlug mit geballter Faust wild dagegen und rief mit einer Stimme, die mehr dem Geheul eines Tieres als einem menschlichen Laut glich, so furchtbar war seine Todesangst und Verzweiflung: „Laß mich hinaus, ich will kein Geld verlangen!“

Die Worte drangen nur dumpf durch die massive Tür, und von neuem lachte Arbaces. Dann stampfte er heftig mit dem Fuß, froh, seinem lang verhaltenen Grimm Luft geben zu können: „Alles Gold Dalmatiens“, rief er, „wird dir keine Brotrinde erkaufen. Verhungere, Elender. Dein Sterbegewinsel wird nicht einmal ein Echo in diesen weiten Hallen wecken, und selbst kein Lüftchen wird, wenn du dir in verzweifeltem Hunger das Fleisch von den Knochen nagst, verraten, daß so der Mensch zugrunde geht, der dem Arbaces gedroht hat.“

„Mitleid, Erbarmen! Unmenschlicher Bösewicht! War es darum ...“

Das übrige der Rede ging dem Ohr des Ägypters, der durch die düstere Halle langsam zurückkehrte, verloren. Er hüllte sich fester in seinen Mantel und eilte an die frische Luft empor.

13

Was für Worte des Schreckens und gleichwohl der Hoffnung hatte Nydia vernommen! Den folgenden Tag sollte Glaucus verurteilt werden. Aber noch lebte ein Mensch, der ihn retten konnte, und dieser Mensch befand sich nur wenige Schritte von ihrem Versteck! Konnte sie entwischen, konnte sie nur den Prätor aufsuchen, so war der Gefangene noch zur rechten Zeit ans Tageslicht zu bringen, der Athener noch zu retten. Nachdem sie mehrere

Minuten aufmerksam gehorcht hatte, bis sie überzeugt war, daß Arbaces den Ort verlassen habe, schlich sie, von ihrem scharfen Gehör geleitet, zu der Tür, hinter der sich Kalenus befand. Hier vernahm sie die Töne seiner Angst und Verzweiflung deutlicher. Dreimal versuchte sie zu sprechen und dreimal war ihre Stimme zu schwach, um durch die schwere Tür zu dringen. Endlich fand sie das Schloß, legte ihre Lippen an dessen kleine Öffnung, und deutlich hörte der Gefangene seinen Namen von einer sanften Stimme gesprochen.

Sein Blut gerann, sein Haar sträubte sich. Welches geheimnisvolle, übernatürliche Wesen mochte diese furchtbare Einsamkeit durchdrungen haben? — „Wer da?“ rief er in neuer Angst, „welches Gespenst ruft den verlorenen Kalenus?“

„Priester“, erwiderte die Thessalierin, „ohne daß Arbaces es bemerkte, wurde ich durch die Gunst der Götter Zeugin seines Frevels. Kann ich nur selbst aus diesen Wänden entrinnen, so kann ich dich retten. Aber laß deine Stimme durch diese kleine Öffnung an mein Ohr gelangen und beantworte meine Fragen.“

„O gesegneter Geist“, rief der Priester freudig, „rette mich und ich will selbst die heiligen Gefäße des Altars verkaufen, um deinen Dienst zu belohnen.“

„Ich will nicht dein Geld, ich will dein Geheimnis. Kannst du den Athener Glaucus von der tödlichen Anschuldigung befreien?“

„Ich kann — ich kann! Mögen die Furien den schändlichen Ägypter verderben! Hat er mich doch in diese Falle gelockt, um mich hier verhungern und verfaulen zu lassen!“

„Man klagt den Athener des Mordes an. Kannst du diese Anklage widerlegen?“

„Setz mich in Freiheit und das stolzeste Haupt in Pompeji ist nicht sicherer als jetzt das seinige. Ich sah die Tat mit an. Ich sah Arbaces den Streich führen. Ich kann den wahren Mörder überführen und den Freispruch des Unschuldigen bewirken. Geh' ich aber zugrunde, so stirbt auch er.“

„Und willst du das, was du weißt, unbedingt angeben?“

„Ob ich will! Und wenn die Hölle unter meinen Füßen drohte, ja! Rache über den falschen Ägypter — Rache! Rache! Rache!“

Kalenus hatte diese letzten Worte mit knirschenden Zähnen ausgesprochen, und Nydia fühlte, daß gerade in seiner unedlen Leidenschaft die sicherste Gewähr für die Rettung des Atheners liege.

Ihr Herz schlug schneller. „Genug", sprach sie, „ja, ich fühle, daß ich dich befreien werde. Harre in Geduld und Hoffnung."

„Aber sei vorsichtig, sei klug, mein holdes, unbekanntes Wesen. Versuche nichts bei Arbaces. Der ist von Stein. Geh zum Prätor; sag ihm, was du weißt; erwirke einen Befehl zur Hausdurchsuchung, bring Soldaten und kunstverständige Schmiede mit, diese Schlösser sind ausnehmend stark. Die Zeit flieht — ich kann verhungern, wenn du dich nicht beeilst. Geh, geh! Doch halt — es ist schrecklich, allein zu sein — die Luft ist wie in einer Totengrube — und die Skorpione — und die bleichen Gespenster! O bleib, bleib!"

„Nein", erwiderte Nydia, „nein, um deinetwillen muß ich fort. Die Hoffnung sei dein Gefährte — leb wohl!"

Mit diesen Worten schlich sie weg und tappte mit ausgestreckten Armen an den Pfeilern hin, bis sie an die entgegengesetzte Wand der Halle und die Mündung des nach oben führenden Ganges gekommen war. Hier blieb sie stehen. Sie erkannte es als sicherer, zu warten, bis die Nacht so weit fortgeschritten sein würde, daß das ganze Haus im Schlaf läge, wo sie es dann unbemerkt verlassen konnte. Noch einmal setzte sie sich also nieder und wartete. In ihrem gläubigen Herzen war Freude die vorherrschende Empfindung. Glaucus befand sich in Todesgefahr — aber sie sollte ihn retten!

14

Nachdem Arbaces sein Blut durch einen reichlichen Trunk erwärmt hatte, fühlte er sein Herz ungewöhnlich erhoben und freudig. Er fühlte, daß eine große Gefahr vorüber sei. Was ihm übrigblieb, war bloß, den anderen Priestern Rechenschaft über das Verschwinden des Kalenus zu geben, und dies hielt er für keine schwierige Sache. Kalenus war von ihm oft in verschiedenen religiösen Angelegenheiten in die benachbarten Städte gesandt worden. In irgendeinem solchen Auftrag, konnte er versichern, habe er ihn auch jetzt geschickt, etwa, um den Altären der Isis in Stabiae und Neapolis sühnende Opfergaben wegen der Ermordung ihres Priesters Apäcides darzubringen. Aber kaum hatte Arbaces diese Ränke eilig an sich vorübergehen lassen, als er auch schon jede Erinnerung an den unglücklichen Priester aus seinem Gemüt verbannte, und, ermutigt von dem Erfolg, seine Gedanken Jone zuwandte. Als er das letzte Mal bei ihr gewesen, hatte sie ihn durch vorwurfsvollen, bitteren Hohn von sich getrieben. Jetzt fühlte er sich gekräftigt, den Besuch zu wiederholen. Er fand sein schönes Mündel vor einem Tischchen auf beide Hände gelehnt. Sie hatte jedoch nicht den gewöhnlichen Ausdruck holder Geistesfülle; die Lippen standen offen — die Augen waren wirr und unaufmerksam und das lange schwarze Haar, das unbeachtet und lose über ihren Nacken herabfiel, machte durch seinen Gegensatz die Wangen noch bleicher.

Arbaces betrachtete sie ein Weilchen, ehe er nähertrat. Auch sie schlug die Augen auf, und als sie bemerkte, wer der Ankömmling sei, schloß sie dieselben mit einem Ausdruck von Schmerz, rührte sich aber nicht.

„Ach", hob Arbaces in leisem, ernstem Ton an, indem er ehrfurchtsvoll nähertrat und sich in einiger Entfernung niedersetzte, „ach, daß mein Tod deinen Haß auslöschen könnte, dann wollte ich freudig sterben! Du tust mir unrecht, Jone; aber ohne Murren will ich das Unrecht tragen, wenn ich dich nur bisweilen sehen darf. Es gibt keine Erde, kein Leben ohne das Licht deines Antlitzes und die Melodie deiner Stimme."

„Gib mir meinen Bruder und meinen Verlobten zurück", sprach Jone und ein paar große Tränen rollten unbeachtet ihre Wangen herab.

„O könnt' ich dir den einen wiederbringen und den anderen erretten", erwiderte Arbaces mit scheinbarer Rührung. „Ja, um dich glücklich zu machen, wollte ich meiner Liebe entsagen und deine Hand freudig in die des Atheners fügen. Laß mich dir nur wieder sein, was ich dir einst gewesen: ein Freund, ein Vater, ein Beschützer. Ach, Jone, habe Mitleid und vergib mir."

„Ich vergebe dir. Rette Glaucus und ich will ihm entsagen. Mächtiger Arbaces, deine Kraft vermag viel im Bösen und im Guten: rette den Athener, und die arme Jone will ihn nie wiedersehen."

Mit diesen Worten erhob sie sich, fiel ihm zu Füßen und umfaßte seine Knie: „Wenn du mich wirklich liebst, wenn du Menschengefühl in dir hast — so gedenke der Asche meines Vaters, gedenke meiner Kindheit, gedenke all der Stunden, die wir glücklich miteinander verlebt haben, und rette meinen Glaucus!"

Heftige Zuckungen erschütterten den ganzen Körper des Ägypters, seine Züge kämpften furchtbar; er wandte das Gesicht ab und sprach mit hohler Stimme: „Könnt' ich ihn jetzt noch retten, so wollt' ich es tun, aber das römische Gesetz ist streng. Indes, wenn es mir gelänge — wenn mir's möglich würde, seinen Freispruch zu bewirken —, wolltest du meine Gattin werden?"

„Deine Gattin!" wiederholte Jone und stand auf. „Noch ist das Blut meines Bruders nicht gerächt. Wer erschlug ihn? O Nemesis, kann ich selbst um das Leben des Glaucus die heilige Pflicht, die du mir auferlegst, verkaufen? Arbaces — niemals!"

„Jone!" rief Arbaces mit Heftigkeit aus, „was sind das für Worte — warum bringst du meinen Namen mit dem Tod deines Bruders in Verbindung?"

„Meine Träume verbinden ihn damit, und die Träume kommen von den Göttern."

„Leere Phantasien! Also eines Traumes wegen willst du den Unschuldigen kränken und die einzige Möglichkeit, deinem Geliebten das Leben zu retten, wegwerfen?"

„Höre mich", entgegnete Jone fest mit entschlossener, feierlicher Stimme, „wird Glaucus von dir gerettet, so will ich nie als Braut in sein Haus einziehen. Aber das Grauen vor der Vermählung mit einem andern kann ich nicht überwinden; ich kann nicht deine Gattin werden. Unterbrich mich nicht; höre mich an, Arbaces! Stirbt Glaucus, so biete ich noch an demselben Tag all deinen Künsten Trotz und laß dir nur meinen Staub! Entferne immerhin Messer und Gift aus meinem Bereich — kerkere mich ein, leg mich in Fesseln: einer tapferen Seele, die zu ihrer Befreiung entschlossen ist, fehlen die Mittel nie. Mit diesen Händen, nackt und unbewaffnet, wie sie sind, sollen die Bande des Lebens zerrissen werden. Kette mich an, und die Lippen werden der Luft entschlossen den Zugang wehren. Du bist bewandert in der Geschichte, du weißt, wie Frauen eher starben, als eine Entehrung duldeten. Geht Glaucus unter, so will ich nicht unwürdig hinter ihm zurückbleiben. Bei allen Göttern des Himmels und des Meeres und der Erde, ich wähle den Tod — das Wort ist gesprochen!"

„Genug, Jone. Alles, was ich für Glaucus tun kann, soll geschehen, aber mach mir keine Vorwürfe, wenn es erfolglos bleibt. Erkundige dich selbst bei meinen Feinden, ob ich nicht gestrebt habe und noch strebe, die Verdammung von seinem Haupt abzuwenden und beurteile mich hienach. Schlafe denn, Jone. Es ist spät in der Nacht. Mögest du freundliche Träume von dem haben, der nur in dir lebt."

Ohne eine Antwort abzuwarten, entfernte sich Arbaces schnell.

Während ihm seine Diener sich für die Nacht entkleiden halfen, durchfuhr ihn plötzlich der Gedanke an Nydia. Jone durfte nie etwas von dem Wahnsinn ihres Geliebten erfahren, nun aber konnten ihr ihre Sklavinnen erzählen, daß Nydia unter seinem Dach sei, und sie wünschte die Blinde vielleicht zu sehen. Nicht so bald war diese Vorstellung in ihm aufgeblitzt, als er sich zu einem seiner Freigelassenen wandte: „Geh sogleich zu Sosia, Kallias", sprach er, „und sag ihm, er dürfe die blinde Nydia unter keinerlei Vorwand aus ihrem Zimmer lassen. Doch halt — such zuerst die Dienerinnen meines Mündels auf und erkläre ihnen, ihr nicht zu sagen, daß das blinde Mädchen unter meinem Dach ist. Schnell, fort."

Jener eilte zu gehorchen. Nachdem er sich seines Auftrages bei Jones Dienerinnen entledigt, suchte er den würdigen Sosia. Da er ihn in der kleinen, zu seinem Schlafgemach bestimmten Zelle nicht fand, rief er ihn laut beim Namen und hörte aus dem Zimmer Nydias seine Stimme antworten: „Kallias, bist du es? Die Götter seien gepriesen! Öffne die Tür, ich bitte dich!"

Der Freigelassene schob den Riegel zurück und das klägliche Antlitz Sosias kam zum Vorschein.

„Was! In einem Zimmer mit dem Mädchen? Schäm dich! Gibt es nicht reife Früchte genug im Haus? Warum behilfst du dich mit so unzeitigen?"

„Nenne die kleine Hexe nicht", unterbrach ihn Sosia ungeduldig, „sie wird mein Verderben sein!" Und sofort teilte er Kallias die Geschichte von dem Luftgeist und der Flucht der Thessalierin mit.

„So kannst du dich immerhin aufhängen, du Unglückssohn! Eben komme ich von Arbaces mit dem Befehl an dich, sie keinen Augenblick aus dem Zimmer zu lassen!"

„Was soll ich anfangen?" rief der Sklave. „Unterdessen kann sie schon halb Pompeji durchlaufen haben. Aber morgen nehme ich's auf mich, sie in ihrem alten Schlupfwinkel aufzuspüren. Halt nur den Mund, lieber Kallias."

„Ich will alles tun, was die Freundschaft irgend vermag. Aber weißt du gewiß, daß sie das Haus verlassen hat? Noch kann sie sich hier irgendwo versteckt halten."

„Wie wäre das möglich? In den Garten konnte sie gar leicht kommen, und die Tür stand, wie ich dir gesagt habe, offen."

„Nein, nicht so; eben in der Stunde, von der du sprichst, war Arbaces mit dem Priester Kalenus im Garten. Ich ging dahin, um

Kräuter für das Bad des Herrn auf morgen zu holen, und bemerkte das ausgesetzte Tischchen gar wohl. Aber ich weiß, daß die Gartentür zu war. Ohne Zweifel war Kalenus durch den Garten eingetreten und hatte die Tür hinter sich wieder zugemacht."

„Aber eigentlich verschlossen wurde sie doch nicht."

„O ja, denn ich selbst, erbost über diese Nachlässigkeit, drehte den Schlüssel um, nahm ihn mit mir und hier steckt er noch in meinem Gürtel."

„O gnädiger Bacchus, so habe ich doch nicht umsonst zu dir gefleht. Verlieren wir keinen Augenblick, komm gleich mit mir in den Garten — vielleicht ist sie noch dort!"

Der gutmütige Kallias war bereit, und nachdem sie zuvor die nächstgelegenen Gemächer durchsucht hatten, traten sie in den Garten. Ungefähr um dieselbe Zeit hatte Nydia beschlossen, ihr Versteck zu verlassen, um sich an ihr Unternehmen zu wagen. Zitternd, mit angehaltenem Atem — jetzt an den blumenbekränzten Säulen des Innenhofs vorüberhuschend — jetzt den stillen Mondschein auf dessen eingelegten Boden mit ihrem Schatten durchkreuzend — bald auf der Gartenterrasse, bald unter den düsteren, lautlosen Bäumen — erreichte sie endlich die verhängnisvolle Tür und fand sie — verschlossen! Welche Worte vermöchten das tiefe Weh, das Hinabsinken des ganzen Herzens zu malen, das jetzt auf den Zügen der Thessalierin sich aussprach? Wieder und wieder streiften die kleinen Hände über die unerbittliche Tür hin.

„Halt! Durchbrennerin! Hab ich dich?" rief Sosia und faßte die Unglückliche.

Wie der letzte, menschenähnliche Ton des Wildes in den Fängen der Hunde — wie der gellende Schreckensruf, den ein jählings erwachter Nachtwandler ausstößt, war der Schrei des blinden Mädchens, als sie den plötzlichen Griff des Kerkermeisters fühlte. Es war ein Schrei jener höchsten Todesqual, jener vollendeten Verzweiflung, der nie mehr aus dem Ohr dessen, der ihn vernommen, weicht. Sie hatte die Empfindung, als würde dem untergehenden Glaucus das letzte rettende Brett aus den Händen gerissen. Leben und Tod waren einander unentschieden gegenübergestanden, und jetzt hatte der Tod das Spiel gewonnen!

„Götter!" rief Kallias, „dieses Geschrei wird das Haus in Aufruhr bringen! Arbaces hat einen leisen Schlaf. Stopf ihr den Mund!"

„Ja, da habe ich noch das Tuch, womit mir die junge Hexe den Verstand wegzauberte! — So ist's recht, jetzt bist du auch stumm, nicht nur blind."

Und die leichte Last in den Armen forttragend, erreichte Sosia das Haus und das Zimmer, aus dem Nydia entflohen war. Hier erst nahm er ihr den Knebel wieder ab und überließ sie einer Einsamkeit, deren Schrecken und Qualen der Hades selbst kaum überbieten konnte.

15

Es war am Abend des dritten und letzten Gerichtstages über Glaucus und Olinth. Wenige Stunden, nachdem die Sitzung aufgehoben und das Urteil gefällt worden war, hatte sich eine Gesellschaft pompejanischer Lebemänner um den üppigen Tisch des Lepidus versammelt.

„So leugnet also Glaucus sein Verbrechen bis zum letzten Augenblick?" bemerkte Clodius.

„Ja, aber die Aussage des Arbaces überzeugte die Richter. Er hat nämlich gesehen, wie der Streich geführt wurde", erwiderte Lepidus.

„Was kann wohl die Ursache gewesen sein?"

„Nun, der Priester war ein verdrossener, finsterer Kerl. Wahrscheinlich machte er Glaucus wegen seines lustigen Lebens und seines Hanges zum Spiel Vorwürfe und schwor endlich darauf, er werde seine Einwilligung zu der Vermählung Jones nicht geben. Es kam zu einem heftigen Wortwechsel! Glaucus scheint des Weins ziemlich voll gewesen zu sein und führte im Jähzorn einen tödlichen Stoß. Der Wein und die heftigen Gewissensbisse brachten den Wahnsinn über ihn, an dem er einige Tage lang litt. Ich kann mir wohl vorstellen, daß der arme Junge, noch immer wirr, selbst jetzt von dem Verbrechen nichts weiß, das er begangen hat. So wenigstens ist die scharfsinnige Vermutung des Arbaces, der in dem abgelegten gerichtlichen Zeugnis sehr freundlich und schonend zu Werke gegangen zu sein scheint."

„Ja, er hat sich dadurch die allgemeine Zuneigung gewonnen. Jedoch in Anbetracht dieser mildernden Umstände sollte der Senat auch seinen Spruch gemildert haben."

„Das würde er auch, wäre das Volk nicht. Aber dieses war

voll Wut. Die Priester hatten keine Mühe gescheut, es zu erbittern. Der Senat mußte einwilligen, daß er der Rechte eines Bürgers beraubt und somit zum Tode verurteilt wurde."

„Er sieht sehr verändert aus, aber dennoch gefaßt und furchtlos."

„Nun, wir werden sehen, ob seine Festigkeit anhält bis morgen. Indes, welchen Wert kann der Mut haben, wenn selbst dieser gottesleugnerische Hund, der Olinth, die gleiche Fassung zeigt?"

„Ja, dieser Gottesleugner!" rief Lepidus mit frommem Zorn, „kein Wunder, daß noch vor zwei Tagen ein Dekurio durch einen Blitz erschlagen wurde. Die Götter sind erbost auf Pompeji, solange der Schänder ihres Heiligtums in ihren Mauern lebt."

„Gleichwohl verfuhr der Senat so mild, daß man Olinth hätte laufen lassen, wenn er nur Reue gezeigt und einige Körner Weihrauch auf dem Altar der Kybele verbrannt haben würde."

„Auch dem Glaucus gestattet man in Anbetracht der mildernden Umstände eine Möglichkeit der Rettung, man erlaubt ihm, gegen den Löwen denselben Griffel zu gebrauchen, mit dem er den Priester erstach."

„Hast du den Löwen gesehen? Hast du seine Sehnen und Klauen bemerkt, und nennst du das eine Möglichkeit? Wäre doch Schwert und Schild ein bloßer Strohhalm gegen den Angriff des mächtigen Tieres! Nein, ich glaube, die wahre Milde bestand darin, daß man ihn nicht lange im Ungewissen ließ, und es war daher ein Glück für ihn, daß unsere wohlwollenden Gesetze langsam in Sprechung, aber schnell in Ausführung des Urteils sind und daß die Spiele der Arena wie durch eine Art weiser Voraussicht, schon seit langem auf morgen festgesetzt waren. Wer auf den Tod warten muß, stirbt zweimal."

„Was den Gottesleugner betrifft", bemerkte Clodius, „so muß er es mit dem grimmigsten Tiger mit unbewehrter Hand aufnehmen. Auf einen solchen Kampf kann man nicht wetten. Oder will einer die Wette annehmen?"

Ein schallendes Gelächter drückte aus, wie lächerlich eine solche Frage sei.

„Das Volk", bemerkte der gestrenge Pansa, „ist mit dem Ergebnis wohl sehr zufrieden. Groß war die Angst, die Spiele möchten ohne einen Verbrecher für die Tiere vorübergehen, und nun auf einmal zwei solche Verbrecher zu bekommen, ist in der Tat eine Freude für die armen Leute! Sie arbeiten hart, sie müssen auch ihren Spaß haben."

„Und was", fragte einer aus der Gesellschaft, „was ist denn aus dem armen Mädchen geworden, das Glaucus heiraten wollte? Eine Witwe, ohne Gattin gewesen zu sein — das ist hart!"

„Oh", gab ihm Clodius zurück, „die ist sicher unter dem Schutz ihres Vormunds Arbaces. Natürlich begab sie sich nach dem Verlust ihres Geliebten und des Bruders zu ihm."

„Bei der Venus, Glaucus hatte Glück bei den Weibern! Man sagt, die reiche Julia sei in ihn verliebt gewesen."

„Eine reine Fabel, mein Freund!" erwiderte Clodius geckenhaft. „Ich war heute bei ihr. Hatte sie je eine Empfindung dieser Art, so schmeichle ich mir, sie getröstet zu haben."

„Still", rief Pansa, „wißt ihr nicht, daß Clodius sich gegenwärtig in Diomeds Haus damit abgibt, stark auf die Fackel zu blasen? Sie fängt an zu brennen und wird bald hell leuchten vor Hymens Altar."

„Steht es so?" fragte Lepidus. „Was, Clodius ein Ehemann werden? Pfui!"

„Laß dir darum nicht bang sein", antwortete Clodius. „Der alte Diomed ist entzückt von der Vorstellung, seine Tochter an einen Edelmann zu verheiraten, und wird es an Sesterzen nicht fehlen lassen. Ihr werdet sehen, daß ich mein Geld nicht verschließe. Der Tag, wo Clodius eine Erbin heiratet, soll ein weißer für seine lustigen Freunde sein."

„Sprichst du so?" rief Lepidus. „So komm, einen vollen Becher auf die Gesundheit der schönen Julia!"

Während an dem üppigen Tisch des Lepidus dieses Gespräch geführt wurde, gähnte den jungen Athener eine ganz andere Umgebung düster an.

Nach seiner Verdammung war Glaucus nicht mehr der sanften Obhut Sallusts, des einzigen Freundes in seinem Unglück, anvertraut worden. Man führte ihn über das Forum, wo seine Wächter endlich vor einem Türchen an der Seite des Jupitertempels stillhielten. Die Tür öffnete sich von der Mitte aus, indem sie sich wie ein Drehkreuz um ihre Angeln bewegte, so daß zu ein und derselben Zeit immer nur der halbe Raum zwischen ihren Pforten offenstand. Durch diesen engen Zugang schoben sie den Gefangenen, setzten ein Brot und einen Wasserkrug vor ihn hin und überließen ihn der Finsternis und, wie er glaubte, der Einsamkeit.

So schnell war die Umwälzung gewesen, die ihn von der Höhe jugendlicher Freuden und erwiderter Liebe in den tiefen Abgrund der Schande und in die Schrecken eines blutigen Todes gestürzt hatte, daß er kaum das Gefühl von sich abwehren konnte, als liege er in den Banden eines furchtbaren Traumes. Seine Gesundheit hatte über einen Trank gesiegt, dessen größeren Teil er glücklicherweise nicht zu sich genommen hatte. Sinn und Bewußtsein waren ihm zurückgekehrt, seine natürliche Unerschrockenheit und der edle griechische Stolz hatte ihm Kraft gegeben, jene unziemliche Angst zu verwinden und seinem schauderhaften Los im Gerichtssaal mit fester Haltung entgegenzusehen. Aber die Gewißheit seiner Unschuld reichte kaum hin, ihn auch da noch aufrechtzuhalten, wo der Blick der Menge seinen Mut nicht länger entflammte und er der Einsamkeit und der Stille hingegeben war. Fröstelnd fühlte er den Kerkerdunst auf seinen geschwächten Körper herabsinken. Diese Mauern öffneten sich ihm nur, um ihn in der furchtbaren Arena einem gewaltsamen, entehrenden Tod entgegengehen zu lassen. Und Jone? Auch von ihr hatte er nichts gehört; auch sie hatte ihn verlassen! Sie hielt ihn für schuldig! — Und welches Verbrechens! Der Ermordung ihres Bruders! Er knirschte mit den Zähnen — er stöhnte laut —, und plötzlich durchzuckte ihn eine schreckliche Angst. Konnte er nicht in jenem wilden, furchtbaren Wahnsinn, der seine Seele auf so unbegreifliche Weise erfaßt hatte, das Verbrechen, dessen er angeklagt war, wirklich, ohne daß er darum wußte, begangen haben? Doch so schnell ihn dieser Gedanke durchblitzte, so rasch war derselbe auch wieder verbannt. Wenn er seiner letzten Zusammenkunft mit Arbaces und der Ursache zur Rache, die ins Herz dieses dunklen, furchtbaren Menschen geworfen worden, gedachte, konnte er sich des Verdachts nicht erwehren, daß er das Opfer einer tief angelegten, rätselvollen Hinterlist sei, deren Geheimhaltung er mit seinem Leben bezahlen müsse. Und Jone — Arbaces liebte sie —, sollte sein Untergang dem Nebenbuhler den Sieg bereiten? Dieser Gedanke durchschnitt ihm das Herz tiefer als alles andere, und sein edles Gemüt war mehr von Eifersucht gequält als durch Furcht entmutigt. Aufs neue stöhnte er laut.

Eine Stimme hinten aus dem Dunkel hervor antwortete auf diesen Ausbruch des Schmerzes. „Wer“, fragte sie, „ist mein Gefährte in dieser furchtbaren Stunde? Athener Glaucus, bist du es?“

„So nannte man mich in der Zeit meines Glücks! Vielleicht haben sie jetzt andere Benennungen für mich. Und dein Name, Fremdling?“

„Ist Olinth, dein Genosse im Kerker wie vor Gericht."
„Was! Der, den man den Gottesleugner nennt?"
„Ach", erwiderte Olinth, „du — nicht ich — bist der wahre Gottesleugner, denn du leugnest den einzig wahren Gott — den Unbekannten —, dem deine athenischen Väter einen Altar errichtet haben. In dieser Stunde ist es, wo ich meinen Gott fühle. Er ist mit mir im Kerker. Sein Lächeln durchdringt das Dunkel. Am Vorabend des Todes flüstert mir mein Herz von Unsterblichkeit und die Erde tritt nur vor mir zurück, um die müde Seele dem Himmel näherzubringen."
„Sag mir", fragte Glaucus plötzlich, „hörte ich während der gerichtlichen Verhandlung nicht deinen Namen in Verbindung mit demjenigen des Apäcides? Hältst du mich für schuldig?"
„Gott allein liest in den Herzen, aber mein Verdacht ruht nicht auf dir."
„Auf wem denn?"
„Auf deinem Ankläger Arbaces."
„Du gibst mir neues Leben. Und warum auf Arbaces?"
„Weil ich die bösen Gesinnungen des Mannes kenne und er Ursache hatte, den Ermordeten zu fürchten." Olinth fuhr fort, Glaucus über seine Unterredung mit Apäcides Aufklärung zu geben, und den Plan, den er mit diesem zur Enthüllung der ägyptischen Priestergaukeleien verabredet.
„Es ist nicht anders möglich", rief Glaucus freudig aus, „ich bin glücklich."
„Und was hilft dir diese Entdeckung jetzt, Unglücklicher? Du bist verurteilt und wirst trotz deiner Schuldlosigkeit untergehen."
„Doch ich selbst werde wenigstens wissen, daß ich schuldlos bin, während ich bisher wegen meines geheimnisvollen Wahnsinns furchtbare, wenn auch nur vorübergehende Zweifel nähren mußte."
Eine längere Stille trat ein. Endlich fragte der Athener mit veränderter, sanfter, halb zaudernder Stimme: „Christ, gehört es zu den Lehren deines Glaubens, daß die Toten fortleben; daß die, welche sich hier geliebt, später wieder vereinigt werden — daß jenseits des Grabes unser Name von dem Qualm der Sterblichkeit, der ihn vor den groben Augen der Welt ungerechterweise verdunkelt, frei wird und die durch Wüsten und Felsen getrennt gewesenen Bäche im heiligen Hades wieder zusammentreffen und von neuem in einem Bett fließen?"
„Ob das zu meinem Glauben gehört, Athener? Nein, ich glau-

be es nicht, ich weiß es: und diese schöne und selige Gewißheit ist es, die mich jetzt aufrechthält. — Cyllene!" fuhr Olinth warm fort. „Braut meines Herzens! Mir im ersten Monat unserer Vermählung entrissen, werde ich dich in wenigen Tagen sehen? Willkommen, willkommen, Tod, der mich in den Himmel und zu dir bringt!"

Es lag etwas in diesem plötzlichen Gefühlsausbruch, das an eine verwandte Saite in der Seele des Griechen rührte. Zum erstenmal empfand er eine stärkere Sympathie als nur die des Unglücks zu seinem Gefährten.

„Ja", fuhr der Christ in heiligem Eifer fort, „die Unsterblichkeit der Seele — die Auferstehung —, die Wiedervereinigung der Toten ist die große Grundlehre unseres Glaubens, die große Wahrheit, zu deren Verkündigung und Bürgschaft ein Gott selbst den Tod erlitt."

„Erkläre mir denn deine Lehre und deine Hoffnungen", entgegnete Glaucus ernst.

Olinth verfehlte nicht, auf die Bitte einzugehen, und so ergoß denn, wie so oft in den ersten Jahrhunderten des Christentums, das aufdämmernde Evangelium im Dunkel des Kerkers und vor den Toren des Todes seine milden, heiligen Strahlen.

16

In langsamer Qual zogen die Stunden über Nydias Haupt hin, seit sie in ihr Gemach zurückgebracht worden war.

Sosia, als fürchte er, abermals überlistet zu werden, hatte am Morgen des folgenden Tages den Korb mit Speise und Trank nur eilig hereingestellt und die Tür sogleich wieder verschlossen. Der Tag verging und Nydia fühlte sich in der Stunde, wo das Urteil über Glaucus gefällt wurde und ihre Freiheit ihn gerettet haben würde, hinter unerbittlichen Schlössern! Im Gefühl jedoch, daß auf ihr, so unmöglich ihr Entkommen auch schien, die einzige Hoffnung ruhe, den Geliebten zu retten, beschloß das Mädchen, sich keiner Verzweiflung hinzugeben, die sie unfähig gemacht haben würde, eine sich etwa darbietende Gelegenheit zu benutzen, ja, sie nahm Speise und Trank, damit sie bei Kräften bleibe — damit sie bereit sein möchte.

Zu ihrer Befreiung wälzte sich Plan um Plan durch ihre Seele, und jeden mußte sie wieder aufgeben. Immer jedoch blieb Sosia ihre einzige Hoffnung, das einzige Werkzeug, das sie gebrauchen konnte. Er war abergläubisch gewesen, um Kunde zu erlangen, ob er seine Freiheit endlich erkaufen werde. Mächtige Götter! Konnte er nicht etwa durch die Freiheit selbst gewonnen werden? War sie nicht beinahe reich genug, ihm dieselbe zu erkaufen? Ihre zarten Arme waren mit Bändern, Geschenken von Jone, bedeckt, um ihren Hals hing jene Kette, die ihre eifersüchtigen Vorwürfe gegen Glaucus veranlaßt hatte. Mit brennendem Herzen harrte sie auf Sosias Ankunft; als jedoch Stunde um Stunde entschwand und er nicht erschien, ergriff sie peinigende Ungeduld. Jeder ihrer Nerven zuckte fieberhaft; sie vermochte die Einsamkeit nicht länger zu tragen — sie stöhnte, sie schrie laut, sie warf sich gegen die Tür. Ihr Angstruf hallte weithin im Haus wider und Sosia eilte höchst ängstlich herbei, um zu sehen, was es gebe.

„Holla, was ist's?" fragte er unmutig. „Kleine Sklavin, wenn du mit diesem Geschrei fortfährst, so müssen wir dir einen Knebel in den Mund stecken. Meine Schultern müßten dafür büßen, wenn dich der Herr zu hören bekäme."

„Lieber Sosia, schilt mich nicht — ich kann es nicht ertragen, solange allein zu sein", entgegnete Nydia, „die Einsamkeit macht mir bang. Ich bitte dich, setz dich nur ein wenig zu mir. Fürchte nicht, daß ich wieder aufs Entkommen ausgehe; setz deinen Stuhl vor die Tür — ich will mich nicht vom Platz bewegen." Sosia, selbst ein gewaltiger Freund vom Schwatzen, fühlte Mitleid mit einem Wesen, das niemand zum Plaudern hatte; Nydias Wink benutzend, setzte er einen Stuhl vor die Tür, lehnte den Rücken dagegen und erwiderte:

„Ich will wahrhaftig nicht griesgrämig gegen dich sein und dir, soweit es um ein kleines, unschuldiges Geplauder geht, gern deinen Willen tun. Aber laß dir's gesagt sein: keine Tücken — keine Geisterbeschwörungen!"

„Nein, nein! Sag mir, lieber Sosia, welche Zeit ist es?"

„Es ist bereits Abend, die Ziegen kehren nach Hause."

„O Götter! Wie ging es mit dem Gericht?"

„Beide verurteilt!"

Nydia unterdrückte den Schmerzensruf, der in ihr aufsteigen wollte. „Gut, gut; ich dachte wohl, es würde so gehen. Wann werden sie den Tod erleiden?"

„Morgen in der Arena; wärst du nicht, kleine Hexe, so bekäme ich auch Erlaubnis hinzugehen und zuzuschauen."

Nydia sank in Ohnmacht. Aber Sosia bemerkte es nicht, er verbreitete sich in Wehklagen über die Einbuße eines so herrlichen Schauspiels und über die Ungerechtigkeit des Arbaces, der gerade ihn unter allen Genossen für das Amt eines Kerkermeisters ausgewählt habe. Ehe er damit zu Ende gekommen, war Nydia wieder Herrin ihrer Sinne geworden.

„Du seufzest über mein Unglück, Blinde, nun, das ist doch einiger Trost. Solange du anerkennst, wie teuer du mir zu stehen kommst, will ich mir Mühe geben, nicht zu schelten."

„Sosia, wieviel brauchst du noch, um deine Freiheit erkaufen zu können?"

„Wieviel? Nun, ungefähr zweitausend Sesterze."

„Die Götter seien gepriesen! Nicht mehr? Siehst du diese Armbänder und diese Kette? — Sie sind wohl doppelt so viel wert. Ich will sie dir geben, wenn . . ."

„Versuche mich nicht, ich kann dich nicht freilassen, Arbaces ist ein strenger, schrecklicher Herr. Wer weiß, ob ich nicht den Fischen des Sarnus zum Futter würde. Ach, alle Sesterze der Welt könnten mich dann nicht ins Leben zurückkaufen."

„Sosia, deine Freiheit, bedenke es wohl; wenn du mich hinausläßt, auch nur eine Stunde lang! — Laß mich um Mitternacht hinaus, ich will vor der Morgendämmerung zurückkehren; ja, du selbst kannst mit mir gehen."

„Nein", erwiderte Sosia hartnäckig, „ein Sklave war dem Arbaces einmal ungehorsam, und nie hat man wieder von ihm gehört."

„Aber das Gesetz gestattet dem Herrn keine Gewalt über das Leben der Sklaven."

„Das Gesetz ist sehr gütig, aber es richtet mit dieser Artigkeit nicht viel aus: ich weiß, daß Arbaces das Gesetz immer auf seine Seite bekommt. Überdies, wenn ich einmal tot bin, welches Gesetz kann mich ins Leben zurückbringen?"

Nydia rang die Hände: „So gibt es denn keine Hoffnung?" rief sie krampfhaft aus.

„Zum Wegkommen keine, bis Arbaces es erlaubt."

„Gut denn; wenigstens wirst du mir nicht versagen, einen Brief zu bestellen. Dafür kann dich dein Gebieter nicht töten."

„Einen Brief? An wen?"

„An den Prätor."

„An eine obrigkeitliche Person? Nein! Ich nicht — man könnte mich vor Gericht zum Zeugen nehmen, und Sklaven werden nur auf der Folter verhört."

„Verzeihung, ich meinte nicht den Prätor — das Wort entschlüpfte mir wider Willen. Ich meinte einen ganz anderen, den fröhlichen Sallust."

„Oho! Und was willst du von ihm?"

„Glaucus war mein Gebieter, er kaufte mich von einem grausamen Herrn. Er allein war gütig gegen mich und soll jetzt sterben. Ich werde nie wieder froh, wenn ich ihn in seiner Todesstunde nicht zu wissen tun kann, daß wenigstens ein dankbares Herz für ihn schlägt. Sallust ist sein Freund — er wird meinen Brief abliefern."

„Gewiß tut er das nicht."

„Mensch", erwiderte Nydia aufstehend, „willst du frei werden — du hast die Möglichkeit in deiner Hand. Morgen ist es zu spät. Nie ist die Freiheit billiger erkauft worden. Du kannst das Haus mit aller Bequemlichkeit und ohne daß jemand nach dir fragt, verlassen. Deine Abwesenheit wird kaum eine halbe Stunde dauern. Einer solchen Kleinigkeit wegen willst du die Freiheit ausschlagen?"

Sosia war in großer Bewegung. Er konnte Nydia einschließen, und erfuhr Arbaces etwas von seiner Entfernung, so war diese ja ein geringfügiges Vergehen. Indes, sollte Nydias Schreiben etwas mehr enthalten, als sie angegeben hatte, was dann? Nun, Arbaces brauchte ja nie zu erfahren, daß er den Brief überbracht habe. Selbst im schlimmsten Fall war der Preis, der ihm geboten wurde, ungeheuer, die Gefahr leicht, die Versuchung unwiderstehlich. Er zauderte nicht länger, er willigte in den Vorschlag.

„Gib mir den Schmuck und ich will den Brief überbringen."

In wenigen Minuten war Nydia mit dem Brief fertig, den sie aus Vorsicht griechisch abgefaßt hatte, in der Sprache ihrer Kindheit, die damals fast jeder Italier von höherem Rang verstand. Sorgfältig wand sie den schützenden Faden um und verklebte den Knoten mit Wachs. Ehe sie das Geschriebene in Sosias Hände übergab, wandte sie sich an ihn: „Sosia, ich bin blind und eingekerkert, vielleicht hast du im Sinn, mich zu betrügen. Vielleicht gibst du nur vor, du tragest den Brief zu Sallust. Aber feierlich weihe ich dein Haupt der Rache, deine Seele den unterirdischen Mächten, wenn du deine Zusage brichst. Lege deine Rechte in die meinige und sprich mir folgende Worte nach: ‚Bei dem Boden, auf dem wir stehen, bei den Elementen, die Leben entfalten und Leben zerstören, bei dem rächenden Orkus, bei dem allsehenden Jupiter schwöre ich, daß ich mein Versprechen ehrlich halten und diesen Brief treulich in die Hände Sallusts übergeben will. Breche ich diesen Eid, so möge der volle Fluch des Himmels und der Erde auf mich stürzen!' — Genug, damit trau ich dir, nimm deinen Lohn und mach dich sogleich auf den Weg."

„Du bist ein seltsames Mädchen und hast mich furchtbar in Angst gejagt. Doch ist Sallust aufzufinden, so geb' ich ihm diesen Brief, wie ich beschworen. Meiner Treu, ich mag meine kleinen Sünden auf mich geladen haben; aber Meineid — nein, den überlasse ich vornehmeren Leuten, als ich bin."

Damit entfernte sich Sosia, nachdem er sorgfältig den schweren Riegel an Nydias Tür vorgezogen und die Vorlegeschlösser ebenso sorgfältig verwahrt hatte.

Die Straßen waren leer; in Kürze hatte er Sallusts Haus erreicht. Der Pförtner hieß ihn den Brief dalassen und weggehen, denn Sallust sei über die Verurteilung des Glaucus so betrübt, daß er unter keiner Bedingung gestört sein wolle.

„Aber ich habe geschworen, diesen Brief in seine eigenen Hände zu übergeben, und muß es also tun." Damit drückte Sosia, der aus Erfahrung wußte, daß man den Zerberus oft mit einem vorgeworfenen Brocken besänftigt, ein halbes Dutzend Sesterze in des Pförtners Hand.

„Gut, gut", entgegnete dieser, nachgiebiger geworden, „du kannst eintreten, wenn du willst; aber um die Wahrheit zu sagen, Sallust ertränkt eben seinen Kummer. Das ist so seine Art, wenn ihm etwas in die Quere kommt. Er bestellt ein tüchtiges Essen und den besten Wein und läßt nicht nach, bis alles aus seinem Kopf ist — außer dem Falerner."

Sallust war zu traurig, um Besuch zu empfangen, aber er war auch zu traurig, um allein zu trinken; so ließ er sich denn nach seiner Gewohnheit von seinem Lieblingsfreigelassenen Gesellschaft leisten, und nie sah man ein seltsameres Bankett. Denn jeden Augenblick seufzte der gutmütige Schwelger, wimmerte und weinte laut; dann wandte er sich wieder mit verdoppeltem Eifer zu einer neuen Schüssel oder dem frisch gefüllten Becher.

„Guter Bursche", sagte er zu seinem Gefährten, „es war ein schrecklicher Urteilsspruch! Nicht übel, das Zicklein, he? Armer, guter Glaucus! Was für einen Rachen der Löwe noch dazu hat! Ach! Ach!"

Und Sallust stöhnte laut — der Schmerzensanfall wurde durch einen Anfall von Schlucken unterbrochen.

„Nimm einen Schluck Wein", sagte der Freigelassene.

„Er ist ein wenig zu kalt, aber wie muß es erst Glaucus frieren. Schließ morgen das Haus zu — keiner von meinen Leuten soll diese verdammte Arena durch seine Gegenwart ehren, nein, nein!"

„Einen Becher Wein! Vor lauter Kummer vergißt du das Nächstliegende. Bei den Göttern, so ist's!"

Gerade in diesem Augenblick trat Sosia vor den trostlosen Zecher.

„Ha! Wer bist du?"

„Nur ein Bote an Sallust. Ich überbringe ihm diesen Brief von einer jungen Dame. Braucht, soviel ich weiß, keine Antwort. Darf ich abtreten?"

So sprach der vorsichtige Sosia, das Antlitz in den Mantel gehüllt und mit verstellter Stimme redend, damit er später nicht als Überbringer bezeichnet werden konnte.

„Bei den Göttern, ein Kuppler! Fühlloser Bube! Siehst du meinen Schmerz nicht? Geh — und den Fluch des Pandarus über dich!"

Sosia verlor keinen Augenblick, sich zurückzuziehen.

„Willst du den Brief lesen, Sallust?" fragte der Freigelassene.

„Brief! Welchen Brief?" entgegnete der Epikuräer, hin und her schwankend, denn er fing an, doppelt zu sehen. „Verdammt seien die Dirnen, sag' ich! Bin ich ein Mensch, um an Vergnügungen zu denken, wenn mein Freund daran ist, aufgefressen zu werden?"

„Noch ein Törtchen!"

„Nein, nein! Der Kummer erstickt mich."

„Bringt ihn zu Bett", befahl der Freigelassene, und Sallust wurde mit auf die Brust herabbaumelndem Kopf in sein Schlafgemach getragen, indem er immer noch Wehklagen über Glaucus und Flüche auf die Zudringlichkeit herzloser Weltdamen vor sich hinmurmelte.

FÜNFTES BUCH

1

Die zukunftsschwere Nacht vor der wilden Freude rollte schwer dahin und grau erhob sich die Dämmerung des letzten Tages von Pompeji! Die Luft war ungewöhnlich ruhig und schwül; ein dünner, dumpfer Nebel hing über den Tälern und Niederungen der breiten campanischen Gefilde. Mit Verwunderung jedoch bemerkten die frühen Fischer, daß trotz der ausnehmenden Stille das Meer unruhig war und wie verstört vom Gestade zurückzuprallen schien. Klar über dem Nebel der Tiefe erhoben sich die verwitterten Türme der uralten Stadt, die roten Ziegeldächer der blinkenden Straßen, die heiligen Säulen der vielen Tempel und die mit Statuen gekrönten Portale des Forums und des Triumphbogens. In weiter Ferne stieg der Umriß der umschließenden Berge über den Dunst empor und verschwamm mit den wechselnden Farben des Morgenhimmels. Die Wolke, die so lange über der Kuppe des Vesuvs geruht hatte, war plötzlich verschwunden und seine rauhe, stolze Stirn blickte auf die reizende Landschaft unter ihm herab.

Trotz der frühen Stunde standen die Stadttore offen, Reiter auf Reiter, Fuhrwerk auf Fuhrwerk eilten rasch hinein und die Stimmen zahlreicher Gruppen von Fußgängern in ihren Festtagskleidern schallten in fröhlichem Jubel weit dahin; die Straßen waren von Bürgern und von Fremden aus der volkreichen Umgebung Pompejis vollgedrängt und lärmend, schnell durcheinander wogten all diese mannigfaltigen Ströme des Lebens der Arena zu.

Trotz dem ungeheuren Umfang des Zirkus, das in so auffallendem Mißverhältnis zu der Größe der Stadt zu stehen schien, daß man glauben sollte, die ganze Bevölkerung vom Pompeji habe darin Platz gehabt, war gleichwohl bei außerordentlichen Gelegenheiten der Zulauf der Fremden aus allen Teilen Campaniens so stark, daß der Platz vor dem Gebäude in der Regel schon mehrere Stunden, ehe die Spiele begannen, von solchen

Personen eingenommen war, die kein Recht auf besondere Sitze hatten. Während das gemeine Volk mit der dem campanischen Blut eigentümlichen Lebhaftigkeit und Heftigkeit drängte, schob und eilte, verfolgte eine seltsame Fremde ihren Weg zu des Ägypters abgelegenem Haus. Beim Anblick ihres wunderlichen, der Vorzeit entnommenen Anzuges, ihres wilden Ganges und Gebärdenspieles, stießen sich die Vorübergehenden an und lächelten; sobald sie aber das Auge auf ihre Züge geworfen hatten, war die Fröhlichkeit auf einmal verschwunden, denn das Gesicht war das Gesicht des Todes. Schweigend wich ihr jedermann aus, und bald erreichte sie den breiten Säulengang vor dem Palast des Ägypters.

Der schwarze Pförtner, der in dieser ungewöhnlichen Stunde schon auf den Beinen war, fuhr zusammen, als er die Tür auf ihr Pochen öffnete.

Der Schlaf des Arbaces war während dieser Nacht ungewöhnlich tief gewesen. Mit herannahender Morgendämmerung wurde er jedoch durch seltsame, unruhige Träume gestört. Mit einem Schrei der Angst und des Schmerzes wachte Arbaces auf, die Stirn in Schweiß gebadet, die starren Augen weit geöffnet. Nach allen Seiten wandte er die Augen — er sah das Morgenlicht durch das kleine, hohe Fenster brechen — er war wieder im Reich des Tages, er freute sich — er lächelte. Da kehrte er sich abermals um und erblickte sich gegenüber die gespenstischen Züge, die leblosen Augen, die blauen Lippen der Hexe des Vesuvs!

„Ha", rief er und fuhr mit der Hand über die Augen, „träume ich noch? Bin ich bei den Toten?"

„Mächtiger Hermes, nein! Bei einer Totenähnlichen bist du, aber bei keiner Toten. Erkenne deine Freundin und Dienerin."

Ein langes Schweigen folgte. „Möge ich nie mehr träumen", sprach er. „Weib, wie kommst du hieher?"

„Ich kam, dich zu warnen", erwiderte die Grabesstimme der Hexe.

„Mich warnen? Vor welcher Gefahr?"

„Höre, ein Unglück hängt über dieser Stadt. Flieh, solange es Zeit ist. Du weißt, daß ich auf dem Berg wohne, unter dem der alten Sage nach noch jetzt die Feuer des Phlegethon brennen, und in meiner Höhle ist ein tiefer Abgrund, in dem ich schon seit vielen Tagen einen dunkelroten Bach langsam dahinfließen sah; dabei hörte ich ein Gezisch und Gebrüll durch die Finsternis. Als ich aber die vorige Nacht hinabschaute, war der Bach nicht mehr dunkel, sondern ganz flammenhell. Ich kroch auf mein

Lager zurück, aber die ganze Nacht fühlte ich deutlich, wie der Fels zitterte und bebte, und obwohl die Luft schwül und still war, zischte es doch unter der Erde wie eingeschlossene Winde und als ob sich Räder am Boden rieben. Da ging ich hinaus und stieg auf den Gipfel des Felsens, und in den Gipfel war plötzlich eine große Öffnung gekommen, die ich zuvor nie gesehen und aus der nebliger, schwacher Rauch aufstieg; und der Dunst war tödlich und ich keuchte und wurde schwach und wäre beinahe gestorben. Ich kehrte zurück, nahm mein Gold und meine Kräuter und verließ das Obdach langer Jahre; denn ich gedachte der dunklen etruskischen Verkündung, die da sagt: ‚Wenn sich der Berg auftut, wird die Stadt fallen, wenn der Rauch den Berg der heißen Felder krönt, wird Wehe und Weinen in den Herzen der Kinder der See sein.' Erhabener Meister, ehe ich mich aus diesen Mauern nach einem entlegeneren Wohnort entferne, komme ich zu dir. Die Mauern Pompejis sind über den Gefilden des Todes und den Strömen der schlaflosen Hölle erbaut. Laß dich warnen und flieh!"

„Hexe, ich danke dir für deine Sorgfalt; du sollst dich an keinen Unerkenntlichen gewandt haben. Auf jenem Tisch steht ein goldener Becher; nimm ihn, er gehört dir. Die Zeichen, die du im Bett des erloschenen Feuerberges gesehen", fuhr der Ägypter nachdenklich fort, „deuten allerdings auf eine der Stadt drohende Gefahr; vielleicht auf ein zweites, zerstörenderes Erdbeben als das neuliche. Sei dem, wie ihm wolle, so ist es für mich ein neuer Grund, aus diesen Mauern wegzueilen. Morgen will ich mich zur Abreise anschicken. Tochter Etruriens, wohin gehst du?"

„Ich lasse mich noch heute nach Herkulaneum übersetzen; dort wandre ich an der Küste fort und suche mir eine neue Heimat."

Die Hexe, die das kostbare Geschenk in den weiten Falten ihres Gewandes verborgen hatte, erhob sich zum Aufbruch. An der Tür hielt sie an, wandte sich um und sprach: „Dies ist vielleicht das letztemal, daß wir auf Erden beisammen waren. Aber wohin flieht die Flamme, wenn sie die Asche verlassen hat und wie ein Aushauch des Sumpfes auf und nieder wandelt? Man kann sie in dem Moor des Sees, weit in der Tiefe drunten sehen, und so treffen die Hexe und der Zauberer, der Mächtige und die Fluchbeladene vielleicht einst wieder zusammen. Leb wohl!"

„Fort, krächzender Rabe!" murmelte Arbaces vor sich hin, als sich die Tür schloß.

Es war Sitte, den Spielen im Zirkus in festlicher Kleidung beizuwohnen, und Arbaces schmückte sich heute mit außergewöhnlicher Sorgfalt. Seine Tunika war von glänzendstem Weiß und die mannigfachen Schnallen daran bestanden aus den kostbarsten Steinen; über die Tunika floß ein weites, morgenländisches Gewand herab, halb Talar, halb Mantel, das in der reichsten Färbung des tyrischen Purpurs schimmerte. Die bis in die Mitte der Wade hinaufreichenden Sandalen waren mit Edelsteinen besetzt und mit Gold ausgelegt.

Gewöhnlich ließen sich Leute von Rang durch einen Zug von Sklaven und Freigelassenen zu den Spielen begleiten, und bereit stand alles aus dem Haus des Arbaces in Reih und Glied und wartete mit der Sänfte des Herrn. Nur die Sklavinnen, die Jone zu bedienen hatten, und der würdige Sosia, als Kerkermeister Nydias, sahen sich zu ihrem großen Verdruß verdammt, zurückzubleiben.

„Kallias", sprach Arbaces zu seinem Freigelassenen, der ihm den Gürtel zuschnallte, „ich bin Pompejis müde und gedenke es, wenn der Wind günstig ist, in drei Tagen zu verlassen. Du kennst das Fahrzeug im Hafen, das dem Narses von Alexandria gehört, ich habe es von ihm gekauft. Übermorgen wollen wir mit dem Hinschaffen meiner Schätze beginnen."

„Schon so bald? Gut! Arbaces' Wille soll befolgt werden: und sein Mündel Jone?"

„Begleitet mich. Genug! Ist der Morgen schön?"

„Trüb und schwül; wahrscheinlich wird es heute vormittag sehr heiß."

Wieder allein, schritt Arbaces in sein Studierzimmer und von da in den Vorbau hinaus. Er sah die dichten Menschenmassen eilig nach dem Zirkus strömen, hörte das Rufen der Arbeiter und das Knarren der Taue beim Aufspannen des gewaltigen Sonnenzeltes, unter dem die Einwohner, von keinem unbehaglichen Strahl belästigt, in schwelgerischem Behagen der Todesqual ihrer Mitgeschöpfe zuschauen konnten.

Dann wandte er seinen Blick gegen den Vesuv. Herrlich glänzten die grünen Weingärten um die Brust des Berges, und ruhig wie die Ewigkeit erhob sich seine gewaltige Gestalt in den lautlosen Himmel.

2

Nydia, beruhigt durch den Bericht, den ihr Sosia bei seiner Rückkehr abgelegt, und zufrieden, daß der Brief in Sallusts Händen sei, gab sich noch einmal der Hoffnung hin. Gewiß verlor Sallust keine Zeit, sich zum Prätor zu begeben, zu dem Ägypter zu kommen, sie zu befreien, den Kerker des Kalenus zu erbrechen. Noch in der Nacht konnte Glaucus frei werden! — Ach, die Nacht verging, der Morgen brach an und sie vernahm nichts als eilende Schritte der Sklaven in der Halle und Worte, die nur von Vorbereitungen für das Schauspiel sprachen. Immer wieder tönte die befehlende Stimme des Arbaces an ihr Ohr, einzelne Töne einer lustigen Musik erklangen; der lange Zug bewegte sich nach dem Zirkus, um die Augen an dem Todeskampf des Atheners zu weiden.

Langsam und mit vieler Feierlichkeit schritt die Prozession des Ägypters dahin, bis endlich an dem Ort, wo alle, die in Sänften oder mit Wagen kamen, absteigen mußten, Arbaces seine Sänfte verließ und sich dem für die angesehenen Zuschauer bestimmten Eingang nahte. Seine Sklaven, die sich dem geringeren Volk anschlossen, wurden von den Aufsehern in die dem einfachen Volk zustehenden Plätze gewiesen.

Auf der obersten Reihe, jedoch gesondert von den männlichen Zuschauern, saßen die Frauen, deren geputzte Kleider das Bild eines prächtigen Blumenbeetes gaben. Auf den niedrigeren Reihen um die Arena her saßen die vornehmeren und reicheren Zuschauer: die öffentlichen Behörden und die Angehörigen des Senats und Ritterstandes. Die Zugänge, durch die man von den zwei Endpunkten der ovalen Arena vermittels eines rechts und links hinlaufenden Korridors zu jenen Sitzen gelangte, bildeten auch den Eingang für die Kämpfer. Starkes Pfahlwerk vor diesen Zugängen schützte vor den Tieren und beschränkte sie auf ihre zugewiesenen Opfer. Durch das ganze Gebäude liefen unsichtbare Röhren, aus denen bei vorgeschrittener Hitze Schauer von kühlendem, wohlriechendem Wasser auf die Zuschauer ausgesprengt werden konnten. Noch waren die Werksleute damit beschäftigt, das große Sonnendach über das Ganze her zu befestigen; es war von der weißesten apulischen Wolle gewoben, über die sich breite rote Streifen hinzogen. Infolge einer Ungeschicklichkeit der Arbeiter oder eines Fehlers in der Maschinerie war das Sonnensegel heute nicht so gut wie gewöhnlich aufgeschlagen. Wirklich erforderte diese Arbeit des ungeheuren Umfangs wegen stets große Kraftanstrengung und Kunst, so daß sie bei rauhem und windigem Wetter selten unternommen werden konnte. Der heutige Tag jedoch war so auffallend still, daß den Zuschauern die Ungeschicklichkeit der Arbeiter unverzeihlich erschien; und als vollends eine weite Öffnung im Hintergrund sichtbar blieb, weil ein Teil seine Vereinigung mit der entgegengesetzten Seite hartnäckig verweigerte, wurde das Murren der Unzufriedenheit laut und allgemein.

Plötzlich hörte das Gesumm auf, die Arbeiter verließen ihr Werk, die Öffnung war vergessen, denn unter lautem, kriegerischem Trompetengeschmetter zogen die Gladiatoren in feierlicher Ordnung in die Arena. Langsam und bedächtig umschritten sie den ovalen Raum, um den Zuschauern ebensowohl volle Gelegenheit zur Bewunderung ihrer ernsten Heiterkeit, ihrer kräftigen Glieder und verschiedenen Waffen als zum Abschluß solcher Wetten zu geben, die etwa noch jetzt die Aufregung des Augenblicks veranlassen mochte.

„Oh!“ rief die Witwe Fulvia Pansas Frau zu, mit der sie von ihrem hohen Sitz herabschaute, „siehst du diesen riesigen Gladiator? Wie wunderlich er gekleidet ist!“

„Ja“, erwiderte die Gattin des Ädils mit wohlgefälliger Wichtigkeit, denn sie kannte Namen und Eigenschaften jedes Kämpfers, „ein Netzwerfer; er ist, wie du siehst, nur mit einem dreizackigen Speer und einem Netz bewaffnet und trägt keine Rüstung, sondern nur eine Binde und die Tunika. Er ist ein starker Mann und wird mit Sporus, jenem vierschrötigen Gladiator mit dem runden Schild und bloßen Schwert, der ebenfalls keine weitere Rüstung trägt, kämpfen; er hat jetzt keinen Helm auf, damit man sein Gesicht sehen kann: wie furchtlos er ist! Fechten aber wird er mit geschlossenem Visier.“

„Aber ein Netz und ein Speer sind doch wahrhaftig ärmliche Waffen gegen Schild und Schwert.“

„Ein Beweis, wie unschuldig du bist, meine teure Fulvia, gerade der Netzwerfer trägt in der Regel den Sieg davon.“

„Und wer ist der hübsche Gladiator, beinahe ohne alle Bekleidung: ist das nicht höchst unschicklich? Bei Venus, seine Glieder sind sehr schön geformt!“

„Es ist Lydon, ein junger, ungeübter Mensch, der die Verwegenheit hat, es mit jenem anderen Gladiator, dem Tetraides, aufzunehmen. Sie kämpfen zuerst auf griechische Art mit dem Fausthandschuh; nachher legen sie Rüstungen an und versuchen sich mit Schwert und Schild.“

„Ein hübscher Mann, dieser Lydon; gewiß sind die Weiber auf seiner Seite.“

„Nicht so die Leute, die im Wetten Erfahrung haben: Clodius wettet drei gegen eins gegen ihn.“

„O Jupiter, wie herrlich!“ rief die Witwe, als zwei schwerbewaffnete Gladiatoren auf leichten, bäumenden Pferden um die Arena ritten. Sie trugen Lanzen und runde prächtig eingelegte Schilde; ihre Rüstung war mit eisernen Bändern durchflochten, bedeckte aber nur die Schenkel und den rechten Arm; kurze, bis auf den Sattel herabhängende Mäntel gaben ihrem Kostüm ein malerisches, anmutiges Aussehen; ihre Beine waren nackt, mit Ausnahme von Sandalen, deren Bänder ein wenig über dem Knöchel anschlossen. „Wer sind diese?“ fragte die Witwe.

„Der eine heißt Berbix — hat schon zwölfmal den Sieg davongetragen; der andere legt sich den stolzen Namen Nobilior bei. Beide sind Gallier.“

Während dieses Gesprächs hatten die ersten Förmlichkeiten des Spiels geendigt und auf sie folgte ein Scheingefecht mit hölzernen Schwertern zwischen den verschiedenen Kämpfern. Unter diesen wurde die Geschicklichkeit zweier römischer, für diese Gelegenheit gemieteter Fechter vornehmlich bewundert. Indessen hielt diese Spiegelfechterei nicht über eine Stunde an und erregte keine besonders lebhafte Teilnahme, außer etwa bei denjenigen Kennern der Arena, denen die Kunst über eine rohe Unterhaltung ging; die Masse der Zuschauer war froh, als das Vorspiel endigte und das Interesse sich zum Schrecken steigerte. Die Kämpfer wurden jetzt in die zuvor bestimmten Paare gereiht, und das ernstere Spiel des Tages begann in tiefster Stille, die nur bisweilen durch eine vorausgehende, kriegerische Musik unterbrochen wurde.

Häufig eröffnete man die Spiele mit dem grausamsten von allen: ein zum Kampf mit den wilden Tieren verdammter Gladiator mußte, gleichsam als einweihendes Opfer, zuerst sterben. Im vorliegenden Fall jedoch hielt es der erfahrene Pansa für besser, daß das blutige Drama an Interesse zu- und nicht abnehme. Demzufolge blieb der Kampf Olinths und des Atheners für das Ende aufgespart. Die beiden Reiter sollten zuerst die Arena einnehmen, dann die zu Fuß fechtenden Gladiatoren in der vorausbestimmten Parrung zugleich auftreten. Dann sollten Glaucus und der Löwe ihre Rollen in dem blutigen Schauspiel durchführen, und endlich der Tiger mit dem Nazarener das große Finale bilden.

An jedem der zwei entgegengesetzten Endpunkte der Schranken befand sich jetzt einer dieser beiden Reiter, und auf ein von Pansa gegebenes Zeichen sprengten sie im selben Augenblick in vollem Galopp aufeinander los, jeder seinen runden Schild vorhaltend und den leichten, aber starken Wurfspieß hoch in der Luft schwingend; aber nur noch drei Schritte von dem Gegner entfernt, hielt das Pferd von Berbix plötzlich an, wandte sich um, und indem Nobilior in vollem Lauf vorbeiflog, fiel ihm sein Widerpart in den Rücken. Nobiliors noch zur rechten Zeit emporgehaltener Schild fing einen Stoß auf, der sonst tödlich gewesen sein würde.

„Recht so, Nobilior!" rief der Prätor und löste damit der aufgeregten Menge den Mund.

„Brav getroffen, Berbix!" antwortete Clodius von seinem Sitz aus. Und von Seite zu Seite widerhallte ein wildes Gesumm.

Die Visiere der beiden Ritter waren gänzlich geschlossen, gleichwohl bildete der Kopf den Hauptpunkt des Angriffs. Nobilior, seinen Renner mit nicht geringerer Geschicklichkeit als zuvor sein Gegner herumwerfend, richtete seinen Speer gerade nach dem Helm des Feindes. Berbix erhob den Schild, um sich zu dekken, sein schnelläugiger Gegner aber senkte die Waffe plötzlich weiter herab und durchbohrte ihm die Brust. Berbix taumelte und fiel.

„Nobilior, Nobilior!" jauchzte das Volk.

„Ich habe zehn Sesterze verloren", murmelte Clodius zwischen den Zähnen.

Die Menge, noch nicht zur Grausamkeit verhärtet, gab das Zeichen der Begnadigung. Aber als die Diener der Arena hinzueilten, fanden sie, daß das Mitleid zu spät kam. Das Herz des Galliers war durchbohrt und seine Augen vom Tod geschlossen. Es war sein Blut, das so schwarz über den Sand und das Sägemehl der Arena hinfloß.

„Schade, daß es so bald vorüber ist! Man konnte sich nur kurze Zeit ängstigen", bemerkte die Witwe Fulvia.

„Ja, ich habe kein Mitleid mit Berbix. Konnte doch jedermann sehen, daß Nobilior nur eine Finte machte! Sie streuen neuen Sand. Pansa bedauert nichts mehr, als daß er nicht reich genug ist, um die Arena mit Borax und Zinnober überstreuen zu lassen, wie Nero zu tun pflegte.“

„Nun, wenn der Kampf kurz war, so folgt wenigstens schnell ein anderer darauf. — Sieh da, meinen hübschen Lydon auf dem Schauplatz! — Ja, und auch den Netzwerfer sowie die Kämpfer mit dem Schwert! Herrlich!“

Wirklich hatten nunmehr sechs Kämpfer die Arena betreten; Niger mit seinem Netz und Dreizack gegen Sporus mit dem Schild und dem kurzen Schwert; Lydon und Tetraides, einen Gürtel um die Lenden ausgenommen, ganz nackt. Jeder bloß mit einem schweren griechischen Fausthandschuh bewaffnet — und endlich zwei Gladiatoren aus Rom, völlig in Stahl gekleidet und gleichmäßig mit ungeheuren Schilden und spitzigen Schwertern ausgerüstet.

Da der einleitende Kampf zwischen Lydon und Tetraides weniger tödlich war als zwischen den anderen Streitern, so hatten sich jene nicht so bald in die Mitte der Arena aufgestellt, als die übrigen wie durch gemeinsames Einverständnis zurückblieben, um zu sehen, wie dieser Strauß enden würde, und erst die Ablösung des Fausthandschuhs durch schärfere Waffen zu erwarten, ehe sie selbst die Feindseligkeiten begannen.

Auf den ersten Blick konnte niemand ungleicher gepaart erscheinen als die beiden Gegner. Tetraides, obwohl nicht größer als Lydon, war beträchtlich feister. Die natürliche Derbheit seiner Muskeln wurde durch Massen von hartem Fleisch für das Auge des oberflächlichen Beobachters noch vergrößert. Seine Schultern waren breit und seine Gliedmaßen stramm, klobig und leicht auswärts gebogen, in jener eigentümlichen Bildung, die der Schönheit so viel entzieht, um der Stärke so viel zu geben. Lydon dagegen war viel schlanker gebaut, und Kennern konnte nicht entgehen, daß trotz einem bedeutend geringeren Muskelumfang als bei seinem Feind, das, was ihm blieb, gesünder, eisenfester und gedrungener schien. Überdies durfte man annehmen, daß in dem Verhältnis, als er weniger Fleisch besaß, ihm mehr Behendigkeit zu Gebote stehen würde; und ein stolzes Lächeln auf seinem entschlossenen Gesicht, das einen bedeutsamen Gegensatz zu der dumpfen Schwere seines Gegners bildete, flößte denjenigen, die sich für ihn interessierten, Vertrauen ein und fügte ihrem Mitleid Hoffnung bei. So war denn, trotz der scheinbaren Ungleichheit ihrer Kraft, der Ruf des Volkes fast so laut für Lydon wie für Tetraides.

„Nimm dich in acht", brummte Tetraides, der seinem Feind näher und näher auf den Leib rückte, während dieser sich eher um ihn her drehte als zurückwich.

Lydon antwortete durch einen verächtlichen Blick seiner schnellen, wachsamen Augen. Tetraides führte einen Streich — es war wie der Schlag eines Schmiedes auf den Amboß. Lydon sank plötzlich auf ein Knie nieder — der Streich ging über seinen Kopf weg. Nicht so harmlos war Lydons Erwiderung. Rasch sprang er auf und wohlgezielt fiel sein gepanzerter Fausthandschuh mit voller Gewalt auf die breite Brust seines Gegners. Tetraides taumelte — das Volk jauchzte.

„Du bist heute unglücklich", sagte Lepidus zu Clodius, „bereits eine Wette hast du verloren und wirst bei der zweiten auch den kürzeren ziehen."

„Bei den Göttern, meine Bildsäulen müssen in die Versteigerung, wenn das der Fall ist. Ich habe nicht weniger als fünfzig Sesterze auf Tetraides gewettet. Aber sieh, wie er sich wieder aufrafft! Das war ein tüchtiger Schlag, er hat dem Lydon die Schulter aufgerissen. Ha, Tetraides — ha, Tetraides!"

„Aber auch Lydon verliert das Herz nicht. Beim Pollux! Wie er die Geistesgegenwart behält. Wie geschickt er diesen hammerähnlichen Fäusten ausweicht! Jetzt schlüpft er hierhin, jetzt dorthin — dreht sich wie ein Kreisel — ah, armer Lydon, da hat er wieder eins bekommen."

„Noch immer drei gegen eins für Tetraides, was meinst du, Lepidus?"

„Meinetwegen — neun Sesterze gegen drei!"

„Was! Schon wieder Lydon? Er hält an, er schnappt nach Luft. Bei den Göttern, er ist drunten! Nein — kommt wieder auf die Beine? Braver Lydon! Tetraides bekommt Mut — er lacht — er stürzt auf ihn los."

„Der Tor! Das Glück blendet ihn — er sollte vorsichtiger sein! Lydon hat ein wahres Luchsauge!" murmelt Clodius zwischen den Zähnen.

„Ha, Clodius! Siehst du? Dein Mann taumelt! — Noch ein Streich! Er fällt, er fällt!"

„Und die Erde gibt ihm neues Leben. Schon wieder ist er auf, aber das Blut strömt ihm das Gesicht herab."

„Beim Donner, Lydon gewinnt's. Sieh, wie er auf ihn eindrängt. Dieser Schlag auf die Schläfen würde einen Ochsen niedergeschmettert haben, und wirklich schlug er auch den Tetraides nieder. Er fällt aufs neue — er kann sich nicht mehr rühren."

„Führt sie hinaus und gebt ihnen Rüstung und Schwerter", sagte Pansa.

„Edler Pansa", erwiderte der Aufseher, „wir fürchten, Tetraides erholt sich nicht so bald wieder, indes wollen wir's versuchen."

Nach wenigen Minuten kehrten die Diener, die den betäubten, bewußtlosen Gladiator hinausgeschleppt hatten, mit betrübter Miene zurück. Sie fürchteten für sein Leben, er war außerstande, die Arena wieder zu betreten.

„In diesem Fall", entgegnete Pansa, „haltet den Lydon als Ersatz, und sobald ein Gladiator besiegt ist, möge Lydon seine Stelle dem Sieger gegenüber einnehmen."

Das Volk jauchzte diesem Befehl Beifall und versank dann wieder in tiefes Stillschweigen. Laut tönten die Trompeten. Die vier anderen Kämpfer standen einander kampfbereit, ernster gegenüber.

„Kennst du diese Römer, Clodius? Gehören sie zu den Berühmteren oder sind es nur gewöhnliche Leute?"

„Eumolpus ist ein guter Schwertkämpfer zweiten Ranges. Den kleineren von beiden, Nepimus, habe ich früher nie gesehen, aber er ist der Sohn eines kaiserlichen Beamten und in einer guten Schule erzogen. Ohne Zweifel werden sie sich wacker halten. Aber ich habe keine Lust mehr an dem Spiel, ich bekomme mein Geld nicht mehr zurück — bin ruiniert. Fluch über diesen Lydon! Wer hätte gedacht, daß er so gewandt oder so glücklich sein würde?"

„Na, Clodius, soll ich Mitleid mit dir haben und so, wie du die Bedingungen angeben wirst, auf diese Römer wetten?"

„Auf Eumolpus zehn Sesterze gegen zehn?"

„Was! Während man über Nepimus noch gar keine Erfahrung hat? Nein, nein! Das wäre zu arg."

„Nun — zehn gegen acht?"

„Gilt!"

Während der Kampf in der Arena begonnen hatte, saß ein Mensch in den oberen Reihen, für den diese Vorgänge ein schmerzliches, ein erdrückendes Interesse hatten. Der greise Vater Lydons war, trotz seiner christlichen Abscheu gegen diese Spiele, in der Todesangst für seinen Sohn nicht fähig gewesen, der Versuchung zu widerstehen, Zeuge seines Schicksals zu sein. Einsam unter einem blutdürstigen Haufen von Unbekannten sah, fühlte der alte Mann nichts als die Gewalt, die Gegenwart seines Sohnes! Kein Laut war seinen Lippen entschlüpft, als er ihn zweimal zu Boden fallen sah, nur blässer war er geworden. Aber einen leisen Ruf hatte er ausgestoßen, als er ihn als Sieger erblickte, ahnungslos des furchtbaren Kampfes, zu dem dieser Sieg nur das Vorspiel war.

„Mein tapferer Junge", sprach er und wischte sich die Augen.

„Ist's dein Sohn?" fragte ein stämmiger Bursche zur Rechten des Nazareners. „Er hat wacker gekämpft: sehen wir, wie er sich ferner halten wird. Höre, er muß mit dem ersten fechten, der Sieger wird. Bitte die Götter, alter Knabe, daß dieser Sieger keiner von den Römern und ebensowenig der Riese Niger sei."

Der alte Mann setzte sich wieder und bedeckte das Gesicht. Das Spiel bot für den Augenblick nichts Anziehendes für ihn — Lydon war nicht mehr unter den Kämpfern. Doch plötzlich durchzuckte ihn der Gedanke, daß der Kampf nur ein zu großes Anrecht auf seine Aufmerksamkeit habe: der erste, der fiel, machte ja dem Lydon Platz! Er fuhr auf und lehnte sich mit gespanntem Auge und gefalteten Händen hinaus, den Streitern zuzuschauen. Zunächst erregte das Gefecht zwischen Niger und Sporus die allgemeine Teilnahme, denn diese Art von Kampf war wegen des tödlichen Ausganges, der ihn gewöhnlich begleitete, stets besonders spannend für die Zuschauer.

Die beiden standen in beträchtlicher Entfernung voneinander. Das herabgelassene Visier an dem eigentümlichen Helm des Sporus verbarg dessen Gesicht; dagegen zog Nigers Miene durch ihre zusammengedrängte, wachsame Wildheit alle Blicke nicht ohne einen gewissen Schauder auf sich. So blieben sie, jeder den andern fest ins Auge fassend, eine Weile stehen, bis Sporus langsam und mit großer Vorsicht vorzuschreiten anfing, die Spitze seines Schwertes gerade auf die Brust des Gegners gerichtet. Niger zog sich zurück, sein Netz mit der rechten Hand ausbreitend und die kleinen, glänzenden Augen unverwandt auf die Bewegungen des Schwertkämpfers geheftet. Jählings, als ihm Sporus beinahe auf Armeslänge nahegekommen, beugte sich Niger vorwärts und warf das Netz. Eine schnelle Wendung rettete den Gladiator vor der tödlichen Schlinge; er stieß einen gellenden Schrei der Freude und Wut aus und stürzte auf Niger los; aber dieser hatte das Netz bereits wieder eingezogen, über die Schultern geworfen und floh jetzt mit einer Schnelligkeit um die Arena her, in der es ihm der Verfolger umsonst gleichzutun suchte. Das Volk jauchzte und lachte beim Anblick der erfolglosen Bemühung, womit der breitschultrige Gladiator den fliehenden Riesen einzuholen suchte. Plötzlich aber wurde die Aufmerksamkeit von den beiden abgelenkt und auf die römischen Kämpfer gerichtet.

Sie hatten sich in einiger Entfernung Stirn gegen Stirn einander gegenübergestellt. Aber die ausnehmende Vorsicht, womit beide anfangs zu Werke gingen, hatte bis jetzt ein hitziges Gefecht unmöglich gemacht und den Zuschauern volle Muße gelassen, ihre Aufmerksamkeit auf den Kampf zwischen Sporus und Niger zu richten. Jetzt aber waren auch die Römer zum vollen, wilden Kampf gekommen, sie griffen an, wichen zurück, nahten aufs neue, und nun eben hatte Eumolpus, der ältere Gladiator, durch jenen geschickten Rückstoß, dem zu entgehen man in der Arena für so schwer hielt, den Nepimus an der Seite verwundet. Das Volk jauchzte, Lepidus wurde blaß.

„Ho, ho!“ rief Clodius, „das Spiel ist beinahe zu Ende. Bleibt Eumolpus nur ruhig, so muß sich der andere verbluten.“

„Aber Dank sei den Göttern, er hält sich nicht ruhig. Sieh, er dringt stark auf Nepimus ein! Beim Mars, Nepimus hat ihn jetzt! Wie sein Helm klang! Clodius, ich gewinne noch!“

„Warum wette ich auch anders als auf die Würfel!“ seufzte Clodius zwischen den Zähnen, „oder warum kann ich nicht auch einen Gladiator mit Blei füllen!“

„He! Sporus, Sporus!“ jauchzte die Menge, als Niger plötzlich angehalten und sein Netz abermals, und abermals erfolglos, geworfen hatte. Diesmal war er nicht mit hinlänglicher Schnelligkeit entflohen — das Schwert des Sporus hatte eine tiefe Wunde in sein rechtes Bein gestoßen; dadurch an der Flucht gehindert, wurde er von dem wilden Schwertkämpfer hart bedrängt. Immer noch gaben ihm indes sein hoher Wuchs und die Länge seines Armes nicht unbedeutende Vorteile, und den Dreizack der Stirn des Feindes fest entgegenhaltend, wehrte er ihn mehrere Minuten lang glücklich von sich ab. Da suchte Sporus durch schnelle Wendungen um seinen Gegner, der sich notwendigerweise nur langsam und mühevoll bewegen konnte, herumzukommen; allein er verlor die Vorsicht, näherte sich dem Riesen zu sehr, erhob den Arm, einen Streich zu führen, und die drei Spitzen des tödlichen Speeres drangen mit voller Gewalt in seine Brust! Er sank auf ein Knie. Im nächsten Augenblick war das Netz über ihn geworfen — umsonst kämpfte er gegen dessen Maschen an; wieder und wieder krümmte er sich stumm unter den neuen Stößen des Dreizacks! Schnell floß das rote Blut durch das Netz über den Sand! Er senkte die Arme, seine Überwindung anerkennend.

Der siegreiche Niger zog sein Netz zurück und sah, auf seinen Speer gelehnt, zu den Zuschauern hinauf, erwartend, welches Urteil sie fällen würden. Zu gleicher Zeit wälzte der überwundene Gladiator seine umnachteten, verzweifelten Blicke im Kreis umher. Von Reihe zu Reihe, von Bank zu Bank starrten ihm nur erbarmungslose Augen entgegen!

Der Lärm, das Gesumm hatten aufgehört, die Stille war furchtbar, denn kein Mitleid lag in ihr; keine Hand — nicht einmal eine weibliche — gab das Zeichen der Gnade und des Lebens. Sporus war in der Arena nie beliebt gewesen, und in den letzten Augenblicken hatte sich das Interesse an dem Kampf dem verwundeten Niger zugewandt. Das Volk war zum Blutdurst erhitzt, das bloße Scheingefecht gewährte ihm keine Unterhaltung mehr, seine Teilnahme an dem Schauspiel hatte sich allmählich zum Verlangen nach einem Opfer, zur Lust am Tod gesteigert!

Der Gladiator fühlte, daß sein Schicksal unwiderruflich sei; er ließ keine Bitte, keinen Seufzer hören. Das Volk gab das Zeichen des Todes! In entschlossener, knirschender Unterwürfigkeit beugte er den Nacken, um den tödlichen Streich zu empfangen. Da der Speer des Netzwerfers keine Waffe war, um einen plötzlichen sicheren Tod zu geben, trat eine grauenvolle Gestalt, deren Züge unter dem Helm gänzlich verborgen waren, in die Arena und schwang ein kurzes, scharfes Schwert. Mit langsamen, abgemessenen Schritten näherte sich dieser furchtbare Henker dem immer noch knienden Gladiator, legte die linke Hand auf seinen gesenkten Helm, setzte die Klinge auf seinen Nacken, wandte sich rings gegen die Versammlung um, ob diese nicht etwa im letzten Augenblick noch Reue über ihren Beschluß anwandle. Das furchtbare Zeichen blieb dasselbe; hell glänzte der Stahl in der Luft, fiel nieder und der Gladiator rollte im Sand dahin, seine Glieder zuckten — wurden still.

Sogleich wurde sein Körper durch das Todestor von der Arena weggezogen und in die dunkle Höhle, die Totenkammer, geworfen. Ehe er noch recht an diesem Ort angekommen, war das Gefecht zwischen den beiden übriggebliebenen Kämpfern entschieden. Das Schwert des Eumolpus hatte seinem weniger geübten Gegner die Todeswunde beigebracht.

Eine allgemeine Bewegung ging durch die große Menschenmenge, das Volk atmete freier und nahm aufs neue seine Sitze ein. Aus den verborgenen Röhren ergoß sich ein angenehmer Sprühregen über jede Reihe des Zirkus. In üppigem Wohlbehagen unterhielten sich die Abgekühlten über die eben gesehene Blutszene. Eumolpus nahm den Helm ab und wischte sich die Stirn; das krause Haar, der kurze Bart, die edlen römischen Züge und die glänzend schwarzen Augen erregten allgemeine Bewunderung. Er war frisch und unverwundet.

Nach der Pause verkündete Pansa mit lauter Stimme, daß Lydon der Nachfolger des erschlagenen Nepimus sein solle. „Jedoch, Lydon", fügte er hinzu, „willst du den Kampf mit einem so tapferen und geübten Fechter ablehnen, so hast du hiezu volle Freiheit. Eumolpus war dir nicht ursprünglich zum Gegner bestimmt. Du weißt am besten, inwieweit du dich mit ihm messen kannst. Unterliegst du, so ist ein ehrenvoller Tod dein Los; siegst du, so will ich den festgesetzten Preis aus meiner eigenen Tasche verdoppeln."

Das Volk jauchzte Beifall, Lydon stand in der Arena; er sah umher; hoch oben erblickte er das bleiche Gesicht, die gespannten Augen seines Vaters. Unentschlossen wandte er sich für einen Augenblick ab. Nein, der Sieg mit dem Fausthandschuh reichte noch nicht hin, er hatte den Preis noch nicht gewonnen — noch immer war sein Vater Sklave!

„Edler Ädil", antwortete er mit fester, tiefer Stimme, „ich fürchte mich vor diesem Kampf nicht. Um der Ehre Pompejis willen fordere ich, daß ein Zögling des längst berühmten Lanista dieser Stadt mit dem Römer fechte."

Das Volk jauchzte lauter als zuvor.

„Vier zu eins gegen Lydon", sagte Clodius zu Lepidus.

„Nicht zwanzig zu eins verstünde ich mich", entgegnete Lepidus, „ist doch Eumolpus ein wahrer Achill und dieser arme Kerl ein bloßer Anfänger."

Eumolpus blickte Lydon fest ins Gesicht, er lächelte, aber dem Lächeln folgte ein leiser, kaum hörbarer Seufzer — ein Hauch mitleidiger Bewegung.

Und so standen sie denn bald in vollständiger Rüstung, mit gezogenem Schwert und geschlossenem Visier, die beiden letzten Kämpfer der Arena, ehe Mensch und Tier den Kampf begannen, einander gegenüber.

In diesem Augenblick wurde dem Prätor von einem der Aufseher ein Brief überbracht. Er wickelte die Schnur auf, warf einen

Blick auf den Inhalt und sein Gesicht deutete Verwunderung und Verlegenheit an. Noch einmal las er den Brief, warf ihn dann mit den hingemurmelten Worten: „Pah! Unmöglich! Der Mensch muß schon am Vormittag betrunken sein, daß ihm solcher Unsinn einfallen kann!" nachlässig auf die Seite und setzte sich wieder zurecht, um den Spielen zuzuschauen.

Die Teilnahme der Zuschauer war zum höchsten Grad gesteigert. Zuerst hatte Eumolpus ihre Gunst gewonnen, aber Lydons Heldenmut und seine wohlberechnete Anspielung auf die Ehre des pompejanischen Lanista hatte sofort dem letzteren in den Augen des Volkes den Vorzug gegeben.

„Heda, alter Bursche", wurde Medon von seinem Nachbar angeredet, „dein Sohn hat mit einem gewaltigen Gegner zu tun. Aber fürchte nichts, der Ädil wird nicht zugeben, daß er umkommt — und auch das Volk nicht, er hat sich dafür zu wacker gehalten. Ha! Das war ein tüchtiger Hieb! Gut abgewendet, beim Pollux, noch einmal an ihn, Lydon — sie halten an, um sich auszuschnauben. Was murmelst du da, alter Junge?"

„Gebete", entgegnete Medon mit ruhiger und hoffnungsvollerer Miene, als er bis jetzt gezeigt.

„Gebete? — Possen! Die Zeit, wo die Götter die Menschen in Wolken wegtrugen, ist vorbei. Ha, Jupiter! Welch ein Hieb! Deine Seite! — Nimm deine Seite in acht, Lydon!"

Ein krampfartiger Schauder zuckte durch die ganze Versammlung; von einem mächtigen, mit voller Gewalt auf den Helmkamm geführten Hieb des Eumolpus war Lydon in die Knie gesunken.

„Er hat es!" rief eine gellende weibliche Stimme, „er hat es, holla!"

Es war die Stimme des Mädchens, das so sehnsüchtig der Tötung eines Verbrechers entgegengesehen hatte.

„Still, Kind", entgegnete Pansas Frau gestreng. „Er ist nicht verwundet."

„Ich wollte, er wäre es, wäre es auch nur, um den alten Sauertopf Medon damit zu ärgern", flüsterte das Mädchen vor sich hin.

Eben jetzt fing Lydon, der sich bisher mit großer Geschicklichkeit und Geistesgegenwart verteidigt hatte, dem kräftigen Angriff des Römers zu weichen an, sein Arm wurde müde, sein Auge schwindlig, er atmete schwer und mühsam. Abermals hielten die Kämpfer an, um Luft zu schöpfen.

„Junger Mensch", sagte Eumolpus mit leiser Stimme, „laß ab,

ich will dich leicht verwunden — dann senke deine Arme. Du hast das Volk gewonnen — du wirst mit Ehren losgesprochen werden!"

„Und mein Vater fort und fort ein Sklave bleiben", seufzte Lydon vor sich hin. „Nein, Tod oder seine Freiheit."

In diesem Gedanken und im Gefühl, daß seine Kraft der Ausdauer des Römers nicht gewachsen sei, folglich alles von einer plötzlich verzweifelten Anstrengung abhänge, stürzte er grimmig auf Eumolpus los. Behutsam wich der Römer zurück. Lydon tat einen zweiten Hieb — Eumolpus beugte sich auf die Seite; das Schwert streifte an seinem Panzer vorbei und Lydons Brust war ungedeckt — der Römer stieß den Stahl durch die Fugen der Rüstung, ohne ihm eine tiefe Wunde beibringen zu wollen. Allein Lydon, matt und erschöpft, taumelte vorwärts und fiel gerade in die Spitze. Sie fuhr durch und durch und wieder zum Rücken heraus! Eumolpus zog die Klinge zurück. Noch versuchte Lydon das Gleichgewicht wieder zu erhalten, aber die Waffe entsank seinem Griff — unwillkürlich vollendete er den Stoß nach dem Gladiator mit unbewehrter Hand und fiel der Länge nach zu Boden. Wie durch Verabredung machten alle das Zeichen der Gnade. Die Sklaven der Arena näherten sich, sie nahmen dem Besiegten den Helm ab. Noch atmete er, seine Augen rollten grimmig gegen den Feind. Dann wandte er, mit krampfhaftem Gestöhn sich halb emporbäumend, das Gesicht nach oben. Es weilte nicht auf der Miene des Ädils oder auf den mitleidvollen Zügen seiner Richter. Er sah sie nicht; ihm war, als wäre der große Raum leer und öde, nur ein einziges, vom Todesschmerz durchzucktes Antlitz erkannte er, nur ein einziger Schrei eines gebrochenen Herzens drang durch das Summen und Rufen der Menge an sein Ohr. Die Wildheit schwand aus seinen Augen, ein sanfter, zärtlicher Ausdruck heiligender, aber verzweifelter Kindesliebe spielte um sie — spielte — floh — verdüsterte sich! Plötzlich wurde sein Gesicht wieder verschlossen und hart. Er sank auf die Erde zurück.

„Seht nach ihm", sprach der Ädil, „er hat seine Pflicht getan!"

Die Diener schleppten ihn in die Totenkammer.

Abermals ergossen sich reiche Düfte durch den Zirkus; die Diener streuten frischen Sand in die Arena.

„Bringt den Löwen und Glaucus, den Athener!" rief der Ädil.

3

Dreimal war Sallust aus dem Morgenschlaf erwacht und dreimal hatte er sich bei der Erinnerung, daß sein Freund heute sterben sollte, mit einem tiefen Seufzer aufs neue einer kurzen Vergessenheit zugewandt. Seine einzige Absicht im Leben war, den Schmerz zu vermeiden und, wo er ihn nicht vermeiden konnte, ihn wenigstens zu vergessen.

Endlich unfähig, sein Bewußtsein länger in Schlaf zu senken, erhob er sich aus seiner liegenden Stellung und gewahrte den Lieblingsfreigelassenen, der wie gewöhnlich neben dem Bett saß; denn Sallust, der den Geschmack eines gebildeten Mannes für die feinere Literatur hatte, war gewöhnt, sich vor dem Aufstehen ein oder zwei Stunden lang vorlesen zu lassen.

„Keine Bücher heute; keinen Tibull, keinen Pindar für mich! Pindar! Ach, schon der Name ruft mir die Spiele vor die Seele, deren blutdürstige Nachfolgerin unsere Arena ist. Hat es begonnen im Zirkus? Haben seine Vorstellungen angefangen?"

„Schon längst, edler Sallust! Hörtest du die Trompeten und das Trampeln der Füße nicht?"

„Ach ja, aber den Göttern sei Dank, ich war noch schlaftrunken und durfte mich bloß auf die andere Seite kehren, um wieder einzuschlummern."

„Die Gladiatoren müssen längst in der Arena sein."

„Die Unglücklichen! Es ist doch niemand von meinen Leuten zu diesem Schauspiel gegangen?"

„Nein! Deine Befehle waren zu bestimmt."

„Gut. Wollte, der Tag wäre vorüber! Was ist das für ein Brief auf dem Tisch dort?"

„Der? Ach, der Brief, den du gestern abend erhieltest; aber du warst zu — zu —"

„Betrunken, um ihn zu lesen, denk' ich wohl. Schadet nichts, er kann nicht von großer Wichtigkeit sein."

„Soll ich ihn öffnen?"

„Tu es; immer etwas, um meinen Gedanken eine andere Richtung zu geben. Der arme Glaucus!"

Der Freigelassene nahm die Binde von dem Schreiben. „Was? Griechisch", rief er, „wohl von einer gebildeten Dame!" Er überflog den Inhalt und sein Gesicht drückte plötzlich Bewegung und

Überraschung aus. „Gute Götter! Was haben wir getan, edler Sallust, daß wir diesem Brief nicht früher Achtung schenkten! Höre:

Nydia, die Sklavin, an Sallust, den Freund des Glaucus! Ich bin eine Gefangene im Haus des Arbaces. Eile zum Prätor! Bewirke meine Freilassung und wir können Glaucus vom Löwen erretten. Es ist ein anderer Gefangener in diesen Mauern, dessen Zeugnis den Athener von der gegen ihn vorgebrachten Anklage zu entheben vermag; ein Mensch, der die Tat mit ansah — der beweisen kann, daß der Verbrecher ein Bösewicht ist, auf dem bisher kein Verdacht ruhte. Eile! Schnell, schnell! Bring Bewaffnete mit für den Fall, daß du etwa auf Widerstand stoßen solltest, und einen geschickten, klugen Schmied, denn die Kerkertür meines Mitgefangenen ist dicht und stark. Bei deiner rechten Hand, bei deines Vaters Asche! Verliere keine Minute!"

„Große Götter", rief Sallust auffahrend, „und an diesem Tag, ja in dieser Stunde vielleicht stirbt er. Was ist zu tun? Sogleich will ich zum Prätor."

„Nein, nicht so. Der Prätor so gut wie der Ädil Pansa selbst ist das Geschöpf des Volkes, und das Volk will von keinem Aufschub hören, will im Augenblick der gespannten Erwartung nicht leer ausgehen. Überdies würde die Öffentlichkeit eines solchen Schrittes den schlauen Ägypter zu früh warnen. Nein, zum Glück sind deine Sklaven zu Hause."

„Ich verstehe dich", unterbrach ihn Sallust, „bewaffne die Sklaven sogleich. Die Straßen sind leer. Wir selbst wollen nach dem Haus des Arbaces eilen und die Gefangenen befreien. Schnell! Schnell! Holla! Davus, daher! Meinen Mantel und meine Sandalen, Papyrus und Rohr! Ich will an den Prätor schreiben und ihn bitten, die Bestrafung des Glaucus noch aufzuschieben, indem wir binnen einer Stunde seine Unschuld beweisen können. Auf solche Art wird es gehen. Davus, eile mit diesem Brief zum Prätor in die Arena! Sorge, daß er in seine eigenen Hände kommt! Und jetzt fort! O ihr Götter, deren Vorsehung Epikur leugnete, steht mir bei und ich will Epikur einen Lügner nennen!"

4

Glaucus und Olinth waren beisammen in der dunklen, engen Zelle, worin die zur Arena verdammten Verbrecher ihren letzten, blutigen Kampf erwarteten. Jeder suchte mit seinen erst seit kurzem an das Dunkel gewöhnten Augen die Züge des anderen in dieser furchtbaren Stunde zu erforschen. Ihre Stirnen waren kühn und unerschrocken, ihre Glieder zitterten nicht. Die Religion des einen, der Stolz des anderen, das Bewußtsein der Unschuld der beiden und vielleicht die Stütze, die jeder in der Anwesenheit des andern fand, erhoben das Schlachtopfer zum Helden.

„Hörst du das Geschrei? Sie jauchzen über Menschenblut!“ sagte Olinth.

„Ich höre es, das Herz bebt mir darüber, aber die Götter stützen mich.“

„Die Götter, unbesonnener junger Mann, erkenne wenigstens in dieser Stunde den einzigen Gott. Habe ich dich nicht im Kerker belehrt, für dich geweint, für dich gebetet — habe ich nicht in meinem Eifer und in meinem Schmerz mehr an die Rettung deiner Seele als an die der meinigen gedacht?“

„Braver Freund“, antwortete Glaucus feierlich, „mit Ehrfurcht, mit Erstaunen und mit einer geheimen Neigung zum Glauben habe ich auf dich gehört. Blieben wir am Leben, so hätte ich mich vielleicht den Lehrsätzen meiner eigenen Religion entwöhnt und zu der deinigen geneigt; aber in dieser letzten Stunde würde ich mir als eine Memme erscheinen, wenn die augenblickliche Angst bei mir hervorbrächte, was nur das Ergebnis langer Überlegung sein sollte. Wenn ich jetzt deinen Glauben annähme und die Götter meiner Väter verwürfe, könnte ich da nicht durch deine Zusage eines Himmels bestochen oder durch die Drohung der Hölle eingeschüchtert sein? Nein, Olinth, denken wir voneinander mit gleicher Liebe; ich will deine Sorge um mich ehren und du mögest meine Blindheit oder meinen hartnäckigen Mut bemitleiden. Wie mein Tun gewesen, so wird mein Lohn sein, und die höchste Macht wird nicht hart über Menschenirrtum urteilen, wenn er mit Ehrlichkeit der Absicht und Wahrheit des Herzens verbunden war. Sprechen wir nicht weiter hierüber. Still, hörst du, wie sie einen schweren Leichnam durch den Gang schleppen? So wie er werden bald auch wir Staub sein.“

„O Himmel! O Christus! Schon sehe ich euch!“ rief der glühende Olinth mit erhobenen Händen. „Ich zittere nicht, ich freue mich, daß mein Kerker bald zerbrochen sein wird.“

Knarrend öffnete sich die Tür und der Glanz von Speeren schimmerte an den Wänden.

„Glaucus von Athen, deine Zeit ist gekommen“, sprach eine laute Stimme, „der Löwe wartet deiner.“

„Ich bin fertig“, sprach der Athener. „Bruder und Leidensgefährte, noch eine letzte Umarmung! Segne mich und leb wohl!“

Der Christ öffnete die Arme, er drückte den jungen Heiden an die Brust und küßte ihm Stirn und Wange — schluchzte laut und schnell, und heiß flossen seine Tränen über die Züge des Freundes.

„Oh, hätte ich dich bekehren können, so würde ich nicht weinen. Oh, daß ich zu dir sagen könnte: wir beide werden heute abend im Paradies sein!“

„Vielleicht ist dies dennoch der Fall“, entgegnete Glaucus mit bebender Stimme. „Diejenigen, die der Tod trennt, können sich jenseits des Grabes treffen. Erde, schöne geliebte Erde, leb wohl für ewig! Zenturio, ich bin fertig.“

Er riß sich weg, und als er hinaus in die Luft kam, drückte ihr Hauch, der heiß und trocken war, obwohl die Sonne nicht schien, schwer auf ihn. Sein noch nicht erholter Körper schauderte und wankte. Die Soldaten mußten ihn stützen.

„Mut“, sprach einer, „du bist jung, rüstig, gut gebaut. Man gibt dir eine Waffe, verzweifle nicht. Vielleicht trägst du noch den Sieg davon.“

Glaucus gab keine Antwort, aber beschämt über seine Schwäche gewann er durch eine verzweifelte Anstrengung die Festigkeit seiner Nerven wieder. Man salbte seinen Körper, der bis auf einen Gürtel um die Lenden ganz nackt war, mit Öl, gab ihm den Griffel in die Hand und führte ihn in die Arena. Und als der Grieche die Augen von Tausenden und aber Tausenden auf sich gerichtet sah, fühlte er sich nicht länger als ein Sterblicher. Alle Anzeichen von Furcht, alle Furcht selbst war hinweg. Eine stolze Röte verbreitete sich über die blassen Züge; er richtete sich zur ganzen Höhe seiner herrlichen Gestalt empor. In der elastischen Schönheit seiner Glieder, in der stolzen Verachtung der unbezähmten Seele, schien er ein lebendiges Abbild des Heldensinnes seines Landes, zugleich ein Heros und ein Gott!

Das Gemurmel des Hasses und Abscheus über sein Verbrechen,

das bei seinem Eintritt ertönt war, erstarb im Stillschweigen unwillkürlicher Bewunderung, und mit einem schnellen, krampfhaften Seufzer, der aus der ganzen Menschenmasse, als wäre sie ein einziges Herz, hervorzudringen schien, wandte sich der Blick der Zuschauer von dem Athener auf ein dunkles, ungestaltetes Ding mitten in der Arena. Es war der vergitterte Käfig des Löwen!

„Bei Venus! Wie warm es ist!“ sagte Fulvia. „Und doch scheint keine Sonne. Hätte man doch das Loch im Sonnenzelt zugemacht!“

„Ja, es ist wirklich warm. Mir wird ganz übel“, entgegnete Pansas Frau. Selbst ihr erprobter Stoizismus wich vor dem Kampf, der jetzt stattfinden sollte.

Der Löwe war vierundzwanzig Stunden lang ohne Nahrung gelassen worden und das Tier hatte den ganzen Morgen über eine seltsame Unruhe und Unbehaglichkeit gezeigt, die der Wärter dem quälenden Hunger zuschrieb. Allein sein Benehmen schien mehr auf Furcht als auf Wut zu deuten. Sein Gebrüll war wie ein Angstschrei gewesen, er hatte den Kopf hängen lassen, die Luft durch die Eisenstangen geschnuppert, sich niedergelegt, war wieder aufgefahren und hatte von neuem sein wildes, weithallendes Geheul ertönen lassen. Jetzt aber lag er regungslos und stumm, mit weit geöffneten Nüstern hart gegen das Gitter gedrängt, in seinem Käfig, mit schwerem Atem den Sand in der Arena aufwirbelnd. Der Ädil Pansa sah ängstlich umher, zögerte — die Menge wurde ungeduldig. Langsam gab er das Zeichen. Der hinter dem Käfig befindliche Wärter schob das Gitter behutsam auf die Seite und mit einem mächtigen, freudigen Gebrüll der Erlösung stürzte der Löwe heraus.

Glaucus hatte sich in die festere Stellung gegen den erwarteten Anlauf des Tieres ausgelegt, die kleine funkelnde Waffe hoch in der Hand, in der schwachen Hoffnung, daß vielleicht ein gut geführter Stoß, denn er wußte, daß er nur Zeit zu einem einzigen Stoß habe, durch das Auge in das Gehirn seines Feindes dringen werde.

Aber zum unaussprechlichen Erstaunen aller schien der Löwe nicht einmal die Gegenwart des Verbrechers wahrzunehmen. Schon im ersten Augenblick seiner Befreiung hielt er plötzlich an, erhob sich mit halbem Leib und schnaubte mit ängstlichem Gestöhn; dann sprang er plötzlich vorwärts, aber nicht gegen den Athener. Halb eilig, halb zögernd kreiste er rund um die Arena her und wandte den gewaltigen Kopf mit verstörtem Blick nach allen Seiten, als spüre er nur einen Ausweg zur Flucht auf; mehrmals suchte er über die Brustwehr zu springen, die ihn von den Zuschauern trennte, und stieß, als ihm dies mißlang, eher ein Schreckensgeheul als seinen furchtbaren königlichen Ruf aus. Der Schweif, statt die mächtigen Seiten zu peitschen, schleppte auf dem Sand dahin, und obwohl seine Augen bisweilen dem Glaucus zuwanderten, rollten sie doch wieder begierdelos von ihm weg. Endlich, wie des Versuches zur Flucht müde, kroch er murrend in seinen Käfig und legte sich aufs neue zur Ruhe nieder.

Das erste Staunen der Versammlung über die Apathie des Löwen verwandelte sich bald in Verdruß über seine Feigheit und bereits ging das Mitleid mit Glaucus im Ärger über das Fehlschlagen der eigenen Hoffnungen unter.

Der Ädil rief dem Wärter zu: „Was ist das? Nimm den Stachel, treib ihn heraus und schließ die Tür des Käfigs."

Indem sich der Wärter mit einiger Furcht und noch größerer Verwunderung anschickte, dem Befehl nachzukommen, vernahm man ein lautes Geschrei am Eingang der Arena; es war eine Verwirrung, ein Durcheinander — scheltende Stimmen ließen sich jählings vernehmen und wurden durch die Antwort ebenso schnell zum Schweigen gebracht. Aller Augen wandten sich, erstaunt über die Unterbrechung, dem Ort des Getümmels zu; die Menge machte Platz und plötzlich erschien Sallust vor den Sitzen der Senatoren mit aufgelöstem Haar, atemlos, dem Umsinken nahe. Hastig warf er den Blick in der Arena umher. „Weg mit dem Athener!" rief er. „Schnell, er ist unschuldig, nehmt Arbaces, den Ägypter, fest! Der ist der Mörder des Apäcides!"

„Rasest du, Sallust?" fragte der Prätor, sich von seinem Sitz erhebend, „was soll dieses Wüten?"

„Weg mit dem Athener! Schnell, oder sein Blut komme auf dein Haupt! Prätor, zögere, und du hast es mit deinem eigenen Leben beim Kaiser zu verantworten. Ich bringe den Augenzeugen vom Tod des Apäcides. Platz da — zurück — ausgewichen! — Bewohner Pompejis, heftet eure Augen auf Arbaces — dort sitzt er! Platz da, Platz für den Priester Kalenus!"

Blaß, abgemagert, dem Rachen des Hungertodes kaum entrissen, mit eingefallenem Gesicht, die Augen mit Blut unterlaufen, die gewaltige Gestalt zum Gerippe abgezehrt, wurde Kalenus in die nämliche Sitzreihe getragen, in welcher Arbaces saß. Seine Befreier hatten ihm nur wenig Nahrung gegeben, aber die Hauptkräftigung für seine schwachen Glieder war der Durst nach Rache!

„Der Priester Kalenus!" rief das Volk. „Er ist's? Nein, es ist ein Gespenst."

„Es ist der Priester Kalenus", sprach der Prätor ernst. „Was hast du zu sagen?"

„Arbaces, der Ägypter, ist der Mörder des Apäcides, des Priesters der Isis. Meine Augen sahen ihn den Todesstreich führen. Aus dem Kerker, in den er mich gestürzt — aus der Nacht und dem Schrecken des Hungertodes haben mich die Götter errettet, um seinen Frevel zu verkünden! Laßt den Athener los, er ist unschuldig!"

„Darum also hat ihn der Löwe verschont! Ein Wunder, ein Wunder!" rief Pansa.

„Ein Wunder, ein Wunder!" jauchzte das Volk. „Weg mit dem Athener — werft Arbaces dem Löwen vor!"

Und immer wieder erscholl das Rufen: „Werft Arbaces dem Löwen vor!"

„Soldaten, entfernt den Angeklagten Glaucus — entfernt, aber bewacht ihn noch!" befahl der Prätor.

Als der Prätor das Wort der Befreiung aussprach, erhob sich eine weibliche, kindliche Stimme mit lautem Freudenruf. Mit jauchzender Kraft drang sie durch das Herz der Versammlung — sie war rührend — sie war heilig, diese Kinderstimme!

„Still!" sprach ernst der Prätor. „Wer ist da?"

„Das blinde Mädchen Nydia", erwiderte Sallust, „ihre Hand ist es, die den Kalenus aus dem Grab erhob und Glaucus vor dem Löwen errettete."

„Hievon nachher", entgegnete der Prätor. „Kalenus, Priester der Isis, du klagst den Arbaces des Mordes an Apäcides an?"

„Ja."

„Du sahst die Tat?"

„Prätor, mit diesen meinen Augen . . ."

„Genug für jetzt, das Nähere muß zu gelegener Zeit und gelegeneren Ortes untersucht werden. Arbaces von Ägypten, du hörst die Anklage wider dich; du hast noch nicht gesprochen! Was hast du zu erwidern?"

Das Antlitz der Menge haftete schon lange auf Arbaces. Bei dem Ruf: „Werft Arbaces dem Löwen vor!" hatte er allerdings gezittert und das dunkle Braun seiner Wangen war blässer geworden, aber schnell hatte er seine Würde und Selbstbeherrschung wiedergewonnen. Stolz erwiderte er den Zornblick zahlloser Augen um ihn her, und als er nunmehr auf die Frage des Prätors antwortete, geschah es in jenem eigentümlich ruhigen befehlenden Ton, der seine Rede kennzeichnete.

„Prätor, diese Anschuldigung ist so toll, daß sie kaum eine Widerlegung verdient. Mein erster Ankläger ist der edle Sallust — der vertrauteste Freund des Glaucus! Mein zweiter ein Priester — ich verehre sein Kleid und sein Amt, aber, Bürger Pompejis, ihr kennt einigermaßen den Charakter des Kalenus — seine Habsucht und Geldgier dienen zum Sprichwort; das Zeugnis eines solchen Menschen kann erkauft werden! Prätor — ich bin unschuldig!"

„Sallust", fragte der Richter, „wo fandest du den Kalenus?"

„In dem Verlies des Arbaces."

„Ägypter", sprach der Prätor mit gefurchter Stirn, „du hast dir also herausgenommen, einen Priester der Götter einzukerkern, und warum?"

„Hört mich", entgegnete Arbaces, „dieser Mensch kam und drohte mir mit der jetzt wirklich vorgebrachten Anklage, falls ich sein Stillschweigen nicht mit der Hälfte meines Vermögens erkaufen würde. Ich machte Gegenvorstellungen, umsonst! Edler Prätor, und ihr, Bürger, ich war ein Fremder im Land, ich wußte mich unschuldig an dem Verbrechen, aber das Zeugnis eines Priesters gegen mich mochte mich gleichwohl ins Verderben stürzen! In der Verlegenheit lockte ich ihn in das Verlies, aus dem er soeben befreit worden ist, unter dem Vorwand, als sei es die Vorratskammer meines Goldes. Dort wollte ich ihn festhalten, bis das Schicksal des wirklichen Verbrechers besiegelt wäre, wo dann seine Drohungen von keinem weiteren Erfolg sein konnten. Aber ich hatte nichts Übles mit ihm vor — ich kann einen Mißgriff begangen haben; doch wer von euch wird die Billigkeit der Selbsterhaltung nicht anerkennen? War ich schuldig, warum legte dieser Priester sein Zeugnis nicht während der gerichtlichen Verhandlung ab? In diesem Fall würde ich ihn weder zurückgehalten noch versteckt haben. Prätor, das bedarf wohl einer Antwort. Im übrigen berufe ich mich auf eure Gesetze. Ich verlange ihren Schutz. Willig werde ich der Entscheidung des gesetzlichen Gerichtes entgegentreten und mich an sie halten. Hier aber ist nicht der Ort zu weiterer Unterredung."

„Er hat recht", erwiderte der Prätor. „He, Wachen, entfernt den Arbaces und hütet den Kalenus! Sallust, du bleibst uns für deine Anklage verantwortlich. Fahrt jetzt in den Spielen fort!"

„Was?" rief Kalenus und wandte sich gegen das Volk, „soll

Isis also verachtet werden? Soll das Blut des Apäcides immer noch um Rache schreien? Soll der Lauf der Gerechtigkeit jetzt stocken, damit sie später erfolglos sei? Soll der Löwe um seine gesetzliche Beute betrogen werden? Ein Gott — ein Gott! Ich fühle, daß ein Gott durch meine Lippen ruft: vor den Löwen — vor den Löwen mit Arbaces!"

Der erschöpfte Körper des Priesters vermochte den Sturm seines wilden Grimmes nicht länger zu tragen. In Krämpfen sank er auf den Boden. Der Schaum stand ihm vor dem Mund — er war wirklich ein Mensch, den eine übernatürliche Macht besessen hielt! Das Volk sah ihn und schauderte.

„Ein Gott ist's, der den heiligen Mann begeistert: vor den Löwen mit dem Ägypter!"

Mit diesem Ruf sprangen Tausende auf und stürzten herbei; sie stürmten von den hohen Sitzen herab und strömten auf den Ägypter zu. Umsonst befahl der Ädil. Umsonst erhob der Prätor seine Stimme zur Verkündigung des Gesetzes. Das Volk war durch den Anblick des Blutes so wild geworden — es dürstete nach mehr; sein Aberglaube kam der Grausamkeit zu Hilfe. Aufgeregt, entflammt durch die schon geschlachteten Opfer, vergaß es das Ansehen seiner Behörde. Die herbeigerufenen Wachen bildeten nur eine schwache Schutzwehr; die Wellen des Menschenmeeres hielten einen Augenblick an, aber nur, um es Arbaces zu ermöglichen, den Augenblick, wo ihn ein unabweisliches Schicksal erreichen sollte, abzuschätzen! Noch blickte er in Verzweiflung und Angst, die selbst seinen Stolz niederschlugen, auf den sich heranwälzenden Haufen, als er plötzlich über sich durch die weite Öffnung, die in den Sonnensegeln gelassen worden, eine seltsame, grauenhafte Erscheinung wahrnahm; er nahm sie wahr, und List gab ihm den Mut zurück.

Er streckte die Hand empor, über die hohe Stirn und die königlichen Züge kam ein Ausdruck unaussprechlicher Majestät und Herrschermacht.

„Seht", rief er mit seiner Donnerstimme, welche das Gebrüll des Volkes zum Schweigen brachte, „seht", rief er, „wie die Götter den Unschuldigen beschützen! Die Feuer des rächenden Orkus brechen hervor gegen das falsche Zeugnis meiner Ankläger!"

Die Augen der Menge folgten der Bewegung des Ägypters und sahen mit unaussprechlichem Schrecken, daß ein ungeheurer Dampf in Gestalt einer riesenhaften Pinie vom Gipfel des Vesuvs aufstieg; der Stamm schwarz, die Äste Feuer, dessen Farben jeden

Augenblick wechselten, jetzt furchtbar hell, jetzt von dumpfem, sterbendem Rot, das aufs neue in ein blendendes Licht überging!

Es war eine schauerliche Totenstille, durch die plötzlich das Gebrüll des Löwen brach, und aus dem Inneren des Gebäudes antwortete ihm das schärfere, wildere Geheul des Tigers. Den Druck der Atmosphäre empfindend, waren die Tiere Verkünder des nahenden Unheils.

Sofort erhob sich oben ein allgemeines Geschrei der Weiber, die Männer starrten einander stumm an. In diesem Augenblick fühlten sie die Erde unter ihren Füßen zittern, die Mauern des Theaters wankten und in der Entfernung vernahm man das Krachen stürzender Dächer; noch einen Augenblick, und die Bergwolke schien schwarz und schnell wie der Strom gegen sie herzurollen; zugleich warf sie einen Aschenregen, vermischt mit großen Trümmern brennenden Gesteins aus ihrem Schoß! Über die zermalmten Weinberge, über die verlassenen Straßen, über den Zirkus selbst, weit und breit, mit manchem laut platschenden Niederwurf auf die bewegte See fiel dieser furchtbare Regen!

Nicht länger dachte die Menge an Gerechtigkeit oder Arbaces, Rettung für sich selbst war ihr einziger Gedanke. Jeder wandte sich zur Flucht. Jeder schob, preßte, drängte gegen den andern an. Rücksichtslos über die Gefallenen hinschreitend — unter Stöhnen, Bitten und plötzlichen Schreckensrufen strömte der Haufen durch die zahlreichen Ausgänge. Wohin sollten sie fliehen? Einige, ein zweites Erdbeben vermutend, eilten heim, sich mit ihrer kostbaren Habe zu beladen und zu entrinnen, solange es noch Zeit war; andere, den Aschenregen fürchtend, der jetzt rasch, Strom auf Strom, auf die Straßen niederstürzte, drängten sich unter die Dächer der benachbarten Häuser, Tempel oder Hütten — unter Decken jeder Art, um einen Schutz gegen die Schrecken der freien Luft zu gewinnen. Aber schwärzer und größer und dichter breitete sich die Wolke über ihnen aus. Es war eine schauderhafte Nacht, die jählings in das Reich des Mittags brach.

5

Betäubt von der plötzlichen Befreiung, zweifelnd, ob er wachte, war Glaucus von zwei Dienern der Arena in eine kleine Zelle innerhalb der Mauern des Theaters geführt worden. Sie warfen ein loses Gewand über seinen Körper und drängten sich, Glück wünschend, staunend um ihn her. Da vernahm man draußen einen ungeduldigen, leidenschaftlichen Ruf, man machte Platz und das blinde Mädchen, von einer mitleidvollen Hand geführt, stürzte sich Glaucus zu Füßen.

„Ich bin es, die dich gerettet hat", schluchzte sie, „jetzt will ich gerne sterben!"

„Nydia, mein Kind! Meine Retterin!"

„Laß mich deine Berührung, deinen Atem fühlen! Ja, ja, du lebst. Wir sind nicht zu spät gekommen! Die entsetzliche Tür, ich glaubte, sie werde sich nie öffnen! Und Kalenus — seine Stimme war wie der sterbende Wind zwischen Gräbern. Wir mußten warten, Götter! Mir schien es, ganze Stunden seien verflossen, ehe Speise und Trank ihm wieder zu einiger Kraft verholfen hatten. Aber du lebst! Aber du lebst doch! Und ich — ich habe dich gerettet!"

Dieser rührende Auftritt wurde bald durch das eben beschriebene Ereignis unterbrochen.

„Der Berg! Das Erdbeben!" widerhallte es von allen Seiten. Die Diener entflohen mit den übrigen und überließen es Glaucus und Nydia, sich zu retten, so gut sie konnten.

Nicht so bald war die Gefahr dem Athener zum Bewußtsein gekommen, als sein edles Herz sich Olinths erinnerte. Auch er war durch die Hand der Götter von dem Tiger erlöst: sollte er in der Zelle nebenan einem nicht weniger schrecklichen Tod zum Opfer fallen? Nydia bei der Hand fassend, stürzte Glaucus durch die Gänge fort und erreichte den Kerker des Christen, der betend auf den Knien lag.

„Auf, auf, mein Freund", rief er, „rette dich und fliehe! Die Natur ist eine furchtbare Befreierin!" Er führte den Bestürzten heraus, zeigte ihm die Wolke, die schwärzer und schwärzer, Regen von Asche und Lavagestein entladend, herannahte, und verwies auf das Geschrei und die lärmende Flucht der auseinanderstiebenden Menge.

„Dies ist Gottes Hand, Gott sei gelobt!" rief Olinth.

„Fliehe, suche deine Brüder, berate dich mit ihnen, wie du entkommen willst. Leb wohl!"

Olinth erhob sich und stürzte fort, kaum wußte er wohin. Plötzlich stand er dem offenen Tor einer dunklen, verlassenen Zelle gegenüber; durch ihre Finsternis flackerte eine einzige Lampe, bei deren Licht er drei nackte Gestalten tot auf dem Boden ausgestreckt sah. Jählings hielt er in seiner Flucht an, denn mitten durch die Schrecken dieses schaurigen Raumes — der Todeskammer der Arena — hörte er eine leise Stimme den Namen Christi sprechen!

Bei diesem Ausruf vermochte er nicht außen zu bleiben; er trat in das Gemach und seine Füße wurden von dem Blutstrom benetzt, der langsam von den Leichen über den Boden hinrieselte.

„Wer“, fragte der Nazarener, „ruft den Sohn Gottes an?“

Keine Antwort erfolgte, aber umherblickend gewahrte Olinth einen alten, grauhaarigen Mann, der auf dem Boden saß und in seinem Schoß das Haupt eines eben Gestorbenen hielt. Die Züge des Toten waren fest und streng geschlossen vom letzten Schlaf. Über dieses Gesicht beugte sich das andere in unaussprechlichem Gram, in sehnsüchtiger Zärtlichkeit, in liebender, tiefer Verzweiflung!

„Medon“, sagte Olinth mitleidig, „steh auf und flieh! Gott naht auf den Schwingen des Sturmwindes! Das neue Gomorrha hat sein Schicksal erreicht! Flieh, eh' dich das Feuer verzehrt!“

„Er war immer so voll Leben! Er kann nicht tot sein! Komm da her, leg deine Hand auf sein Herz! Gewiß schlägt es noch!“

„Bruder, die Seele ist entflohen! Wir wollen ihrer in unseren Gebeten gedenken! Du kannst den toten Staub nicht wiedererwecken! Komm, komm! Horch! Während ich da spreche, krachen die Mauern! Horch, das Geschrei der Todesangst! Kein Augenblick ist zu verlieren — komm!“

„Ich höre nichts“, erwiderte Medon, die grauen Locken schüttelnd. „Der arme Junge, seine Liebe hat ihn getötet!“

„Komm, komm! Vergib die freundliche Gewalt!“

„Was! Wer will den Vater vom Sohn trennen?“ Damit faßte Medon den Leichnam fest in die Arme und bedeckte ihn mit leidenschaftlichen Küssen. „Geh du“, sprach er, das Gesicht einen Augenblick aufrichtend, „geh du, wir müssen allein bleiben!“

„Ach“, erwiderte der mitfühlende Nazarener, „der Tod hat euch bereits getrennt!“

Der alte Mann lächelte ruhig. „Nein, nein, nein!“ flüsterte er, indem seine Stimme bei jeder Silbe leiser wurde, „der Tod ist gütiger gewesen!“

Damit sank sein Haupt auf die Brust seines Sohnes — seine Arme ließen in der Umschlingung nach. Olinth faßte seine Hand; der Puls hatte aufgehört zu schlagen. Der Tod war gütiger gewesen!

Unterdessen schritten Glaucus und Nydia durch die schreckerfüllten Straßen. Der Athener hatte von seiner Retterin erfahren, daß Jone noch im Haus des Arbaces sei. Dorthin eilte er, sie zu retten, sie zu erlösen! Glaucus, der Nydia außen warten ließ, eilte durch die große Halle, ohne auf jemanden zu treffen, von dem er das Zimmer Jones hätte erfahren können. Noch in diesem Augenblick nahm die Finsternis, die den Himmel bedeckte, so rasch zu, daß er seinen Weg nur mit Schwierigkeiten zu verfolgen vermochte. Die mit Blumen bekränzten Säulen schienen zu wanken und zu beben und jede Sekunde hörte er die Asche knisternd in die Innenhöfe fallen. Atemlos eilte er weiter und rief den Namen Jones laut aus. Endlich hörte er am Ende einer Galerie eine Stimme — ihre Stimme — ihm verwundert antworten! Vorwärts stürzen, die Tür sprengen, Jone in die Arme fassen und aus dem Haus eilen, war für ihn das Werk eines Augenblicks.

Die drei eilten vorwärts. Wohin? Sie sahen keinen Schritt mehr vor sich, die Finsternis war vollständig geworden. Sie waren von Zweifel und Schrecken eingeschlossen — und der Tod, dem Glaucus entgangen war, schien nur seine Gestalt verändert, seine Opfer vermehrt zu haben.

6

Die Wolke, die einen so trüben Nebel über den Tag verbreitet hatte, war jetzt zu einer festen, undurchdringlichen Masse verdichtet. Im Verhältnis jedoch zu der anwachsenden Schwärze nahmen auch die Blitze von dem Vesuv her in grellem, blendendem Glanz zu. Dabei blieb ihre furchtbare Schönheit nicht auf die gewöhnlichen Farben des Feuers beschränkt, nie kam ein Regenbogen ihrem wechselnden, reichen Kolorit gleich. Jetzt glänzte es blau wie die azurne Tiefe des südlichen Himmels — jetzt zuckte es in einem gelblichen, schlangenartigen Grün rastlos hin und her, wie die Windungen eines ungeheuren Gewürms, jetzt leuchtete es in einem phantastischen, unwirklichen Rot, das weit und breit aus den Rauchsäulen emporfuhr. Dann erstarb es wieder jählings zu einer krankhaften Blässe, gleichsam dem Gespenst seines eigenen Daseins.

In den Pausen des Aschenregens hörte man unterirdisches Rollen und die seufzenden Wellen der bewegten See. Bisweilen schien die Wolke ihre feste Masse zu brechen und beim Schein des Blitzes seltsame riesige Gestalten von Menschen oder Ungeheuern anzunehmen, die durch das Dunkel hinschritten, gegeneinander anstießen und schnell wieder in den wirbelnden Abgrund der Finsternis verschwanden, so daß dem Auge und der Einbildungskraft der geängstigten Flüchtlinge die wesenlosen Dünste wie die Leiber gigantischer Dämonen erschienen.

An manchen Orten lag die Asche bereits knietief und die siedenden Wasserströme, die der dampfende Hauch des Vulkans herjagte, drangen in die Häuser und erfüllten sie mit einem starken, beklemmenden Dampf. An manchen Orten schlugen ungeheure, auf die Dächer geschleuderte Felsstücke Massen wirren Getrümmers in die Straßen nieder, das Stunde um Stunde den Weg mehr und mehr versperrte. Mit dem Vorrücken des Tages wurde die Bewegung der Erde fühlbarer; wo man den Fuß hinsetzte, schien der Boden wegzugleiten und umherzukreisen, und ebensowenig konnte ein Wagen oder eine Sänfte selbst auf dem ebensten Grund aufrecht gehalten werden.

Eine undurchdringliche Nacht lag über dem Meer und auf seine stöhnenden, gegeneinanderschlagenden Wogen fiel der Sturm der Asche und Steine ohne den Schutz, den auf dem Land Straßen und Dächer gewährten. Wild, verzerrt, Gespenstern gleich, trafen die Menschen einander, ohne sich die Zeit zu nehmen, zu sprechen, um Rat zu fragen oder Rat zu geben; denn immer häufiger, wenn auch nicht ohne Unterbrechung, stürzte das Wasser herab, löschte die Lichter aus, welche die totenähnlichen Gesichter der Vorübergehenden einander zeigten, und jagte alle dem nächsten besten Obdach zu. Kam in der Finsternis die Gattin von dem Gatten, das Kind von den Eltern ab, so war die Hoffnung auf Wiedervereinigung umsonst. Alles stürmte blind und wirr dahin.

Durch diese grauenhafte Umgebung verfolgte der Athener watend seinen Weg, begleitet von Jone und dem blinden Mädchen. Plötzlich stürzte ein Haufen von mehreren Hunderten, die nach der See zu eilten, an ihm vorüber.

Nydia wurde von der Seite Glaucus' weggerissen, während die Menge ihn selbst mit Jone schnell vorwärts drängte, und als das Getümmel, dessen einzelne Gestalten man in der dichten Nacht nicht zu erkennen vermochte, vorüber war, blieb Nydia immer noch von ihren Freunden getrennt. Glaucus schrie laut ihren Namen. Keine Antwort. Sie kehrten um — umsonst, sie vermochten das Kind nicht aufzufinden; offenbar hatte es der Menschenstrom nach einer ganz anderen Richtung hingetrieben. Ihre Freundin, ihre Retterin war verloren! Und auch die Führerin war Nydia bis jetzt gewesen. Ihre Blindheit hatte sie mit der Gegend bekanntgemacht. Gewöhnt, die Krümmungen der Straßen im ewigen Dunkel zu verfolgen, hatte sie das Paar, ohne zu irren, gegen das Ufer des Meeres zugeführt, von wo aus sie einen Versuch zur Flucht wagen wollten. Welchen Weg sollten sie jetzt einschlagen? Alles war finster für sie, ein Irrgarten ohne leitenden Faden. Matt, entmutigt, verstört, setzten sie ihren Gang noch eine Zeitlang fort.

„Ach!" flüsterte Jone, „ich kann nicht weitergehen, meine Schritte versinken in der glühenden Asche. Fliehe, Glaucus, Geliebter, flieh, und überlaß mich meinem Schicksal."

„Still, meine Verlobte, meine Braut, der Tod mit dir ist süßer als das Leben ohne dich! Aber wohin sollen wir uns in diesem Dunkel wenden? Bereits dünkt es mich, als hätten wir nur einen Kreis gemacht und seien wieder auf derselben Stelle, die wir vor einer Stunde verließen."

„Götter! Jenes Felsstück — schau, es hat das Dach zerschmettert. Der Weg durch die Straßen ist tödlich!"

„Gesegneter Blitz! Jone, der Fortunatempel ist vor uns. Laß uns hin, er wird uns gegen die Regengüsse schützen!"

Er faßte die Geliebte in die Arme und erreichte mit Mühe den Tempel. Er trug sie in den entfernteren, besser gedeckten Teil der Säulenhalle und lehnte sich über sie, sie mit dem eigenen Körper gegen den Aschenregen zu schützen.

Da kam eine Gruppe Männer und Frauen mit Fackeln an ihnen vorüber. Sie gehörte zu der Gemeinde der Nazarener; eine erhabene, über allen irdischen Verhältnissen schwebende Gemütsstimmung hatte den natürlichen Schrecken in ihnen zwar nicht zu ersticken vermocht, wohl aber dem Schrecken die Angst genommen. Schon längst nämlich glaubten sie, der Jüngste Tag stehe bevor, und jetzt, meinten sie, sei dieser Tag gekommen.

„Wehe, wehe!" rief mit lauter durchdringender Stimme der Älteste an ihrer Spitze. „Siehe, der Herr steigt herab zum Gericht! Er läßt Feuer vom Himmel in das Antlitz der Menschen fallen! Wehe, wehe! Ihr Mächtigen und Starken! Wehe euch, die Faszes und Purpur tragen! Wehe den Götzendienern und Tieranbetern! Wehe euch, die ihr das Blut der Heiligen vergießet und euch an den Todesqualen der Söhne Gottes weidet! Wehe der verbuhlten Königin der Meere! Wehe, wehe!"

Die Nazarener zogen langsam vorüber, ihre Fackeln zuckten im Sturm, bis sie sich endlich in den Straßenwindungen verloren hatten; und das Dunkel der Luft, die Stille des Todes sank auf den Tempel nieder.

Es war eine Pause in dem fürchterlichen Regen eingetreten, und Glaucus ermutigte Jone zum Weitergehen.

Wie Menschen in einem Kerker nach einer Öffnung tappen, setzten Jone und ihr Geliebter ihren unsicheren Weg fort. In den Augenblicken, wo die vulkanischen Blitze über den Straßen aufflammten, waren sie imstande, bei dieser furchtbaren Leuchte ihre Schritte zu leiten. Allein der Anblick, der sich ihnen dann jedesmal darbot, führte nicht eben zur Ermutigung oder zur Erleichterung ihrer Herzen. An einigen Stellen, wo die Asche trocken war, bedeckte ein bleiches, aussatzartiges Weiß die Oberfläche der Erde; an anderen Orten lagen Asche und Steine in hohen Haufen, unter denen, halb versteckt, die Glieder zermalmter und zerschmetterter Menschen hervorsahen. Die Seufzer der Sterbenden wurden bald nah, bald fern von wildem Geschrei angsterfüllter Weiber unterbrochen, das in der gänzlichen Finsternis durch das Gefühl der vollendeten Hilflosigkeit und Unsicherheit gegen die umgebenden Gefahren doppelt schauderhaft klang. Durch alles hindurch vernahm man klar und deutlich das mächtige Getöse des furchtbaren Berges. Sooft der Wind heulend über die Straßen hinfegte, führte er Ströme brennenden Staubes und so giftige Dämpfe mit sich, daß für den Augenblick dem Getroffenen Atem und Bewußtsein schwanden.

„Glaucus, mein Geliebter! Mein Alles! Nimm mich in deine Arme! Noch eine Umschlingung — laß mich deine Arme um mich fühlen und von diesen umfaßt — sterben; ich kann nicht mehr!"

„Um meines Lebens willen, Mut, liebe Jone! Mein Leben ist mit dem deinigen verflochten, und, schau, dort kommen Fackeln! Schau, wie sie mit dem Wind kämpfen! Ha, der Sturm vermag sie nicht auszulöschen: ohne Zweifel Flüchtlinge, die dem Meer zueilen! Wir wollen uns ihnen anschließen."

Wie um die Liebenden zu ermutigen, trat plötzlich eine Windstille ein, die Luft wurde ganz still, der Berg schien zu ruhen. Schnell schritten die Fackelträger vor.

„Wir nähern uns der See", sprach mit ruhiger Stimme ein Mann an ihrer Spitze. „Freiheit und Reichtum jedem Sklaven, der diesen Tag überlebt! Mut, sage ich euch, die Götter selbst haben mir eure Errettung zugesagt — vorwärts!"

Rot und fest leuchteten die Fackeln in den Augen des Atheners und der Geliebten, die bebend und erschöpft an seiner Brust lag.

Mehrere Sklaven trugen schwerbeladene Körbe und Kisten, vor ihnen ragte, ein blankes Schwert in der Hand, die hohe Gestalt des — Arbaces empor.

„Bei meinen Vätern", rief der Ägypter, „das Schicksal lächelt mir selbst durch diese Schrecken zu und verkündet mir, mitten unter den Gestalten des Jammers und Todes, Glück und Liebe. Hinweg, Grieche, ich fordere mein Mündel Jone!"

„Verräter und Mörder!" rief Glaucus und blickte seinem Feind fest ins Auge. „Die Nemesis hat dich meiner Rache zugeführt. Nähere dich, berühre nur die Hand Jones und deine Waffe soll sein wie ein Schilfrohr. Glied um Glied will ich dich zerreißen!"

Noch sprach er, als der Ort, wo sie standen, jählings von einem starken, bläulichen Glanz erleuchtet wurde. Hell und riesig durch das Dunkel, das ihn wie die Wände der Hölle umgab, flammte der Berg herüber — eine einzige Glutsäule. Seine Spitze schien entzweigespalten oder vielmehr zwei Ungeheuer schienen sich über seine Oberfläche zu erheben wie zwei um eine Welt streitende Dämonen. Sie standen in tiefer, blutähnlicher Feuerfarbe, welche die Atmosphäre weit und breit hin erhellte. Der untere Teil des Berges aber war noch finster und verhüllt, ausgenommen an drei Orten, über die schlängelnd und unregelmäßig Ströme geschmolzener Lava hinflossen. Dunkelrot in der tiefen Nacht ihrer Ufer rieselten sie langsam daher, wie es schien, gerade auf die unglückliche Stadt zu. Über den breitesten erhob sich ein zerrissener, ungeheurer Bogen, aus dem, wie aus dem Schlund der Hölle, die Quellen des tödlichen Phlegethon ausströmten. Und durch die stille Luft vernahm man das Geprassel der von den feurigen Katarakten gegeneinander geschmetterten Felsstücke. Sie verdunkelten einen Augenblick die Stelle ihres Auffalls, waren aber schon in der nächsten Sekunde in die brennenden Farben der Glut getaucht.

Die Sklaven schrien laut auf und verbargen niederkauernd ihr Gesicht. Der Ägypter selbst stand wie in den Boden gewurzelt; die Glut leuchtete auf seine Herrschermiene und sein juwelenschimmerndes Gewand. Hinter ihm erhob sich eine schlanke Säule, die die eherne Statue des Augustus trug, und das Kaiserbild schien in eine Flammengestalt verwandelt.

Den linken Arm um Jone geschlungen, den rechten drohend erhoben und den Griffel, der seine Waffe in der Arena gewesen und den er glücklicherweise noch bei sich trug, in fester Hand haltend, die Stirn gefurcht, die Lippen geöffnet, den ganzen Zorn des Menschenherzens auf seine Züge gebannt, stand Glaucus dem Ägypter gegenüber.

Vor sich hinflüsternd, wandte Arbaces seine Augen von dem Berg ab. „Warum“, sprach er, „soll ich zögern? Sagten mir nicht die Sterne die einzige Gefahr, die mir drohte, voraus? Ist die Gefahr nicht vorüber? Herbei, Sklaven! — Athener, widerstehe mir und dein Blut komme auf dein eigenes Haupt! So wird denn Jone wieder mein!“

Er trat einen Schritt vorwärts — es war sein letzter auf Erden! Der Boden erbebte unter ihm in einer Zuckung, die ringsherum alles niederwarf. Durch die ganze Stadt dröhnte ein gleichzeitiges Krachen vom Einsturz der Dächer und Pfeiler! — Ein Blitz, wie von Metall angelockt, stand einen Augenblick über dem Kaiserbild und zersplitterte dann Erz und Säule! Zertrümmert stürzte sie nieder. Lang tönte der Widerhall in der Straße nach und das feste Pflaster spaltete sich, wo sie hinschmetterte!

Das Getöse, die Erschütterung betäubten den Athener eine Zeitlang. Als er sich wieder erholt hatte, erhellte das Licht noch immer den Ort — die Erde wankte und bebte noch immer! Jone lag bewußtlos auf dem Boden — aber nicht sie sah er jetzt: seine Blicke waren auf ein grauenhaftes Antlitz geheftet, das ohne Rumpf und Glieder aus den aufeinandergetürmten Trümmern der zerschmetterten Säule ragte.

So starb der weise Magier, der große Arbaces, der Hermes vom flammenden Gürtel — der letzte vom Königsstamm Ägyptens.

7

Mit dankbarem, aber scheuerfülltem Herzen faßte Glaucus Jone noch einmal in die Arme und floh durch die Straße, die immer noch hell erleuchtet war. Plötzlich aber kam wieder ein dunklerer Schatten über die Luft. Instinktartig wandte Glaucus das Gesicht dem Berg zu und — eines der zwei Riesenhörner, in die sich der Gipfel gespaltet hatte, schwankte bebend hin und her, stürzte dann mit einem Getöse, dessen Donner keine Sprache ausdrücken kann, von seinem brennenden Fußgestell und rollte, eine Feuerlawine, an den Seiten des Abhanges herunter! Im selben Augenblick ergoß sich ein Strom dichtesten Rauches, fort und fort wogend, über Luft, See und Erde.

Ein Aschenregen — und wieder einer — und noch einer, viel dichter als die früheren, goß neue Verheerung über die Straßen aus. Finsternis hüllte wieder alles wie ein Schleier ein. Glaucus, dessen kühnes Herz endlich der Verzweiflung Raum gab, sank unter einer Bogenwölbung nieder, drückte Jone an sich und sah mit Ergebung dem Tod entgegen.

Indes hatte Nydia, die durch das Gedränge von Glaucus und Jone weggerissen worden, umsonst versucht, die beiden aufzuspüren. Umsonst erhob sie jenen den Blinden so eigentümlichen Klageruf, er verlor sich unter dem tausendfachen Geschrei einer selbstsüchtigen Angst. Wieder und wieder kehrte sie zu der Stelle zurück, wo sie voneinander getrennt worden, um nach Glaucus zu fragen, um jeden Vorübereilenden anzufassen, um von den Achtlosen ungeduldig auf die Seite geschleudert zu werden. Wer hatte in dieser Stunde einen Gedanken für seinen Nachbar übrig? Vielleicht das Grauenhafteste in Augenblicken des allgemeinen Grauens ist die natürliche Selbstsucht, die durch sie hervorgerufen wird! Endlich fiel es Nydia ein, ihre Freunde hätten ja beschlossen, an die Küste zu fliehen, sie würde ihnen mithin am ehesten auf diesem Weg wieder begegnen. So half sie sich denn, auf den Stab gestützt, den sie immer bei sich führte, mit unglaublicher Gewandtheit durch die Trümmerhaufen, die ihren Weg versperrten, verfolgte Straße um Straße und nahm, ohne zu irren, so segensreich war jetzt die Gewohnheit an das Dunkel, die für das gewöhnliche Leben so jammervoll ist, die nächste Richtung nach der Küste.

Indes wurde ihr Weg fortwährend durch Menschenhaufen erschwert, die bald im Dunkel dahintappten, bald beim vorübergehenden Glanz der Blitze vorüberflohen, und als endlich eine Gruppe Fackelträger in vollem Lauf heranstürzte, wurde sie mit einiger Heftigkeit niedergeworfen.

„Was?“ rief eine Stimme aus der Schar hervor, „ist das nicht das wackere blinde Mädchen? Beim Bacchus! Die dürfen wir nicht hier sterben lassen! Auf, meine Thessalierin! Hast du dich nicht verletzt? Das ist recht. Komm mit uns! Wir eilen nach der Küste.“

„Ah, Sallust, deine Stimme! Dank sei den Göttern! Glaucus, Glaucus, hast du ihn nicht gesehen?“

„Ich nicht, ohne Zweifel ist er bereits aus der Stadt weg. Die

Götter, die ihn vor dem Löwen errettet haben, werden ihn auch vor dem Feuerberg erretten."

Während der freundliche Epikuräer Nydia ermutigte, zog er sie mit sich gegen die See zu, ohne auf die heißen Bitten zu achten, mit denen sie ihn anflehte, er möchte noch etwas verweilen und Glaucus suchen.

Die plötzliche Helle, der Ausbruch der Lavaströme und das Erdbeben traten ein, als Sallust und seine Begleiter eben den geraden Weg von der Stadt nach dem Hafen erreicht hatten. Hier wurden sie von einem ungeheuren Gedränge, mehr als der halben Bevölkerung der Stadt, angehalten. Tausende und aber Tausende trieben sich, ungewiß, wohin sie fliehen sollten, auf den Feldern außerhalb der Stadtmauer hin und her. Das Meer war weit vom Ufer zurückgewichen, und die, welche dorthin geflüchtet waren, waren von der Bewegung und dem unnatürlichen Zurückweichen des Elementes, von den schnappenden, ungestalten Seegeschöpfen, welche die Wellen auf dem Sand zurückgelassen, und von dem Getöse der gewaltigen Steine, die der Berg in die Tiefe schleuderte, so erschreckt worden, daß sie nach dem Land umkehrten, das immer noch einen minder gräßlichen Anblick darbot. So hatten sich die beiden Menschenströme, der eine zum, der andere vom Meer wogend, begegnet und fühlten, als sie in Verzweiflung anhielten, in ihrer Zahl einen traurigen Trost.

Und neue Flüchtlinge langten an. Herren der Schätze, die jetzt nicht mehr dem Arbaces gehörten, gesellten sich dessen Sklaven der Menge bei. Nur eine einzige von ihren Fackeln flackerte noch; sie wurde von Sosia getragen und bei dem Licht, das auf Nydias Antlitz fiel, erkannte er die Thessalierin.

„Was hilft dir nun die Freiheit, blindes Mädchen?" fragte der Sklave.

„Wer bist du? Kannst du mir etwas von Glaucus sagen?"

„O ja, vor wenigen Minuten sah ich ihn."

„Gesegnet sei dein Haupt! Wo?"

„Unter dem Bogen des Forums — im Begriff, den Arbaces einzuholen, der nicht mehr ist!"

Nydia sprach kein Wort. Sie stahl sich von Sallusts Seite weg, schweigend schlich sie durch das Gedränge und schlug wieder den Weg nach der Stadt ein. Sie erreichte das Forum und seinen Bogen; sie hielt an, fühlte umher, rief den Namen des Glaucus aus.

Eine schwache Stimme antwortete: „Wer ruft mich?"

„Steh auf, folge mir! Faß meine Hand! Glaucus, du sollst gerettet werden."

Staunend und mit rasch zurückkehrender Hoffnung stand Glaucus auf: „Noch einmal Nydia? So hast du denn keinen Schaden genommen?"

Der zärtliche Ton der Freude drang der armen Thessalierin durchs Herz.

Jone halb führend, halb tragend, folgte Glaucus seiner Wegweiserin. Mit bewunderswertem Instinkt vermied sie den Pfad, der zu dem eben von ihr verlassenen Menschengewühl führte und suchte die Küste auf einem andern Weg.

Nach manchem Erlebnis und unglaublicher Ausdauer erreichten sie die See und kamen zu einer Gruppe Flüchtiger, die kühner als die übrigen entschlossen waren, sich lieber jeder Gefahr auszusetzen, als länger in einer solchen Umgebung zu bleiben. Im Dunkeln stießen sie ab; als sie sich aber etwas weiter vom Land entfernt hatten, so daß sich ihnen der Berg von einer andern Seite darstellte, warfen seine Lavaströme einen roten Schimmer über die Gewässer.

Total erschöpft schlief Jone an der Brust des Atheners ein, und Nydia setzte sich zu seinen Füßen nieder. Die noch immer in der Höhe dahinfliegenden Staub- und Aschenregen fielen in die Fluten und spritzten ihren Schaum über das Verdeck.

Weich, mild, schön, dämmerte endlich das Licht über der zitternden Tiefe auf. Die Winde sanken zur Ruhe — der Schaum schwand von dem herrlichen Azur der leuchtenden See. Im Osten nahmen dünne Nebel die rosigen Farben an, die Boten des Morgens sind. Das Licht begann wieder in seine Herrschaft einzutreten; aber dunkel und fest lagerte sich in der Ferne die tödliche Wolke, deren rote Streifen, schwächer und schwächer glühend, die immer noch fortrollenden Feuer des Flammenberges andeuteten. Die weißen Mauern und schimmernden Säulen, welche die liebliche Küste geschmückt hatten, waren nicht mehr! Traurig und öde standen die Ufer, auf denen noch eben die Städte Herkulaneum und Pompeji emporgeragt hatten.

Kein Schrei erhob sich unter den Schiffern bei dem aufdämmernden Licht. Sie waren zu müde zu einem so plötzlichen Ausbruch der Freude — aber ein leises, tiefes Geflüster des Dankes entstieg den Wandernden der langen Nacht. Sie sahen einander an und lächelten — sie faßten Mut —, sie empfanden wieder, daß es eine Welt um sie her und einen Gott über ihnen gab! Und im Gefühl, daß das Schlimmste vorüber sei, wandten sich die Erschöpften um und sanken ruhig in Schlaf. Mit dem aufsteigenden Licht des Himmels kam auch jene Stille, deren die Nacht entbehrt hatte, und still schwebte die Barke dem Hafen zu.

8

„Athen ... Glaucus seinem geliebten Sallust Gruß und Gesundheit! — Du forderst mich zu einem Besuch in Rom auf; komm doch lieber zu mir nach Athen! Ich habe die Kaiserstadt satt! In meinem eigenen Land will ich fortan wohnen. Der Geist unserer dahingeschiedenen Größe ist mir teurer als das prunkende Leben eures lauten Glücks. Ein Zauber, den mir kein anderer Ort ersetzen kann, liegt für mich in den Säulenhallen, die immer noch von heiligen, ehrwürdigen Schatten umschwebt sind. In den Olivenhainen des Ilissos vernehme ich noch immer die Stimme der Poesie — auf den Höhen Phyles scheinen mir die Wolken der Dämmerung noch immer das Leichentuch der hingeschiedenen Freiheit, wie die Verkünderinnen des Morgens, der kommen soll. Du lächelst über meine Begeisterung, Sallust — aber besser, in Ketten hoffnungsvoll zu sein, als sich mit ihrem Glanz zu trösten. Du sagst mir, ich könne das Leben in diesen düstern Schlupfwinkeln gefallener Hoheit offenbar nicht genießen; Du verweilst mit Entzücken in der Herrlichkeit Roms und den Genüssen des Kaiserhofes. Mein Sallust, ich bin nicht mehr der, der ich war! Die Ereignisse meines Lebens haben das schäumende Blut der Jugend ernüchtert. Meine Gesundheit hat nie mehr die ganze Spannkraft zurückerhalten, die sie besaß, ehe sie die Schmerzen der Vergiftung empfand und in dem dunstigen Kerker schmachtete. Mein Gemüt hat nie mehr den dunklen Schatten des letzten Tages von Pompeji, nie mehr das Grauen und die Verödung, die um jene furchtbaren Trümmer schweben, abgeschüttelt.

Du sprichst von der erwachsenden Sekte der Christianer in Rom. Sallust, Dir kann ich mein Geheimnis anvertrauen: ich habe viel über diesen Glauben nachgedacht — ich habe ihn angenommen. Nach der Zerstörung Pompejis traf ich noch einmal mit Olinth zusammen, der nur für kurze Zeit gerettet war und bald nachher als Märtyrer seines unbezähmbaren Eifers fiel. Er zeigte mir in meiner Errettung vor dem Löwen und aus dem Erdbeben die Hand des unbekannten Gottes! Ich hörte — glaubte — betete an! Auch meine mehr als je geliebte Jone hat sich zu diesem Glauben gewandt — einem Glauben, Sallust, der Licht über diese Welt ausströmt, während er für die nächste wie eine sinkende Sonne seine Glorie vorbehält! Wir wissen, daß wir der Seele, wie hier dem Leib nach, für ewig verbunden sind! Jahrhunderte mögen dahinrollen, unser Staub sich auflösen, die Erde, wie ein Blatt einschrumpfen, aber rund um den Kreis der Ewigkeit läuft das Rad des Lebens — unvergänglich, unendlich. Und wie die Erde von der Sonne, so trinkt die Unsterblichkeit ihr Glück aus der Tugend, die das Lächeln auf dem Antlitz Gottes ist!

Jone ist an meiner Seite, während ich schreibe; ich erhebe die Augen und sie treffen auf ihr Lächeln. Ob ich glücklich sei, fragst Du? Was kann Rom mir geben, das dem gleich käme, was ich in Athen besitze! Hier erweckt alles die Seele und haucht sie mit Liebe an: Bäume, Wasser, Berge, Himmel gehören Athen, der auch in der Trauer noch schönen Mutter der Poesie und Weisheit in der Welt.

Kann irgend etwas mich vergessen machen, daß ich ein Athener und nicht frei bin, so ist es die wachsame, lebendige, nie schlummernde Liebe Jones, eine Liebe, die in unserem neuen Glauben ein neues Gefühl geschöpft hat — eine Liebe, von der keiner unserer Dichter, so herrlich sie auch immer sind, ein Bild gegeben hat, denn aus der Religion hervorgehend, wird sie selbst gleichsam zur Religion.

Dies, geliebter Sallust, mein Leben; dies meine Meinungen. In solcher Art begrüße ich das irdische Dasein und erwarte den Tod. Und Du, frohherziger und liebevoller Jünger Epikurs, Du ... doch komme hierher, sieh unsere Genüsse, unsere Hoffnungen, und Du wirst weder in dem Glanz der kaiserlichen Gelage noch in dem Jubel des vollgedrängten Zirkus noch auf dem lärmenden Forum noch im schimmernden Theater noch in den üppigen Gärten noch in den schwelgerischen Bädern Roms ein Leben von so wirklicher und ununterbrochener Glückseligkeit finden wie dasjenige, um dessentwillen Du so grundlos das Los des Atheners Glaucus bemitleidest. — Leb wohl!“